불교 수행의 바른길

붓다가 깨달은 연기법

불교 수행의 바른길

붓다가 깨달은 연기법

이중표 지음

불광출판사

부처님께서는 연기법을 깨달았다고 합니다. 부처님께서 깨달은 연기법은 그 내용이 12연기(十二緣起)라고 합니다. 저는 그 깨달음의 내용이 구체적으로 무엇인지 알고 싶었습니다. 제가 불교를 처음 공부하기 시작한 것은, 1970년 고등학교 2학년 봄이었으니까 50년 전입니다. 그때부터 지금까지 저의 공부는 부처님께서 깨달은 연기법, 즉 12연기를 이해하기 위한 것이었습니다.

처음에는 불교를 설명하는 책을 보면 쉽게 연기법을 이해할 수 있으리라고 생각했습니다. 그러나 어떤 책을 봐도 그 책의 설명으로는 연기법을 이해할 수 없었습니다. 대학원에 진학하여 불교를 연구하면서, 다른 사람의 설명에 의지할 것이 아니라 부처님의 말씀을 통해 직접 이해해야겠다고 생각했습니다.

저는 근본경전인 『아함경』과 『니까야』를 연구하면서 연기법에 대한 기존의 이해에 많은 왜곡이 있음을 알게 되었습니다. 1990년에 발표한 제 박사학위 논문 『아함의 중도체계 연구』는 대학원 과정을 통해 제가 나름대로 왜곡을 시정하면서 이해한 붓다의 연기법을 중도체계라는 이름으로 정리한 것입니다. 붓다의 연기법은 중도(中道)라는 우리의 상식과는 전혀 다른 관점에서 이 세상을 바라본 진리라는 것이 이 논문의 주장입니다. 바꾸어 말하면, 중도를 이해하지 못하고서는 연기법을 이해할 수 없다는 것입니다.

이 논문은 현재 안성의 도피안사에 계시는 송암 스님의 권유와 배려에 힘입어 1991년에 불광출판사에서 『아함의 중도체계』라는 책으로 출간되었습니다. 기존의 이해와는 전혀 다른 시각이었기 때문에 이 책은 기존의 불교 해석에 만족하지 못한 많은 분의 호응을 받았습니다. 그러나 박사학위 논문을 그대로 출간한 것이기 때문에 일반인들이 읽기에는 어려움이 있었습니다.

누구나 쉽게 읽을 수 있는 책을 써야겠다고 생각하던 차에 1995년 불교방송으로부터 교리강좌를 맡아달라는 청탁을 받았습니다. 100일 동안 강좌를 진행하면서 쓴 원고를 모아, 그해 겨울에 '불교의 이해와 실천'이라는 이름으로 대원정사에서 출간했습니다. 이 책은 불교방송 청취자들의 간청에 급하게 방송 원고를 그대로 출간한 것이기 때문에 미비한 점이 많았지만, 독자들로부터 큰 호응을 받았습니다. 그러나 안타깝게도 이듬해에 출판사가 문을 닫게 되어, 이 책은 더는 세상에 나오지 못하게 되었습니다.

이후에 많은 분이 『불교의 이해와 실천』을 다시 출간해달라고 간청하였습니다. 저는 그때마다 원고를 다듬어서 곧 출간하겠다고 약속을 하였으나, 매번 좋은 인연을 만나지 못해 그 약속을 지키지 못했습니다. 그러다가 2011년 여름에 도피안사로 가서 송암 스님을 찾아뵙고, 원고를 드리면서 책의 출간을 부탁했습니다. 스님께서는 원고를 살펴보시고 흔쾌히 출판을 허락하셨습니다.

저는 새로운 출판을 위해 원고를 다시 정리하게 되었습니다. 그 과정에서 『불교의 이해와 실천』의 내용이 하나의 이름으로 책을 내기에는 적합하지 않다고 생각하게 되었습니다. 이 책의 내용을 둘로 나누어보니, 하나는 불교를 전체적으로 이해하는 데 도움이 되는 불교 소개서가 될 수 있는 내용이고, 다른 하나는 붓다의 연기법을 깊이 있게 이해할 수 있는 교리 해설서가 될 수 있는 내용이었습니다. 그래서 하나는 '불교란 무엇인가'라는 이름으로, 다른 하나는 '붓다의 연기법'이라는 이름으로 책을 내기로 마음먹었습니다.

『불교란 무엇인가』는 2012년 2월에 송암 스님께서 설립하신 도서출판 종이거울을 통해 출간하였고, 2017년 4월에 불광출판사에서 재출간했습니다. 그러나 '붓다의 연기법'은 출판사 형편 때문에 종이거울을 통해 출간하기가 어렵게 되었으며, 여러 사정이 겹쳐 출간이 미루어지다가 2015년 1월에 전남대학교출판부를 통해 '붓다가 깨달은 연기법'이라는 이름으로 출간되었습니다. 2018년 필자가 전남대학교에서 정년 퇴임하자, 필자의 모든 책을 종합하여 출간하기를 희망하는 불광출판사의 청을 받아들여, 전남대학교출판부와의 계약이 완료된 2020년에 이 책을 다시 펴내게 되었습니다.

참으로 많은 우여곡절을 거쳐 이 책이 다시 독자들과 만나게 되었습니다. 이 책을 통해 '붓다가 깨달은 연기법'을 함께 깨달을 수 있기 바랍니다.

2020년 5월
붓다나라 장주선실(壯宙禪室)에서
이중표 합장

차 례

1
장

붓다의 깨달음

1
—

불교의 목적

세상에는 많은 종교가 있습니다. 그런데 종교마다 지향하는 목적은 각기 다릅니다. 기독교의 목적은 죽어서 천당에 가는 것이고, 유교의 목적은 성인군자(聖人君子)가 되는 것이며, 도교의 목적은 신선(神仙)이 되는 것입니다.

그렇다면 불교의 목적은 어떤 것일까요?

우리가 부처님이라고 부르는 말은 범어(梵語) '붓다(Buddha)'에서 유래되었습니다. '붓다'는 진리를 깨달은 사람을 의미합니다. 이 세상에서 처음으로 카필라의 태자 싯다르타가 진리를 깨달아 '붓다'라고 불리게 되었습니다. '붓다'는 한자로 '불타(佛陀)'로 번역되었는데, 우리나라 사람들은 '불타'를 '부처'라고 부르게 되었고, 여기에 경칭어미 '님'을 더하여 '부처님'이라고 부르고 있습니다.

부처님께서는 진리를 깨달은 후 우리에게 진리를 깨닫도록 가르쳤습니다. 이것이 불교입니다. 불교, 즉 부처님의 가르침은 진리의 깨달음을 목적으로 하는 종교입니다. 그렇다면 불교에서 추구하는 진리의 깨달음은 어떤 것일까요? 진리가 알고 싶어서, 지적인 호기심에서 깨달음을 추구하는 것이 불교의 목적일까요? 그렇지 않습니다. 싯다르타는 단순히 지적인 호기심에서 진리를 찾아 출가하지 않았습니다.

싯다르타가 태어났을 때, 설산에서 수도하던 아시타 선인(仙人)이 찾아와서 관상을 보고, 출가하면 진리를 깨달아 부처님이 될 것이고, 왕궁에 남아서 왕위를 계승하면 세상을 통일하는 전륜성왕이 되리라고 예언했다고 합니다. 이러한 예언이 사실이었는지, 후대에 만들어진 전설인지를 따지는 것은 무의미합니다. 사실의 여부를 떠나서 이 예언은 당시의 사회적 상황과 싯다르타의 정신적 방황을 상징적으로 보여주고 있습니다.

부처님 당시의 인도 사회는 매우 혼란했습니다

───

부처님 당시의 인도 사회는 강대국이 출현하여 주변의 약소국가들을 무력으로 병합하는 가운데 전쟁이 그칠 날이 없었습니다. 약소국들은 언제 강대국의 군사가 쳐들어올지 모르는 불안한 나날을 보내고 있었습니다. 부처님의 나라 카필라국은 코살라라고 하는 강대한 나라의 북방에 있는 조그마한 부족국가였습니다. 코살라는 사위성을 수도로 하고 있었기 때문에 불경 속에서 사위국이라고도 불리는데, 막강한 군사력으로 주변 국가에 매우 위협적인 나라였습니다. 카필라국의 사람들은 코살라국의 위협 속에서 불안한 생활을 하고 있었습니다. 이러한 상황에서 그들은 새로 태어난 왕자가 인도를 통일하여 전쟁이 없는 평화로운 시대를 열어주기를 갈망했을 것입니다. 그리고 싯다르타도 이러한 국민의 여망을 받으면서 스스로 위대한 제왕이 되기를 꿈꾸었을 것입니다.

사회적으로는 무역의 발달로 물자가 풍부해지자 생산자 계급인 바이샤 계급이 많은 재물을 모음으로써 바이샤의 사회적 위상이 높아졌습니다. 한편 전쟁을 통해 군사력을 키운 크샤트리아 계급은 국가권력을 장악함으로써 사회적으로 가장 높은 위치를 차지하게 되었습니다. 그 결과 브라만 계급을 정점으로 형성되었던 기존의 계급 질서가 무너졌습니다.

브라만 계급은 국왕 아래서 나라의 제사를 주관하는 제관의 위치로 전락하고, 바라문교의 교리는 사람들에게 신뢰를 잃어갔으며, 새로운 사상가들이 나타나 저마다 진리를 알고 있다고 주장했습니다. 이렇게 되자 무엇이 진리인지, 어떻게 사는 것이 바른 삶인지를 도무지 판단할 수 없는 사상적 혼란이 야기되었습니다.

이러한 혼란 속에서 사람들은 쾌락만을 인생의 가장 확실한 가치로 느끼면서 쾌락을 얻기 위해 온갖 악행을 서슴지 않게 되었습니다. 이러한 윤리적 타락을 부채질한 것은 유물론에 바탕을 둔 도덕부정론자들이었습니다. 선악의 과보도 없고, 내세도 없다는 이들의 주장은 현세에서의 쾌락이 최고의 가치라는 것을 확신하도록 부추겼습니다.

싯다르타는 이러한 사상적 혼란 속에서 '무엇이 진리인가?'라는 문제로 많은 고심을 하였습니다

———

　　　　　　당시의 지각 있는 사람들은 훌륭한 성자가 나와서 진리를 깨달아 이러한 혼란을 종식시켜 줄 것을 간절히 바라고 있었을 것입니다. 이러한 시대적 상황에서 싯다르타는 왕이 되어 전쟁이 없는 세상을 만들 것인가, 진리를 깨달아 올바른 삶의 길을 열어보여야 할 것인가의 갈림길에서 방황했을 것으로 생각됩니다. 아시타의 예언은 싯다르타의 이러한 방황을 종교적으로 표현한 것입니다.

　싯다르타의 선택은 진리를 깨달아야 한다는 것이었습니다. 진리를 깨달으면 전쟁이 없는 평화로운 세상을 만들 수 있다고 생각했을 것입니다. 그렇습니다. 전쟁과 갈등은 진리에 대한 무지에서 비롯된 것입니다. 우리가 가야 할 올바른 삶의 길이 열린다면, 투쟁하고 갈등할 까닭이 없을 것입니다. 우리는 인생과 세계에 대한 무지 속에서 살아가기 때문에 많은 갈등과 고통을 겪습니다. 싯다르타는 갈등과 투쟁 속에서 고통 받고 있는 우리의 현실을 극복하기 위해 진리를 찾아 출가했던 것이고, 그 진리를 깨달아 붓다가 된 것입니다.

　따라서 불교의 진정한 목적은 맹목적인 진리의 깨달음에 있는 것이 아니라, 우리의 고통스러운 현실을 극복하고 갈등과 투쟁이 없는 행복한 세상을 이룩할 수 있는 진리의 깨달음에 있습니다. 불교의 목적은 죽어서 좋은 세상에 태어나는 것도 아니고, 자신을 잘 수양하여 성인군자가 되는 것도 아니고, 속세를 떠나 선경(仙境)을 노니는 신선이 되는 것도 아니고, 지적인 호기심으로 진리를 찾는 철학자가 되는 것도 아닙니다. 이 현실 세계에서 우리가 겪고 있는 모순과 갈등과 고통을 극복하기 위해 진리를 깨닫고, 이를 실천하여 모두가 행복하게 살아가는 세상을 이룩하는 것이 불교의 진정한 목적입니다.

우리가 사는 현대사회도 부처님 당시와 다를 바 없습니다

———

현대사회는 다종교 시대이며, 사상의 자유라는 미명 아래 갖가지 사상이 난무하고 있습니다. 그에 따라 인생관과 세계관도 저마다 다릅니다. 우선 간단하게 현대사회에 큰 영향을 끼치고 있는 몇 가지 사상을 살펴봅시다.

기독교의 세계관에 의하면 인간이 사는 지상의 세계, 신이 사는 천국, 죄지은 사람이 죽어서 가는 지옥이 있다고 합니다. 지상의 세계에서 인간은 백 년 미만의 일시적인 삶을 누립니다. 그러나 죽어서 가게 되는 천국과 지옥에서는 영원한 삶을 누리게 됩니다. 인간은 지상에서의 삶을 신으로부터 심판받게 되어 있습니다. 이때 신의 은총을 받아 천국에 가면 영원히 행복하게 살게 되고, 저주를 받아 지옥에 떨어지면 영원히 고통 속에서 살아야 합니다. 지상의 세계는 천국으로 갈 것인가, 지옥으로 갈 것인가의 시험장인 셈입니다. 따라서 지상에서의 인간은 신의 세계에 가기 위해 신의 말에 복종하고, 신을 찬양해야 한다고 합니다.

철학자들은 이 세계는 우리의 눈에 비치는 현상의 세계와 눈에는 보이지 않지만 이성을 통해 사유하면 그 존재를 알 수 있는 본질의 세계가 있다고 합니다. 현상의 세계는 거짓된 세계이고 본질의 세계는 참된 세계이므로, 철학을 통해 본질의 세계를 발견해야 한다고 합니다.

따라서 우리는 눈에 보이는 것을 추종하기보다는 이성의 사유를 통해 진실을 발견하도록 힘써야 한다고 합니다.

자연과학에 의하면, 이 세상은 여러 천체들로 되어 있습니다. 은하계, 태양계와 같은 별들의 세계가 우주 공간에 펼쳐져 있고, 우리는 태양계 속의 지구라는 별에 살고 있습니다. 이 공간 속에 펼쳐진 별들의 세계는 우리의 삶과는 무관합니다. 우리는 단지 이 우주 속에 태어나서 죽을 뿐입니다. 죽으면 지구의 흙이 될 뿐 아무것도 남지 않습니다. 따라서 죽은 뒤에 다른 세계가 있을 리가 없습니다. 현대인이 가장 많이 믿고 있는 세계관은 이러한 과학적 세계관입니다.

자연과학적 세계관에는 탈출구가 없습니다

자연과학적 세계관에 의하면 그 누구도 지구를 벗어날 수 없습니다. 우주인이 우주선을 타고 우주를 여행하지만, 결국은 지구로 돌아오지 않을 수 없습니다. 설혹 인간이 살 수 있는 행성이 발견되어 그곳으로 간다고 해도, 자신의 수명이 다하면 죽지 않을 수 없습니다. 이러한 세계관에서는 인생의 의미가 오직 현실에만 주어집니다.

그런데 우리의 현실은 불안합니다. 어느 때, 어떤 사고나 질병에 의해 죽을지 알 수 없습니다. 우리의 인생은 매우 불확실하고 우연적인 것으로 인식되기 때문에 착한 일을 하면 복을 받고, 나쁜 일을 하면 벌을 받는다는 윤리적인 인과율은 미개한 시대의 비과학적인 생각으로 무시됩니다. 현대사회의 윤리 부재 현상과 모든 병리 현상은 이러한 세계관에 뿌리를 두고 있다고 할 수 있습니다.

자연과학적 세계관은 기존의 모든 세계관을 무력하게 만들었습니다. 밤하늘에 빛나는 별은 천국의 등불이 아니라 우주의 천체이며, 인간의 죽음은 흙으로의 환원이라는 냉엄한 자연과학적 현실 앞에서 종교는 옛 시대의 향수이거나 현실을 거부하는 맹목적인 광신이 되고 말았습니다. 이성의 사유를 통해 진리를 발견한다는 철학도 실험과 관찰을 통해 우주와 물질의 구조를 밝히고, 자연법칙을 발견해 가는 과학 앞에서 무기력해질 수밖에 없게 되었습니다.

그렇다면 과학이 보여주는 세계는 과연 절대적인 세계일까요? 만약 과학이 진리이고 과학에서 이야기하는 세계가 절대적인 세계라면, 우리는 불교라고 하는 종교나 연기법이라고 하는 진리를 공부할 필요가 없습니다. 부처님께서 깨달은 것은 이 세계가 유물론에 기초하고 있는 과학적 세계만은 아니라는 것이었습니다. 부처님 당시에도 현대의 과학 사상과 같은 유물론적 사상이 나타나 이 세계는 냉혹한 자연법칙에 의해 움직인다고 주장했지만, 부처님께서는 연기의 진리를 깨달아 그러한 생각이 옳지 않다는 것을 밝혔습니다.

부처님께서 보여준 세계의 모습을 통해 과학적 세계관의 한계와 문제점을 살펴봅시다

_____

불교의 세계관에 의하면, 생사(生死)의 세계와 열반(涅槃)의 세계가 있습니다. 우리가 살고 있는, 태어나서 죽어가는 세계는 생사의 세계입니다. 열반의 세계는 생사의 세계를 벗어난 해탈과 즐거움의 세계입니다.

생사의 세계는 3계(三界)로 나뉩니다. 3계란 욕계(欲界), 색계(色界), 무색계(無色界)를 말합니다. 이 3계를 보다 자세히 분류하면 9중생거(九衆生居: 아홉 가지 중생들이 사는 곳)가 되고, 이를 더 자세히 분류하면 25유(二十五有: 스물다섯 가지 중생의 존재형태)가 됩니다.

이 내용을 간단히 도시하면 다음과 같습니다.

3계(三界)	9중생거(九衆生居)	25유(二十五有)	
(1) 욕계(欲界)	① 인간, 6욕천(六欲天)	4악취(四惡趣):	지옥, 아귀, 축생, 수라
		4주(四洲):	東 불바데, 南 엄부주, 西 구나야, 北 울단월
		6욕천(六欲天):	사천왕, 도리천, 야마천, 도솔천, 화락천, 타화자재천
(2) 색계(色界)	② 색계 초선천(色界 初禪天)	7색계(七色界):	초선천, 범왕천,
	③ 색계 2선천(色界 二禪天)		제2선천,
	④ 색계 3선천(色界 三禪天)		제3선천,
	⑤ 색계 4선천(色界 四禪天)		제4선천, 무상천, 5나함천
(3) 무색계(無色界)	⑥ 공무변처천(空無邊處天)	4무색계(四無色界):	공무변처천,
	⑦ 식무변처천(識無邊處天)		식무변처천,
	⑧ 무소유처천(無所有處天)		무소유처천,
	⑨ 비유상비무상처천 (非有想非無想處天)		비유상비무상처천

이와 같은 3계를 통틀어 일세계(一世界)라고 하는데, 일세계가 일천(一千) 개 모인 것을 소천세계(小千世界), 소천세계가 일천 개 모인 것을 중천세계(中千世界), 중천세계가 일천 개 모인 것을 대천세계(大千世界)라고 하며, 이것을 통칭하여 삼천대천세계(三千大千世界)라고 부릅니다. 법계(法界)에는 이러한 삼천대천세계가 셀 수 없이 많이 존재한다고 합니다.

이 모든 세계가 생사의 세계, 즉 중생들의 세계입니다. 불교는 이러한 생사윤회하는 중생의 세계를 벗어나 생멸(生滅)이 없는 열반의 세계에 가야 한다고 가르칩니다. 그렇다면 생사의 세계와 열반의 세계는 어디에 있을까요? 불교에서 말하는 삼천대천세계는 천문학에서 말하는 무수한 별들의 세계를 의미하는 것일까요? 열반의 세계는 우주를 벗어난 다른 곳에 존재하고 있는 세계일까요?

불교에서는 이 모든 세계가 우리의 마음에서 벌어진 것이라고 가르칩니다

———

　　　　　　　　과학에서 이야기하는 물질로 된 세계는 이 가운데 색계(色界)에 속합니다. 과학이 아무리 발달한다고 해도, 과학은 감관에 의한 지각의 세계를 벗어날 수 없습니다. 왜냐하면, 물질은 우리에게 지각된 것이기 때문입니다. 만약에 인간이 아닌 다른 동물이 지능이 발달하여 과학을 발달시켰다면, 그들은 그들의 지각에 의존하여 우리와는 전혀 다른 모습의 과학적 지식을 갖게 되었을 것입니다. 과학은 결코 객관적이고 보편타당한 진리일 수가 없는 것입니다.

　과학은 그 토대가 물질입니다. 그러나 우리의 삶은 물질적 토대만을 가진 것은 아닙니다. 과학은 우리의 삶의 일부이지 전체는 아닌 것입니다. 저는 과학을 부정하지는 않습니다. 단지 과학의 한계를 지적하고자 할 뿐입니다. 인간 삶의 문제에 과학이 도움을 줄 수는 있어도 근본적으로 문제를 해결할 수는 없습니다.

　우리는 보고, 느끼고, 생각하고, 행동하고, 인식하면서 살아갑니다. 과학은 단지 보이는 것에 대해서만 이야기할 뿐, 우리가 어떻게 느끼고, 어떻게 생각하고, 어떻게 행동하고, 어떻게 인식해야 할지에 대해서는 어떤 이야기도 할 수 없습니다. 진리는 보이는 것에만 적용되는 것이 아니라, 우리의 모든 삶에 적용되는 것입니다. 부처님께서는 이러한 진리를 깨닫고, 그 진리에 기초하여 생사의 세계와 열반의 세계가 있다는 것을 우리에게 가르쳤습니다. 우리가 부처님께서 어떤 진리를 어떻게 깨달았는지에 관심을 가지고 그것을 알아야 하는 까닭은 우리의 삶의 문제를 해결하기 위해서입니다.

2

—

붓다가 깨달은 진리

부처님께서는 진리를 깨달았습니다. 그런데 진리라는 말은 너무 추상적입니다. 구체적으로 그 진리의 내용은 무엇일까요? 어떤 사람들은 부처님께서 깨달은 진리는 4성제(四聖諦)라고 이야기하고, 어떤 사람들은 연기법(緣起法)이라고 이야기합니다. 그런데 사실은 4성제와 연기법은 서로 다른 진리가 아니라 함께 하나의 체계를 이루는 진리입니다.

『쌍윳따 니까야』 12. 65. 「나가라 쑷따(Nagara-sutta)」에서 부처님께서는 자신의 깨달음에 대하여 다음과 같이 이야기합니다.

"비구들이여, 예전에 정각(正覺)을 이루지 못한 보살이었을 때에 나에게 이런 생각이 들었다. '세간은 태어나고, 늙어 죽고, 죽어가서 다시 태어나는 곤경에 처해있다. 그런데 이러한 괴로움과 늙어 죽음[老死]

에서 벗어날 줄을 모른다. 언제 이러한 괴로움과 늙어 죽음에서 벗어날 줄을 알게 될까?'

비구들이여, 그러자 나에게 이런 생각이 들었다. '무엇이 있기 때문에 늙어 죽음이 있을까? 무엇에 의지하여 늙어 죽음이 있을까?'

비구들이여, 그러자 나에게 철저한 숙고의 결과로 지혜에 의한 분명한 이해가 생겼다. '태어남[生]이 있기 때문에 늙어 죽음이 있다. 태어남에 의지하여 늙어 죽음이 있다.'

비구들이여, 그러자 나에게 이런 생각이 들었다. '무엇이 있기 때문에 태어남이 있을까? 무엇에 의지하여 태어남이 있을까?'

비구들이여, 그러자 나에게 철저한 숙고의 결과로 지혜에 의한 분명한 이해가 생겼다. '존재[有]가 있기 때문에 태어남이 있다. 존재에 의지하여 태어남이 있다.'

(취(取)-애(愛)-수(受)-촉(觸)-6입(六入)에 의지하여 명색(名色)이 있다.)

비구들이여, 그러자 나에게 이런 생각이 들었다. '무엇이 있기 때문에 명색이 있을까? 무엇에 의지하여 명색이 있을까?'

비구들이여, 그러자 나에게 철저한 숙고의 결과로 지혜에 의한 분명한 이해가 생겼다. '식(識)이 있기 때문에 명색이 있다. 식에 의지하여 명색이 있다.'

비구들이여, 그러자 나에게 이런 생각이 들었다. '무엇이 있기 때문에 식이 있을까? 무엇에 의지하여 식이 있을까?'

비구들이여, 그러자 나에게 철저한 숙고의 결과로 지혜에 의한 분명한 이해가 생겼다. '명색이 있기 때문에 식이 있다. 명색에 의지하여 식이 있다.'

비구들이여, 그러자 나에게 이런 생각이 들었다. '이 식은 되돌아가, 명색에서 더 이상 가지 못한다. 이런 방식으로 명색에 의지하여 식이 있는 한, 태어나고, 늙어 죽고, 죽어가고 다시 태어날 것이다. 식을 의지하여 명색이 있고, 명색을 의지하여 6입(六入)이 있고, 6입을 의지하여 촉(觸)이 있고, … 이와 같이 완전한 괴로움 덩어리[苦蘊: dukkhakkhandha]의 집(集; samudaya)이 있다.'

비구들이여, '집이다. 바로 집이다'라고 하는, 예전에 들어본 적이 없는 법(法; dhamma)들에 대한 안목(眼目; cakkhum)이 생기고, 지식(知識; ñāṇam)이 생기고, 지혜(paññā)가 생기고, 밝음[明; vijjā]이 생기고, 광명(光明; āloka)이 생겼다.

비구들이여, 그러자 나에게 이런 생각이 들었다. '무엇이 없으면 늙어 죽음[老死]이 없을까? 무엇이 사라지면[滅; nirodha] 늙어 죽음이 사라질까?'

비구들이여, 그러자 나에게 철저한 숙고의 결과로 지혜에 의한 분명한 이해가 생겼다. '태어남[生]이 없으면 늙어 죽음이 없다. 태어남이 사라지면 늙어 죽음이 사라진다.'

(유(有)-취(取)-애(愛)-수(受)-촉(觸)-6입(六入)-명색(名色)이 사라지면 6입이 사라진다.)

비구들이여, 그러자 나에게 이런 생각이 들었다. '무엇이 없으면 명색이 없을까? 무엇이 사라지면 명색이 사라질까?'

비구들이여, 그러자 나에게 철저한 숙고의 결과로 지혜에 의한 분명한 이해가 생겼다. '식이 없으면 명색이 없다. 식이 사라지면 명색이 사라진다.'

비구들이여, 그러자 나에게 이런 생각이 들었다. '무엇이 없으면 식이 없을까? 무엇이 사라지면 식이 사라질까?'

비구들이여, 그러자 나에게 철저한 숙고의 결과로 지혜에 의한 분명한 이해가 생겼다. '명색이 없으면 식이 없다. 명색이 사라지면 식이 사라진다.'

비구들이여, 그러자 나에게 이런 생각이 들었다. '나는 깨달음으로 가는 길에 도달했다. 그것은 명색이 사라지면 식이 사라진다는 것이다. 식이 사라지면 명색이 사라진다. 명색이 사라지면 6입이 사라진다. 6입이 사라지면 촉이 사라진다. … 이와 같이 완전한 괴로움 덩어리의 멸(滅; nirodha)이 있다.'

비구들이여, '멸이다. 바로 멸이다'라고 하는, 예전에 들어본 적이 없는 법(法)들에 대한 안목이 생기고, 지식이 생기고, 지혜가 생기고, 밝음이 생기고, 광명이 생겼다.

(…중략…)

비구들이여, 그렇다면 옛날의 정각을 이루신 분들이 따라가신 옛길, 오래된 지름길은 어떤 것인가? 그것은 거룩한 8정도(八正道)이다. …

나는 그 길을 따라갔다. 그 길을 따라가서 늙어 죽음[老死]을 자증(自證)했고, 늙어 죽음의 집(集)을 자증했고, 늙어 죽음의 멸(滅)을 자증했고, 늙어 죽음의 멸에 이르는 길[道]을 자증했다.

나는 그 길을 따라갔다. 그 길을 따라가서 태어남[生]-존재[有]-취(取)-애(愛)-수(受)-촉(觸)-6입(六入)-명색(名色)-식(識)을 자증했고, 식의 집을 자증했고, 식의 멸을 자증했고, 식의 멸에 이르는 길을 자증했다.

나는 그 길을 따라갔다. 그 길을 따라가서 행(行)을 자증했고, 행의 집을 자증했고, 행의 멸을 자증했고, 행의 멸에 이르는 길을 자증했다.

나는 그것을 자증하여 비구와 비구니와 우바새와 우바이에게 알려주었다."

이 경은 부처님께서 연기법의 사유를 통해 4성제를 깨달았다는 것을 보여주고 있습니다. 4성제는 연기법의 사유를 통해 드러난 진리입니다. 따라서 부처님께서 깨달은 진리가 연기법인가, 4성제인가를 논하는 것은 무의미합니다. 중요한 것은 '연기법이란 무엇이고, 4성제는 구체적으로 어떤 진리인가?' 하는 것입니다. '붓다가 깨달은 연기법'이라는 이름의 이 책은 이런 물음에 대한 필자의 답변입니다.

연기(緣起)를 알지 못하기 때문에 인류는 괴로움에서 벗어나지 못하고 있습니다

――――

『디가 니까야』 15. 「마하니다나 쑷따(Mahā-Nidāna-sutta)」에서 부처님과 아난다 존자는 다음과 같은 대화를 나눕니다.

"경이롭습니다. 세존이시여! 희유합니다. 세존이시여! 세존이시여, 이 연기(緣起; paṭicca-samuppada)는 심오(深奧)하며, 심오한 광명입니다. 그렇지만 저에게는 아주 명백해 보입니다."

"아난다여, 그렇게 말하지 말라. 아난다여, 그렇게 말해서는 안 된다. 이 연기는 심오하며, 심오한 광명이다. 아난다여, 이 연기를 알지 못하고 이해하지 못하기 때문에 이 인류는 뒤엉킨 실타래처럼 태어나고, 뭉친 실타래처럼 태어나, 갈대나 억새처럼 살면서, 몹쓸 세상, 괴로운 세상, 험한 세상을 떠도는 유전(流轉; saṃsara)을 벗어나지 못하고 있다."

아난다 존자는 연기에 대하여 "심오한 진리이지만 자신은 명백하게 이해하고 있다"고 이야기합니다. 부처님께서는 이러한 아난다 존자를 꾸짖고 있습니다. 연기는 사유를 통해 간단히 이해되는 진리가 아니라는 것입니다. 부처님께서는 연기에 대한 무지가 인류의 모든 불행의 근원이라고 말씀하십니다. 연기는 괴로움의 암흑에서 인류를 구제할 진리의 광명이라는 것입니다.

4성제는 이러한 연기의 도리에 의해 밝혀진 진리입니다. 연기의 도리를 알지 못하기 때문에 괴로움이 나타나는 진리를 보여주는 것이 고성제(苦聖諦)와 집성제(集聖諦)이고, 연기의 도리를 깨달아 괴로움을 소멸하는 진리를 보여주는 것이 멸성제(滅聖諦)와 도성제(道聖諦)입니다. 따라서 연기의 도리를 알지 못하면 4성제를 실천할 수 없고, 4성제를 실천하지 않으면 연기의 도리를 스스로 깨달아 괴로움에서 벗어날 수가 없습니다.

불교는 이와 같은 진리에 의지하여 괴로움을 극복하는 것을 목적으로 합니다. 사람들이 연기의 도리를 이해하여 4성제를 실천함으로써 연기의 도리를 스스로 깨닫고, 인류가 함께 괴로움에서 벗어나 행복한 세상을 이룩하도록 하는 것이 불교의 목적입니다.

이와 같이 연기법과 4성제는 서로 분리될 수 없는 불교의 진리이며, 붓다의 깨달음입니다. 그리고 연기법과 4성제를 깨달아 행복한 세상을 만드는 것이 불교의 목적입니다.

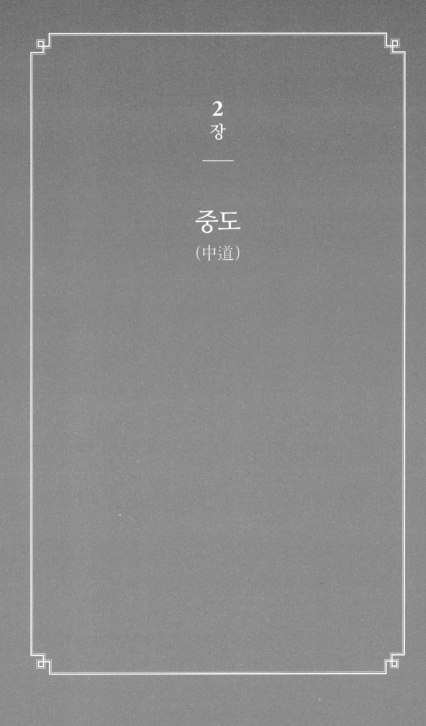

2
장
—

중도
(中道)

1

—

실천을 통한 진리의 체험

부처님께서 깨달아 우리에게 보여준 세계는 3계(三界)라고 하는 생사의 세계와 3계의 실상이 연기하는 법계(法界)라는 것을 깨달아 성취하게 되는 열반(涅槃)의 세계입니다. 이러한 세계관은 다른 종교나 사상에서 주장하는 세계관을 뛰어넘는 것이며, 현대인들이 신뢰하고 있는 과학적 세계관의 한계와 문제점을 극복하고 있습니다.

부처님께서는 이러한 세계를 어떻게 깨닫게 되었을까요

——

　　　　욕계(欲界)·색계(色界)·무색계(無色界)라고 하는 3계는 불교 특유의 세계관입니다. 3계는 중생들이 욕애(欲愛)·색애(色愛)·

무색애(無色愛)라고 하는 세 가지 탐애(貪愛)를 가지고 5온(五蘊)을 취하여 욕유(欲有)·색유(色有)·무색유(無色有)를 조작함으로써 벌어진 중생의 세계입니다. 무명(無明)이 사라지면 이러한 중생의 세계도 사라져 생사가 없는 열반의 세계가 나타납니다. 12연기의 유전문(流轉門)은 이와 같은 3계의 실상을 이야기한 것이고, 환멸문(還滅門)은 열반의 세계를 보여주는 것입니다. 이제부터는 이러한 12연기의 유전문과 환멸문이 어떤 수행을 통해 깨닫게 된 것인지를 살펴볼 것입니다.

12연기의 유전문은 무명이 있을 때 노사(老死)가 나타난다는 12지(十二支)연기를 의미하고, 환멸문은 무명이 사라지면 노사도 사라진다는 것으로서, 정견(正見)에서 시작되는 8정도가 곧 환멸문입니다. 그리고 12연기는 단상중도(斷常中道)·일이중도(一異中道)·유무중도(有無中道)와 같은 이론적 중도이고, 8정도는 고락중도(苦樂中道)라고 하는 실천적 중도입니다. 이것에 대한 구체적인 설명은 제가 쓴 『불교란 무엇인가』를 보시기 바랍니다.

아무튼 부처님께서 깨달은 것은 한마디로 중도(中道)라고 할 수 있습니다. 부처님께서는 12연기의 구조로 살아가는 중생의 삶을 통해 3계라고 하는 생사의 세계가 나타나고 있음을 중도의 입장에서 깨달았고, 8정도라고 하는 중도의 실천을 통해 생사가 사라진 열반을 증득했던 것입니다.

어떤 것이 사견(邪見)이고, 어떤 것이 정견(正見)인가요

―――

부처님께서는 이러한 중도의 깨달음을 성취하시고

서 당시의 사문이나 바라문의 사상을 사견이라고 비판했습니다. 그리고 자신은 8정도라는 정도(正道)를 실천하여 정각(正覺)을 성취했으며, 자신이 깨달은 연기법은 정견이라고 주장했습니다. 부처님께서는 어떤 기준을 가지고 다른 사상을 사견이라고 비판하고, 자신의 깨달음을 정견이라고 주장할 수 있었을까요? 무조건 "부처님의 말씀이니 진리이다"라고 생각하기 이전에 부처님께서는 어떤 것을 진리라고 하셨는지를 살펴보고, 우리도 그것을 진리라고 인정할 수 있는지 생각해 봅시다.

부처님께서는 우선 진리란 누구에게나 동일하게 인식될 수 있어야 한다고 생각하셨습니다. 이러한 부처님의 생각은 정견과 사견이라는 말속에 나타나 있습니다. 부처님께서 정견, 정도, 정각이라고 하신 말씀 가운데 정(正)은 원어가 'sammā'입니다. 그리고 사견이라고 할 때의 사(邪)는 'micchā'를 한역한 것입니다. 'sammā'는 '일치하는, 통일된, 결합된'의 의미입니다. 그리고 'micchā'는 '상반된, 전도(顚倒)된'의 의미입니다. 부처님께서는 누구에게나 일치하는 통일된, 그리고 진실에 부합하는 견해를 정견이라고 하고, 사람에 따라 서로 상반되는, 진실이 전도된 견해를 사견이라고 하신 것입니다.

진리의 기준은 무엇일까요

———

진리는 사람에 따라 달리 인식되거나, 달라지는 것이 아닙니다. 부처님께서는 8정도와 연기법이 바로 그와 같은 진리라고 말씀하십니다. 그렇다면 부처님께서는 어떤 기준에서 8정도와 연기법이 누구에게나 일치하는 인식을 가져다주는, 진실과 부합되는 진리라고 주장하신 것일까요?

세상에는 여러 가지 진리의 기준이 있습니다. 기독교에서는 성경이 진리의 기준입니다. 성경은 신의 말씀을 기록한 것이기 때문에 성경의 말씀에 어긋나지 않는 것이 진리라는 것입니다. 철학자들은 논리학이 진리의 기준이 된다고 주장합니다. 논리적으로 모순이 없으면 진리라는 것입니다. 어떤 사람들은 자신에게 그럴듯하게 생각되는 사상체계를 진리의 기준으로 삼습니다. 예를 들면 마르크스의 유물변증법을 진리라고 생각하는 사람들은 마르크스의 사상체계를 진리의 기준으로 생각할 것입니다. 어떤 사람들은 자신의 신념을 진리의 기준으로 생각합니다. 태양이 지구의 주위를 돌고 있다고 생각한 옛날 사람들은 태양이 지구의 주위를 돈다고 믿고 있는 신념에서 그렇게 생각했던 것입니다. 어떤 사람들은 자신의 기호(嗜好)를 진리의 기준으로 삼습니다. 자기 마음에 드는 것을 진리라고 생각하는 것입니다. 고대 희랍에서의 소피스트들이 이런 사람들입니다. 소피스트들은 "인간은 만물의 척도다"라고 주장했습니다. 사람 개개인이 진리의 기준이라는 것입니다. 다수의 주장을 따라야 한다는 민주주의의 입장은 사람의 기호에 따라 진리가 결정된다는 생각과 다를 바가 없습니다. 많은 사람이 좋아하는 것을 진리로 수용하는 것이 민주주의인 것입니다.

부처님께서는 『맛지마 니까야』 95. 「짱끼 숫따(Caṅkī-sutta)」에서 이러한 것들은 진리의 기준이 될 수 없다고 했습니다.

"바라드와자여, 서로 모순되는 두 가지 결론을 갖는 다섯 가지 법이 있다. 신념, 기호(嗜好), 종교적 권위가 있는 전설, 논리적인 추론, 사변에 의한 독단적인 사상의 승인, 이것이 두 가지 결론을 갖는 다섯 가지 법이다. 바라드와자여, 어떤 지식이 전적으로 믿음이 간다고 해도, 자신의 마음에 든다고 해도, 전설과 일치한다고 해도, 논리적으로 잘 추론된 것이라 해도, 자신이 인정하는 사상과 일치한다고 해도, 그것은 진실이 아닐 수 있고, 공허한 것일 수 있고, 거짓일 수도 있다. 한편 전혀 믿어지지 않고, 마음에 들지 않고, 전설과 일치하지 않고, 논리적으로 추론되지 않고, 자신이 승인한 사상과 다르다 해도 그것이 사실일 수 있고, 진리일 수도 있다."

부처님께서는 이렇게 우리가 일반적으로 생각하고 있는 진리의 기준은 서로 상반된 견해를 야기하기 때문에 어떤 것도 정당한 기준이 될 수 없다고 말씀하십니다. 그렇습니다. 진리는 신념이나 기호와 같은 주관적인 것으로 판단될 수 없습니다. 오랜 시간 동안 진리로 알려져 왔다고 해서 그것이 진리일 수도 없습니다.

논리학은 인간의 사유 법칙입니다. 우리는 논리적인 사유를 통해서 누구나 인정할 수 있는 새로운 지식을 얻을 수 있습니다. 그래서 예로부터 논리학은 진리 인식의 수단으로 여겨져 왔습니다. 그러나 많은 철학자들이 논리학을 이용하여 진리를 구했지만, 진리는 여전히 밝혀지지 않고 있습니다. 독일의 철학자 칸트는 과연 논리학이 모든 진리를 밝혀낼 수 있는지를 살펴보았습니다. 그 결과 논리학은 우리가 경험할 수 없는 것에 대해서는 모순된 두 가지 결론에 도달한다는 것을 발견했습니다. 논리학이 진리의 기준이 될 수 없다는 것을 밝힌 것입니다.

그렇다면 부처님께서는 어떤 것을 진리의 기준으로 생각하셨을까요? 위에 소개한 경에서 부처님께서는 다음과 같이 말씀하십니다.

"그는 법을 듣고, 그것을 기억한 후에 그 의미를 깊이 생각해 보고, 그 법을 수용할 것이다. 법을 수용하면 의욕이 생기고, 의욕이 생기면 노력할 것이고, 열심히 헤아려보고, 정진할 것이다. 그리하여 스스로 몸을 통해 확고하고 바른 최고의 진리를 직접 체험할 것이다. 그리고 지혜로 그것을 통찰하여 보게 될 것이다. 바라드와자여, 이렇게 할 때 진리의 인식이 생기고, 이렇게 할 때 그는 진리를 이해한다. 그러나 우리는 이 정도 진리의 인식을 진리의 성취라고 부르지는 않는다. … 바라드와자여, 그 법을 끊임없이 수행하고, 실천할 때 진리의 성취가 있다."

부처님께서는 이 경에서 진리는 실천을 통해 체험되고, 그 체험을 지혜로 통찰할 때 인식된다고 말씀하십니다. 그리고 끊임없는 수행을 통해 성취된다고 말씀하십니다. 이러한 부처님의 말씀을 잘 생각해 봅시다.

진리는 인식의 대상이 아니라 실천의 대상이며, 삶을 통해 성취되어야 합니다

———

우리는 진리를 인식하려고 합니다. 즉 진리를 인식의 대상으로 생각하고 있습니다. 진리에 대한 이러한 태도는 이 세계를 존재의 세계로 생각하고 있기 때문입니다. 고대 희랍의 철학자 아리스토텔레스는 진리에 대하여, "있는 것을 있다고 말하고, 없는 것을 없다고 말하는 것이 진리다"라고 이야기했습니다. 외부에 책이 있을 때 책이 있다고 이야기하면 진리이고, 책이 없을 때 없다고 이야기하면 그것이 진리라는 의미입니다.

매우 당연하고 쉬운 이야기이지만, 이러한 진리관은 큰 문제를 내포하고 있습니다. 우리가 외부에 어떤 사물이 존재한다는 것을 알기 위해서는 눈으로 보아야 합니다. 만약 우리가 눈을 통해 본 것이 외부의 존재와 동일한 것이라면 진리 인식에 아무런 문제가 없습니다. 그런데 우리의 눈을 통해 보이는 것과 외부의 존재가 동일하다는 것을 증명하기는 쉽지 않습니다. 색맹인 사람이 본 꽃의 빛깔과 정상인 사람이 본 꽃의 빛깔은 동일하지 않습니다. 자외선을 볼 수 있는 벌이나 나비가 본 꽃의 빛깔과 사람이 본 꽃의 빛깔도 동일하지가 않습니다. 이와 같이 보는 사람이나 동물에 따라 꽃의 빛깔이 다르게 보인다면, 우리는 눈으로 본 꽃이 외부의 꽃과 동일하다고 할 수 없을 것입니다. 따라서 진리를 인식하는 문제는 아직도 해결되지 않은, 철학에서도 가장 어려운 문제입니다.

진리를 인식하는 문제가 이렇게 해결되지 않고 있는 것은 모든 사물이 개별적으로 존재한다고 생각하기 때문입니다. 그리고 이런 생각을 고집하는 한 진리를 인식하는 문제는 결코 해결될 수 없습니다. 인식되는 존재와 인식하는 존재가 별개의 존재라고 한다면, 즉 인식하는 주관과 인식되는 객관이 개별적으로, 독립적으로 존재한다고 한다면, 주관의 인식 내용은 항상 주관의 내부에서 형성되기 때문에 객관과 일치할 수가 없습니다. 이러한 생각에서 독일의 철학자 칸트는 외부의 대상 자체(물자체; Ding an Sich)는 인식할 수 없다고 생각했습니다.

부처님께서는 나와 세계, 즉 주관과 객관은 개별적으로 존재하는 것이 아니라, 함께 연기한다는 사실을 깨달았습니다. 이러한 깨달음은 논리적인 사유를 통해서 얻은 것이 아니라 실천을 통해서 체험된 것입니다. 그리고 체험의 내용을 지혜로 통찰하여 인식하게 된 것이 연기법이라는 진리입니다.

체험은 주관과 객관이 분리되어서는 있을 수 없습니다. 수박을 앞에 놓고 아무리 바라보고 생각해보아도 수박의 맛을 알 수 없습니다. 수박을 먹어 보아야, 즉 수박이 입안으로 들어와서 주관과 객관이 합일되었을 때 비로소 수박의 단맛을 알 수 있습니다. 진리의 인식도 이와 같습니다. 진리는 실천을 통해 체험된 후에, 그 체험을 지혜로 통찰함으로써 인식됩니다.

체험은 실천을 통한 주관과 객관의 합일을 의미합니다. 진리가 실천을 통해 체험되는 것이라면, 진리는 인식에서 그쳐서는 안 되고, 우리의 삶을 통해 항상 실현되어야 할 것입니다. 부처님께서 진리를 인식하는 데 그쳐서는 안 되고, 진리를 성취해야 한다고 말씀하신 것은 이러한 까닭에서입니다.

연기법은 인식의 대상이 아니라 실천의 대상이며, 체험의 내용입니다. 무명이 있으면 생사의 괴로움이 있다는 체험을 통해, 무명을 멸하여 생사의 괴로움에서 벗어나려는 의욕을 가질 수 있고, 그러한 의욕을 가지고 무명을 없애는 수행을 할 때, 생사의 괴로움에서 벗어나는 체험을 하게 됩니다. 이러한 체험은 일회적이어서는 안 됩니다. 지속적인 수행을 통해 생사의 괴로움이 다시는 생기지 않을 때, 열반은 성취됩니다. 이와 같이 연기법이라는 진리는 누구나 실천하면 동일하게 체험하고, 인식하고, 성취할 수 있는 것이기 때문에 정견입니다.

2

고락중도(苦樂中道)–8정도(八正道)의 발견

중도(中道)에는 실천적인 측면의 고락중도, 즉 8정도와 이론적인 측면의 유무중도(有無中道), 즉 연기법이 있습니다. 고락중도는 우리의 인생이 의미 있는 삶이 되기 위해서는 맹목적인 고행이나 감각적 쾌락을 추구해서는 안 된다는 것으로서, 8정도를 실천하는 것을 의미합니다. 유무중도는 모순 대립하는 모든 견해는 사견이므로 연기법의 진리를 깨달아 이러한 사견에서 벗어나야 한다는 것으로서, 12연기를 바르게 이해하는 것을 의미합니다. 이러한 중도 가운데 먼저 고락중도를 부처님께서는 어떻게 깨달았는지 살펴보겠습니다.

제1장에 있는 '붓다가 깨달은 진리'에서 소개한 『쌍윳따 니까야』 12. 65. 「나가라 숫따(Nagara-sutta)」에서 이야기하고 있듯이, 부처님께서는 연기법을 사유한 결과 4성제(四聖諦)를 깨닫게 되고, 그 4성제 가

운데 도성제(道聖諦)가 8정도입니다.

이 경에서 부처님께서는 정각(正覺)을 얻기 전에 노사(老死)의 원인을 찾아 생(生), 유(有), 취(取), 애(愛), 수(受), 촉(觸), 6입(六入), 명색(名色), 식(識)으로 사유를 진행하다가 식에서 더 이상 사유를 진행할 수 없었다고 말씀하십니다. 명색(名色)의 조건이 식이라는 것을 깨닫고서, 식의 조건을 사유해 보니 식의 조건은 다시 명색이 되더라는 것입니다. 이러한 부처님의 말씀은 부처님께서 12연기(十二緣起)를 깨닫는 과정을 이해하는 데 매우 중요한 단서가 됩니다.

윤회는 식(識)과 명색(名色)이 서로 조건이 되어 연기하고 있는 상태입니다

———

우리는 일반적으로 부처님께서 정각을 이루기 위해 행하신 12연기의 역관(逆觀)이 노사에서 무명까지 아무 거침이 없이 이루어진 것으로 알고 있습니다. 그러나 사실은 그렇지 않습니다. 부처님의 사유는 식(識)에 이르러 일단 중단되었습니다. 그리고 여기에서 매우 중요한 깨달음을 얻었습니다.

부처님께서는 우리의 생사윤회가 식과 명색(名色)이 서로 조건이 되어 연기하기 때문에 일어나고 있다는 사실을 깨달았습니다. 우리는 태어나서 늙고 죽으며, 죽은 다음에는 다른 세상으로 가서 다시 태어난다고 생각하는 것은 명색에서 벗어나지 못하고 있는 식, 즉 명색을 조건으로 하는 식에 의존하여 다시 명색이 나타나기 때문이라는 사실을 깨달은 것입니다.

부처님께서는 식과 명색이 상호 의존하는 관계 속에서 식이 증장

(增長)하고 있다는 것을 발견하셨습니다. 그리고 부처님께서는 식의 증장을 통해 5온이라는 괴로움 덩어리가 모인다는 것, 즉 4성제의 집성제(集聖諦)를 깨달으신 것입니다. 이러한 집성제의 깨달음을 부처님께서는 밝은 지혜가 생긴 것이라고 말씀하십니다. 부처님께서는 지금까지 자신이 식의 증장을 통해 5온이 집기(集起)한다는 것, 즉 집성제를 모르고 살아왔다는 것을 깨달은 것입니다.

이러한 깨달음을 토대로 부처님께서는 12연기의 환멸문을 역관으로 사유하게 됩니다. 그 결과 식이 멸하면 명색이 멸하고, 명색이 멸하면 식이 멸한다는 사실을 깨닫게 됩니다. 환멸문의 역관도 역시 식에서 끝이 납니다. 그렇다면 12연기의 앞부분인 무명(無明)과 행(行)은 왜 부처님의 사유 속에 나타나지 않는 것일까요?

깨닫기 전에는 부처님께서 식과 명색이 서로 의존하는 가운데 식이 증장하여 5온이 집기한다는 사실을 모르고 있었습니다. 그리고 이러한 사실을 모르기 때문에 계속해서 식을 증장시켜 명색이 나타나는 삶을 살았습니다. 부처님께서는 자신이 지금까지 식과 명색이 상호의존하고 있다는 것을 모르는 무지의 상태에서 살아온 것을 깨달았던 것입니다. 다시 말해서 부처님께서는 집성제를 깨닫는 순간 지금까지 진실을 모르는 무명 속에서 살아왔음[行]을 자각하신 것입니다. 지금까지 집성제를 알지 못한 무명 때문에 식을 증장하는 행을 지어왔다는 것을 깨달은 것입니다. 그래서 부처님께서는 집성제를 알고서 무명을 멸하여 그러한 행을 그치고 환멸문을 수행할 수 있었던 것입니다. 따라서 경에 구체적으로 무명과 행이 언급되지 않고 있지만, 집성제의 깨달음은 무명과 행을 내포하고 있습니다.

그렇다면 부처님께서 수행하신 환멸문은 어떤 것이었을까요? 그것은 이 경에서도 밝히고 있듯이 8정도입니다. 따라서 환멸문의 사유는 단순한 논리적인 사유가 아니라 8정도라는 구체적인 실천을 통한 통찰이라는 것을 알 수 있습니다. 즉 환멸문의 순관(順觀) 과정은 8정도의 실천이었으며, 순관을 통해 생사의 근본이 멸하는 것을 확인하고서 8정도가 생사를 멸하고 열반에 이르는 바른길이라는 것을 확신하게 된 것입니다.

고락중도, 즉 실천적 중도인 8정도는 이렇게 환멸문의 순관을 통해 발견되었습니다. 그러나 이것은 진리의 인식일 뿐 진리의 성취라고 할 수는 없습니다. 8정도의 발견을 통해 열반에 이르는 길이 발견되었다 할지라도 열반을 성취하지 않는다면 목적지에 이르는 길을 알고도 가지 않는 것과 다름이 없기 때문입니다. 그래서 부처님께서는 이 길을 따라가리라 결심하고, 그 길을 따라가면서 무명에 의한 삶을 통해 나타나는 세계는 괴로움이라는 것을 더욱 절실하게 느끼고, 이 모든 괴로움은 식이 명색을 의지해서 증장하는 가운데 새로운 명색이 나타나, 다시 말해서 끊임없이 식이 증장함으로써, 5온이라는 괴로움 덩어리가 모이기 때문이라는 것을 체험적으로 통찰했습니다. 그리고 8정도를 실천함으로써 모든 괴로움의 소멸을 체험하고, 8정도가 괴로움의 멸에 이르는 바른길이라는 것을 확신하게 됩니다. 4성제는 이렇게 실천을 통해 체험된 진리입니다.

진리의 성취는 진리의 인식과 어떻게 다를까요

———

진리의 인식이 처음 진리를 체험한 것이라면, 진리의

성취는 자연스럽게 항상 진리에 따라 사는 것을 의미합니다. 8정도라는 길을 발견한 것이 고락중도라는 진리의 인식이고, 8정도라는 인생의 바른길을 벗어나지 않는 것이 진리의 성취입니다. 다시 말해서 우리의 삶이 항상 8정도라는 인생의 바른길에서 벗어나지 않는 것이 진리의 성취가 되는 것입니다. 그리고 이러한 진리의 성취를 열반이라고 부릅니다.

실천적 중도인 고락중도가 인식되는 과정은 이렇게 8정도를 발견하는 과정이라는 것이 밝혀졌습니다. 그러나 아직 이론적 중도인 유무중도가 어떻게 해서 발견되었는지는 구체적으로 드러나지 않았습니다. 물론 유무중도는 12연기를 의미하기 때문에 8정도와 별개의 것은 아닙니다. 부처님께서는 괴로움의 원인이 집(集)이라는 것을 깨닫고 환멸문을 수행하여 8정도를 발견했다고 하시는데, 어떻게 집성제라는 전대미문의 사실을 깨닫게 되었는지는 이 경에서 밝히지 않고 있습니다.

부처님께서는 "나에게 이와 같이 이전에 들어본 적이 없는 법(法)에 대한 안목이 생기고, 지식이 생기고, 지혜가 생기고, 광명이 생기고, 통찰이 생겼다"라고 말씀하실 뿐 그와 같은 안목과 지혜가 어떤 과정을 통해서 생기게 되었는지는 구체적으로 말씀하시지 않기 때문에 우리는 다른 경에서 그 과정을 찾아보지 않을 수 없습니다.

3
—
유무중도(有無中道)-존재의 실상을 깨닫는 길

유무중도란 세간(世間)의 집(集)과 멸(滅)을 여실하게 알아서 자아와 세계가 존재한다는 견해[有見]와 존재하지 않는다는 견해[無見]를 모두 버리는 것을 의미합니다.

『잡아함경』301에서는 '유무중도'를 다음과 같이 이야기합니다.

세간은 유(有)와 무(無) 두 가지에 의존한다. 유나 무는 보이거나, 들리거나, 생각한 것[所觸]을 취한 것이다. 보이거나, 들리거나, 생각한 것을 취하기 때문에 유에 의지하기도 하고, 무에 의지하기도 한다. 만약 이 취함이 없다면, 마음이 경계에 묶여 경계를 취하지도 않고, 경계에 머물지도 않고, '자아'를 제멋대로 꾸며내지도 않고, 괴로움이 생기면 생기는 것에 대하여, 멸하면 멸하는 것에 대하여 의혹이 없이, 다른 사람을 의지하지 않고도 능히 알 수가 있다. 이것을 정견(正見)이라고 하며, 이것을 여래가 시설한 정견이라고 한다. 왜냐하면, 세간의 집(集)을 여실하고 바르게 보아 안다면, 세간이 없다고 하는 사람은 없을 것이고, 세간의 멸(滅)을 여실하고 바르게 보아 안다면 세간이 있다고 하는 사람은 없을 것이기 때문이다. 그래서 여래는 이변(二邊)을 떠나 중도에서 설하나니, 소위 이것이 있는 곳에 저것이 있고, 이것이 일어날 때 저것이 일어난다. 다시 말하면, 무명을 조건으로 행이 있으며, … 내지 큰 괴로움의 덩어리가 생기며, 무명이 멸하면 행이 멸하여 … 내지 큰 괴로움의 덩어리가 멸한다.

불교는 무아설(無我說)이기 때문에 본래는 생사윤회를 인정하지 않는다고 생각하는 사람들이 있습니다. 이런 사람은 세간의 집(集)을 알지 못하여 무견(無見)에 떨어진 사람입니다. 한편 불교는 윤회를 인정하기 때문에 부처님께서 말씀하신 무아(無我)는 나에 대한 집착을 끊게 하기 위해서 하신 말씀일 뿐, 윤회하고 해탈하는 '자신의 존재'는 분명히 있다고 믿고 있는 사람도 있을 것입니다. 이런 사람은 세간의 멸(滅)을 알지 못하여 유견(有見)에 떨어진 사람입니다.

이 경에서 이야기하고 있는 세간의 집은 12연기의 유전문을 의미하고, 세간의 멸은 환멸문을 의미합니다. 생사윤회 하는 중생들의 세계가 성립하는 과정을 보여주는 것이 12연기의 유전문이고, 그 원인이 집이라는 것을 알고서 이를 멸하는 것이 환멸문, 즉 8정도입니다.

세간이 성립하는 과정도 진리이고, 이를 알아서 세간을 멸하는 길도 진리이며, 이 두 가지 진리를 2제(二諦)라고 합니다

———

　　　　　세간이 성립하는 모습을 세속제(世俗諦)라고 하고, 세간이 멸하는 길을 진제(眞諦), 또는 제일의제(第一義諦)라고 하며, 이 둘을 2제라고 합니다. 부처님께서는 12연기의 유전문에 의해 설명되고 있는 세간의 집(集), 즉 세속제를 깨닫고서 8정도라고 하는 제일의제를 발견했으며, 제일의제를 실천하여 열반을 성취하셨습니다. 그리고 이러한 자신의 체험을 우리에게 가르친 것이 불교입니다. 따라서 부처님의 모든 가르침은 2제의 구조로 되어있습니다.

　　이것을 용수(龍樹) 보살은 『중론』의 「관4제품(觀四諦品)」에서 다음과 같이 이야기합니다.

모든 부처님은 2제에 의지하여	諸佛依二諦
중생들을 위해 법을 가르치셨다.	爲衆生說法
첫째는 세속제이고,	一以世俗諦
둘째는 제일의제이다.	二第一義諦
2제를 분별하여 알지 못하는 사람은	約人不能知 分別於二諦
심오한 불법의 참된 의미를 알 수가 없다.	則於深佛法 不知眞實義
속제에 의지하지 않으면	若不依俗諦
제일의제를 얻을 수 없고,	不得第一義
제일의제를 얻지 못하면	不得第一義
열반을 얻을 수 없다.	則不得涅槃

이와 같이 8정도라고 하는 제일의제는 세속제, 즉 세간의 집(集)을 먼저 알아야 얻을 수 있는 진리입니다. 발견된 순서에서 본다면 12연기를 의미하는 유무중도가 8정도를 의미하는 고락중도보다 먼저입니다.

『중아함경』의 「분별6계경(分別六界經)」과 이에 상응하는 『맛지마 니까야』 140. 「다뚜위방가 쑷따(Dhātuvibhaṅga-sutta)」에서 부처님께서 는 유무중도를 깨닫는 과정을 다음과 같이 말씀하십니다.

"만약 비구가 세 가지 느낌(괴로운 느낌[苦], 즐거운 느낌[樂], 괴롭지도 즐겁지 도 않은 느낌[不苦不樂])에 물들지 않고 해탈하면, 청정하고 순수한, 부드 럽고, 적당하고, 밝은 평정심[捨]이 남는다. 그때 그는 이렇게 생각한다.

'만약 내가 이 청정하고 순수한 평정심을 공무변처(空無邊處)에 집중하여 공무변처에 알맞은 법과 마음을 수습(修習)하면, 나의 이 평 정심은 공무변처에 의지하여, 공무변처를 취하여 오랫동안 머물 것 이다.

만약 내가 이 청정하고 순수한 평정심을 식무변처(識無邊處)·무 소유처(無所有處)·비유상비무상처(非有想非無想處)에 집중하여 식무 변처·무소유처·비유상비무상처에 알맞은 법과 마음을 수습하면, 나 의 이 평정심은 식무변처·무소유처·비유상비무상처에 의지하여, 식 무변처·무소유처·비유상비무상처를 취하여 오랫동안 머물 것이다.'

그는 또 이렇게 생각한다.

'만약 내가 이 청정하고 순수한 평정심을 공무변처에 집중하여 공무변처에 알맞은 법과 마음을 닦아 익힌다면, 이것은 조작된 것[有 爲]이다.' … 만약 내가 이 청정하고 순수한 평정심을 비유상비무상처 에 집중하여 이것에 알맞은 법과 마음을 닦아 익힌다면, 이것은 조작

된 것이다.'

　　그는 (공처·식처·무소유처·비유상비무상처가 조작된 유위라는 것을 알고서)
유(有; bhāva)나 무(無; vibhāva)를 조작하지 않고, 생각하지 않게 된다.
그는 유나 무를 조작하지 않고 생각하지 않기 때문에 세간의 어떤 것
도 취착하지 않고, 취착하지 않기 때문에 근심하지 않고, 근심하지 않
기 때문에 스스로 열반에 들어간다."

이 경에서는 이와 같이 유위(有爲)가 조작된 것임을 깨닫고 유무(有無)
의 사유에서 벗어나기까지의 과정을 보여주고 있습니다. 그 과정은 먼
저 우리의 마음을 고락(苦樂)의 감정에 물들지 않는 평정한 상태로 만
들어, 그 마음을 공무변처, 식무변처, 무소유처, 비유상비무상처에 집
중한 다음, 그것이 조작된 것임을 깨닫는 것입니다. 이러한 과정을 9차
제정(九次第定)이라고 합니다.

　9차제정은 열반에 이르는 아홉 단계의 선정으로서 4선(四禪)·4무
색정(四無色定)·멸진정(滅盡定)을 차례로 닦는 것입니다. 4선을 통해서
얻어지는 것이 고락의 감정에 휩쓸리지 않는 평정한 마음입니다. 따라
서 이 경은 4선을 닦아 평정한 마음을 얻게 되면, 그 마음으로 4무색정
을 닦아 멸진정에 들어가는 과정을 보여준다고 할 수 있으며, 그 과정
을 통해 유무(有無) 2견(二見)을 떠나 중도를 깨닫게 된다는 것을 이야기
하고 있습니다.

　이와 같이 유무중도는 9차제정의 수행을 통해 깨달은 것입니다. 부
처님께서 노사의 원인을 사유하여 8정도를 발견하신 것은 이러한 9차
제정을 통해서입니다. 부처님께서는 9차제정을 수행하여 12연기의 유
전문, 즉 집성제를 깨달았고, 그 깨달음을 바탕으로 8정도를 실천한 결

과 12연기의 환멸문, 즉 열반을 체험했습니다.

그렇다면 부처님께서 깨달은 집(集)과 멸(滅)은 구체적으로 어떤 것일까요? 『잡아함경』 65에서 부처님께서는 다음과 같이 말씀하십니다.

세존께서 비구들에게 말씀하시었다.

"항상 방편을 닦아 익혀 선정(禪定)에서 사유하되, 안으로 그 마음을 고요하게 해야 한다. 왜냐하면 비구가 항상 방편을 닦아 익혀 선정에서 사유하되, 안으로 그 마음을 고요하게 하면 여실하게 관찰할 수 있기 때문이다. 어떻게 하는 것이 여실하게 관찰하는 것인가? '이것은 색(色)이다. 이것은 색집(色集)이다. 이것을 색멸(色滅)이다. 이것은 수(受), 상(想), 행(行), 식(識)이다. 이것은 식집(識集)이다. 이것은 식멸(識滅)이다'라고 관찰하는 것을 말한다. (… 중략 …)

어리석은 범부는 고(苦)·락(樂)·불고불락(不苦不樂)의 느낌[受]을 여실하게 관찰하지 못하기 때문에, 느낌을 즐겨 집착함으로써 취(取)가 생긴다. 취를 연하여 유(有)가 있고, 유를 연하여 생(生)이 있고, 생을 연하여 노(老), 병(病), 사(死), 우비(憂悲), 고뇌(苦惱)가 있다. 이와 같이 큰 괴로움 덩어리는 집(集)으로부터 생긴다. 이것을 색집(色集)이라고 하고, 수·상·행·식집(受·想·行·識集)이라고 한다.

어떤 것이 색멸(色滅)이며, 수·상·행·식멸(受·想·行·識滅)인가? 배움이 많은 제자들은 고·락·불고불락의 느낌을 느끼면, 느낌의 집(集)과 멸(滅)과 미(味)와 환(患)과 이(離)를 여실하게 관찰한다. 여실하게 관찰하기 때문에 즐겨 집착하는 마음이 멸한다. 집착이 멸하기 때문에 취(取)가 멸하고, 취가 멸하기 때문에 유가 멸하고, 유가 멸하기 때문에 생이 멸하고, 생이 멸하기 때문에 노, 병, 사, 우비, 고뇌가 멸한다. 이와 같이 큰 괴로움 덩어리가 모두 멸하게 된다. 이것을 색멸이라고 하고 수·상·행·식멸이라고 한다."

이 경에서 집(集)은 촉(觸)에서 발생한 느낌[受]을 애착하는 것을 의미하고, 멸(滅)은 느낌에 대한 애착을 멸하는 것이라고 하고 있습니다. 촉은 18계를 인연으로 생겨서 18계의 의식 내용을 존재로 느끼는 의식 상태입니다. 그리고 이 촉에서 수(受)·상(想)·사(思)가 발생하여 5온의 질료가 됩니다. 집은 이 촉에서 발생한 의식에 대하여 애착을 두고 집착하는 것을 의미합니다. 이것을 『잡아함경』41에서는 다음과 같이 이야기합니다.

모든 색(色)은 4대(四大)와 4대를 취하고 있는 색이다. … 이것을 색이라고 부른다. … 색을 좋아하고 사랑하는 것을 색집(色集)이라고 한다. … 6수신(六受身)이 있다. 안촉(眼觸)에서 생긴 수(受)와 이·비·설·신·의촉(耳·鼻·舌·身·意觸)에서 생긴 수, 이것을 수라고 부른다. … 촉집(觸集)이 수집(受集)이다. … 안촉에서 생긴 상(想)과 이·비·설·신·의촉에서 생긴 상, 이들 6상신(六想身)을 상이라고 부른다. … 촉집(觸集)이 상집(想集)이다. … 안촉에서 생긴 사(思)와 이·비·설·신·의촉에서 생긴 사, 이들 6사신(六思身)을 행(行)이라고 부른다. … 촉집(觸集)이 행집(行集)이다. … 안식신(眼識身)과 이·비·설·신·의식신(耳·鼻·舌·身·意識身), 이들 6식신(六識身)을 식이라고 부른다. … 명색(名色)의 집(集)을 식집(識集)이라고 한다.

『잡아함경』230에서는 "6입처가 집(集)하면 촉(觸)이 집한다"라고 하고 있습니다. 이와 같이 집은 6입처라는 욕탐에 묶인 마음으로 살아가면서, 촉이 발생하여 촉에서 생긴 의식의 내용에 애착을 두고 집착함으로써, 이들을 취하여 5온이라는 괴로움 덩어리를 만드는 것을 의미합니다. 부처님께서는 9차제정이라는 단계적인 선정(禪定)을 통해서, 식과 명색이 상호 인연이 되어 노사가 연기하는 것을 사유했습니다. 그 과정에서 중생들은 허망한 6입처를 '자아'라고 생각하면서, 촉에서 생긴 의식을 욕탐으로 취(取)하여 5온이라는 괴로움 덩어리를 만들고 있다는 것을, 즉 집을 깨달은 것입니다.

이렇게 우리가 자신의 존재라고 생각하고 있는 5온(五蘊)이 6입처에서 비롯된 망상 덩어리라는 것을 깨닫는 것이 유무(有無) 2견(二見)을 떠난 유무중도입니다.

3
장

12입처
(十二入處)

1

불교의 존재론적 입장

지금까지 우리는 부처님의 사상적 특징이 되는 중도가 어떤 과정을 통해 발견된 것인지를 살펴보았습니다. 중도란 우리가 실재한다고 믿고 있는 것들이 사실은 진리에 무지한 어리석은 마음에서 일어난 허망한 생각이라는 것을 깨달아, 그러한 허망한 생각을 떠난 입장을 말합니다.

우리의 눈앞에 생생하게 보이는 산하대지(山河大地)와 삼라만상(森羅萬象)이 실재하는 것이 아니라 우리의 허망한 생각이라는 것을 인정할 사람은 많지 않을 것입니다. 그렇습니다. 저 산하대지와 삼라만상은 내가 보지 않는다고 해서 사라지는 것도 아니요, 내가 죽는다고 해서 이 세상에서 없어지는 것도 아닐 것입니다. 우리가 나와 저 삼라만상을 서로 다른 것으로 분별하면, 분명히 나는 나이고, 산은 산이고, 강은 강일 뿐입니다.

그러나 좀 깊이 생각해 보면, 나와 저 삼라만상은 본래 별개의 사물로 떨어져서 존재하고 있는 것이 아닙니다. 산과 강이 있으므로 내가 있고, 내가 있으므로 저 산과 강이 있습니다. 이것이 연기법입니다. 이렇게 생각하면, 삼라만상이 잘못된 것이 아니라, 나와 세계를 분별하는 우리의 생각이 잘못된 것임을 알 수 있습니다. 부처님께서는 이렇게 우리의 잘못된 생각을 없애고자 한 것이지, 저 산하대지와 삼라만상을 없애려고 하지는 않았습니다. 저 산하대지와 삼라만상을 나 아닌 것으로 보지 말고, 저 모든 것이 나 아닌 것이 없다고 보아야 한다는 것이 부처님의 가르침입니다. 그래서 용수 보살은 『중론(中論)』에서 다음과 같이 말씀하십니다.

열반은 세간과 분별할 것이 조금도 없고,
세간 또한 열반과 조그마한 분별도 없다네.
열반의 참모습과 세간의 참모습,
이 둘의 참모습은 털끝만 한 차별도 없다네.

涅槃與世間 無有少分別 世間與涅槃 亦無少分別
涅槃之實際 及與世間際 如是二際者 無毫釐差別

우리가 부처님의 가르침에서 얻어야 할 열반의 세계는 눈앞의 세계가 사라진 후에 새롭게 나타나는 세계가 아닙니다.

눈앞의 세계의 실상을 깨달으면, 이 세계가 그대로 열반의 세계입니다

_____

우리는 이것을 분명히 알고 부처님의 가르침을 배워야 합니다. 만약 공부하다가 이 세상과 다른 세상이 나타난다면, 그것은 열반의 세계가 아니라 환상의 세계일 뿐입니다. 불교를 공부하면서 이런 환상을 기대한다면 참으로 위험한 일입니다.

아마 이렇게 생각하시는 분도 계실 것입니다. 불교를 공부해도 새로운 것이 나타나지 않는다면 불교를 공부해서 무슨 이익이 있을 것인가? 그렇지 않습니다. 나와 남을 분별하고 살아가는 삶과 모든 것을 나로 보고 살아가는 삶은 큰 차이가 있습니다. 중생과 부처님의 삶은 결코 같지 않습니다. 부처님도 우리와 똑같은 땅 위에서 우리와 다를 바 없는 음식을 먹으며 살았지만, 부처님께서는 생사의 괴로움을 받지 않았습니다. 그러나 우리의 삶은 온갖 장애와 괴로움으로 가득 차 있습니다. 이것을 어찌 같다고 할 수 있겠습니까? 우리는 부처님처럼 생사를 떠나 해탈 자재한 삶을 살기 위해 불교를 공부하는 것입니다.

불교를 이해하기 위해서는 먼저 불교의 세계관을 알아야 합니다

_____

이 세상에는 여러 가지 세계관이 있습니다. 부처님 당시 여러 외도들의 세계관은 그들의 사상에 기초한 것입니다. 그리고 불교의 세계관은 연기법에 바탕을 둔 것입니다. 이제 이러한 불교의 세계관이 구체적으로 어떤 것인가를 살펴보겠습니다.

우리는 하나의 세계 속에 여러 중생들이 모여서 살고 있다고 생각합니다. 그러나 부처님께서는 중생들이 같은 세계 속에 살고 있는 것이 아니라, 중생들 자신의 마음에서 연기한 각기 다른 세계 속에서 살고 있다고 말씀하십니다. 우리의 생각에는 똑같은 세계 같지만, 사실 이 세상은 중생의 마음에 따라 각기 다르게 나타납니다. 같은 물이라 할지라도 천상의 중생에게는 유리로 보이고, 인간에게는 물로 보이며, 물속에서 사는 물고기와 같은 중생들에게는 공기로 보인다고 합니다. 우리는 소리로 사물을 분별하지 못합니다. 그러나 박쥐는 자신이 낸 소리가 반사되어 오는 것을 듣고 사물을 분별한다고 합니다. 같은 소리라도 인간과 박쥐에게는 다르게 나타나는 것입니다. 이렇게 세계와 중생은 각기 개별적으로 존재하는 것이 아니라, 중생의 마음에 따라 그들의 세계가 펼쳐집니다. 이것이 연기하는 세계의 모습입니다.

부처님께서는 이렇게 연기하는 세계의 모습을 『잡아함경』 445에서 "중생들은 항상 계(界)와 함께하고, 계와 화합한다. 중생이 착하지 않은 마음을 행할 때는 불선계(不善界)와 함께하고, 착한 마음을 행할 때는 선계(善界)와 함께한다"라고 말씀하셨습니다. 불교에서 이야기하는 중생들의 세계인 3계(三界), 즉 욕계(欲界), 색계(色界), 무색계(無色界)는 바로 이러한 세계의 모습을 이야기한 것입니다. 중생들이 어떤 마음을 가지고 있느냐에 따라 욕계가 연기하기도 하고, 색계나 무색계가 연기하기도 한다는 것입니다. 이러한 세계관은 결국 모든 존재, 즉 나와 세계는 우리의 마음에서 연기하고 있다는 것을 보여준다고 할 수 있습니다.

우리가 익히 알고 있는 불교의 교리인, 12입처(十二入處), 18계(十八界), 5온(五蘊), 12연기(十二緣起) 등은 모두 이러한 연기하는 세계의 모습을 설명하는 교리입니다. 대부분의 교리해설서에서는 이들 교리를 개별적으로 설명하고 있습니다. 그러나 이들 교리를 잘 살펴보면 낱낱으로 존재하는 것이 아니라 하나의 체계를 이루고 있다는 것을 알 수 있습니다. 따라서 이들 교리는 전체적인 체계 속에서 이해할 때 보다 깊고 바르게 이해될 수 있습니다.

부처님의 연기법은 12입처(十二入處)에서 시작됩니다

___

　　　　　12입처란 안·이·비·설·신·의, 내6입처(內六入處)와 색·성·향·미·촉·법, 외6입처(外六入處)를 말합니다. 이러한 12입처는 일반적으로 6근(六根)과 6경(六境)으로 이해되고 있습니다. 그러나 12입처는 6근·6경과는 전혀 다릅니다. 6근과 6경은 우리가 일반적으로 알고 있는 우리의 지각활동과 지각의 대상을 의미하지만, 12입처는 '세계와 자아'가 마음에서 연기할 때, 연기하는 '세계와 자아'의 근본이 되는 중생의 마음을 의미합니다. 그래서 부처님께서는 세계의 근본을 묻는 바라문에게 "일체(一切)는 12입처다"라고 말씀하셨습니다.　　·

12입처와 6근·6경을 구별하는 것은 불교 이해에 매우 중요합니다

___

　　　　　만약 12입처와 6근·6경을 동일하다고 한다면 매우 곤란한 문제가 발생합니다. 부처님께서는 항상 6입처를 멸해야 한다고 말씀하십니다. 12연기를 보더라도, 무명이 멸하면 행이 멸하고, 행이 멸하면 식이 멸하고, 식이 멸하면 명색이 멸하고, 명색이 멸하면 6입처가 멸한다고 되어있습니다. 만약 6입처가 6근을 의미한다면, 무명이 멸할 때 6근도 멸해야 할 것입니다. 그렇다면 무명을 멸해 성불하신 부처님은 6근이 없어야 합니다. 그러나 부처님은 분명히 6근을 지니고 있었습니다. 6입처가 6근이라면 부처님께서 무명을 멸하지 못했거나, 부처님께서 거짓말을 하신 것이 됩니다. 또 스님들이 축원하는 것을 들어보면 6근청정(六根淸淨), 4대강건(四大强健)을 빌고 있습니다. 부처님께서 없애라고 한 것을 스님들은 청정해지라고 빌고 있다면, 이것은 부처님의 가르침을 어기는 것입니다.

6입처는 모든 사견(邪見)의 원인입니다. 그래서 4념처 수행을 통해 6입처를 없애야 한다는 것이 부처님의 가르침입니다. 그런데 6근을 6입처라고 한다면, 6근, 즉 보고, 듣고, 생각하는 지각활동이 사견의 원인이 되고, 4념처를 수행하면 보고 듣지도 못하고, 생각하지도 못하게 될 것입니다.

지금까지 6입처와 6근을 동일시하여 12연기를 이해함으로써, 12연기를 해석하고자 했던 많은 불교학자들은 무리한 자의적인 해석을 피할 수 없었습니다. 그러나 6입처가 6근과 다르다는 것을 알게 되면, 12연기는 결코 무리한 해석을 필요로 하지 않습니다.

제가 12입처의 바른 이해를 강조하는 것은 12입처의 이해가 연기설 이해에 핵심이 되기 때문입니다. 저는 12입처가 6근·6경과 다르다는 것을 이해함으로써 불교의 교리를 전체적으로 이해할 수 있었습니다. 제가 12연기를 공부하면서 제일 이해하기 어려웠던 것은, "왜 무명이 멸하면 6입처가 멸한다고 하는 것인가?" 하는 것이었습니다. 『반야심경(般若心經)』에서는 왜 안·이·비·설·신·의와 색·성·향·미·촉·법이 없다고 하는지도 알 수 없었습니다. 그러나 12입처가 6근·6경을 의미하는 것이 아니라, 나와 세계를 분별하는 우리의 분별심(分別心)을 의미한다는 것을 알고 나서, 12연기나 『반야심경』의 말씀이 너무나 당연한 이야기라는 것을 알게 되었습니다.

부처님도 12입처는 매우 중요한 교리라는 것을 강조하고 계십니다. 『중아함경』의 「도경(度經)」에서 부처님께서는 존우화작론(尊祐化作論)·숙작인론(宿作因論)·무인무연론(無因無緣論)을 주장하는 외도들을 비판하고 나서, 외도들의 사견(邪見)은 이치를 따져서 모두 굴복시킬 수 있지만, 부처님께서 스스로 알고 몸소 깨달으신 6입처라고 하는 법은 외도뿐만 아니라 하늘의 신이라 할지라도 굴복시키거나 더럽힐 수 없다고 말씀하셨습니다. 이렇게 부처님께서 몸소 깨달은 법이라고 강조하고 있는 6입처를 6근과 동일시하는 것은 불교의 교리를 지나치게 안이하게 이해한 것입니다. 이러한 이해는 불교의 이해에 도움이 되기보다는 숱한 오해의 원인이 됩니다.

2

불교 해석의 새로운 모색
─ 12입처란 무엇인가

12입처의 의미를 이해하기 위해서는 우선 '입처(入處)'라는 말의 의미를 알아야 합니다. 우리는 남에게 전달하고 싶은 뜻이 있으면 그것을 말로 표현합니다. 만약 전달하고자 하는 내용을 표현할 수 있는 말이 이미 세상에 있으면 그 말을 사용하면 됩니다. 그러나 자기 뜻을 표현할 말이 세상에 없을 때는 자기 뜻을 남이 이해할 수 있도록 새로운 말을 만들거나, 이미 사용되고 있는 말 가운데 가장 가까운 의미를 지닌 말을 골라 그 말에 자기의 뜻을 담아 사용하게 됩니다.

부처님의 깨달음은 세상 사람들이 이미 알고 있는 내용이 아닙니다

———

따라서 그 당시에는 부처님의 뜻을 표현할 수 있는 말이 없었을 것입니다. 부처님께서는 자신의 깨달음을 다른 사람에게 알려주기 위해서 새로운 말을 만들었거나, 이미 세상에 있는 말 가운데서 가장 적절한 말을 골라 사용하셨을 것입니다. 그리고 세상에 있는 말을 사용할 경우에는, 그것이 말은 같아도 의미는 결코 같지 않았을 것입니다. 예를 들면 '세계'라는 말이 있습니다. 범어로는 '로까(loka)'라고 하는데, 일반적으로는 우리 밖에 존재하고 있는 모든 것을 의미합니다. 그러나 부처님께서는 이 말을 그런 의미로 사용하지 않았습니다. 왜냐하면 부처님께서 깨닫고 보니 '세계'는 우리와 무관하게 객관적으로 존재하는 것이 아니라, 우리의 마음에서 연기한 것이었기 때문입니다. 『쌍윳따 니까야』에서는 다음과 같이 이야기합니다.

> 세간(世間)에 세계가 존재한다는 생각과 신념이 있게 하는 것, 그것을 성법률(聖法律)에서는 '세계'라고 부른다. 무엇이 '세계'가 존재한다는 생각과 신념을 있게 하는가? 비구들이여, 안(眼)에 의해서, 이(耳)·비(鼻)·설(舌)·신(身)·의(意)에 의해서 세간에 세계가 존재한다는 생각과 신념이 있다. 이것을 성법률에서는 세계라고 부른다.

부처님께서는 세계라는 말을 사용하면서도, 이렇게 다른 사람들과는 다른 의미로 사용하고 있습니다. 부처님께서는 세상 사람들이 외부에 존재한다고 믿고 있는 세계는 보고, 듣고, 만지고, 생각한 가운데 생긴 허망한 생각이라는 것을 깨달았기 때문에, '세계'라는 말을 사용하면서도, 그것을 외부의 세계를 가리키는 말로 사용하지 않고, 보고, 듣고, 생각하는 우리의 마음인 6입처(六入處)를 의미하는 말로 사용한다는 것입니다.

이렇게 부처님께서 사용하시는 말씀은, 그것이 우리가 잘 아는 말이라고 해서 자신이 알고 있는 의미로 해석을 하면 전혀 다른 의미가 되는 경우가 많습니다. 부처님의 말씀은 대부분 우리가 일반적으로 알고 있는 의미와는 다른 것 같습니다. 12연기를 보더라도 무명에서 생, 노사에 이르는 12지(支)는 우리의 상식으로 이해될 수 있는 말들이 아닙니다. 예를 들어 12연기의 노사(老死)는, 문자 그대로 해석한다면, 늙어 죽음입니다. 무명이 사라지면 늙거나 죽는 일이 없다는 것이 12연기의 환멸문(還滅門)입니다. 그런데 우리가 볼 때 부처님께서는 여든 살의 늙은 몸으로 쿠시나가라의 사라쌍수 아래에서 돌아가셨습니다. 불교도들은 그것을 죽음이 아닌 열반이라고 말하지만, 일반 사람들이 볼 때는 그냥 죽음입니다. 부처님께서 '늙음과 죽음'이라는 말을 어떤 의미로 사용했는지를 모른다면, 우리는 12연기의 노사를 이해하고 있는 것이 아닙니다.

부처님의 말씀은 이렇게 그 의미가 심오합니다. 따라서 부처님의 말씀은 이해하기가 쉽지 않습니다. 제가 가장 어렵게 생각하는 것이 바로 이런 점입니다. 그러나 어렵다고 대충 이해할 수는 없습니다. 바르게 이해하지 못할 바에는 차라리 그만두는 편이 났습니다. 왜냐하면 자신이 모른다는 것을 알고 있을 때는 바르게 알 기회가 오겠지만, 잘못 알고 있으면서 알고 있다고 믿고 있다면, 바르게 알 기회는 영영 오지 않을 것이기 때문입니다.

다시 12입처에 대하여 살펴봅시다. '입처'는 범어 'āyatana'를 한역한 것인데, 처(處), 입(入)이라고도 한역했습니다. 그래서 6입처를 6처(六

處), 6입(六入)이라고도 합니다. 'āyatana'는 '들어가다'라는 의미를 갖는 동사 'āyat'에서 파생된 추상명사로서, '들어가서 머무는 장소'라는 의미를 갖습니다. 한자로 '입(入)'이라고 번역한 것은 들어간다는 의미로 해석한 것이고, '처(處)'라고 번역한 것은 '장소'라고 해석한 것이며, '입처'라고 번역한 것은 '들어가서 머무는 장소'라고 해석한 것입니다. 범어에서는 들어가서 편안하게 머무는 장소라는 의미에서 '휴식처, 집, 거주처' 등의 의미로 쓰이고, '장소, 영역' 등의 의미로도 쓰입니다. 그러나 이런 사전적인 의미만으로는 부처님께서 의도하시는 'āyatana'의 의미를 알 수 없습니다.

저는 'āyatana'의 의미를 알아보기 위해서 부처님께서 어떤 경우에 'āyatana'라는 말을 사용하시는지를 조사해 보았습니다. 제가 조사한 바로는, 6입처나 12입처 이외에 'āyatana'라는 말이 사용되는 경우는 4무색정(四無色定), 즉 공처(空處)·식처(識處), 무소유처(無所有處), 비유상비무상처(非有想非無想處)와 중생들의 다양한 의식 상태를 나타내는 7식주2처(七識住二處), 그리고 6촉입처(六觸入處) 등에서의 처(處)가 'āyatana'를 한역하여 사용한 것이었습니다. 4무색정은 초선(初禪), 제2선(第二禪), 제3선(第三禪), 제4선(第四禪)과 같은 색계(色界) 4선(四禪)을 닦은 후에, 일체의 육신에 대한 생각을 없애고, 순수한 의식의 세계에서 행하는 선정(禪定)입니다. 이렇게 순수한 의식의 세계에서 행하는 선정을 모두 'āyatana'라고 하고 있다는 것은 'āyatana'가 어떤 의식 상태를 의미하기 때문일 것입니다. 7식주2처는 욕계(欲界)의 중생이 색계 4선과 4무색정을 닦을 때 변화되어 가는 중생의 의식 상태를 의미하는 말입니다.

『장아함경』의 「십상경(十上經)」이나 『중아함경』의 「대인경(大因

經)」등을 보면 7식주2처의 법문이 나오는데, 욕탐에 휩싸여 모든 관심이 외부의 감각적 대상에 매달려 있는 중생의 의식 상태를 제1식주(第一識住)라 하고, 감각적 대상에 대한 욕심을 버리고 처음 선정을 시작하는 사람의 의식 상태를 제2식주(第二識住)라고 합니다. 그리고 제2선(第二禪)을 닦는 사람의 의식 상태를 제3식주(第三識住)라 하고, 제3선(第三禪)을 닦는 사람의 의식 상태를 제4식주(第四識住)라고 합니다. 색계 4선의 마지막인 제4선(第四禪)을 닦는 사람의 의식에는 몸이나 대상에 대한 생각이 모두 사라져 부념부상(無念無想)의 상태가 된다고 합니다. 이것을 제1처(第一處)라고 합니다.

이러한 무념무상의 상태에서 색계를 초월하여 순수한 의식의 세계인 무색계에서의 사유가 시작되는데, 첫 단계가 공처정(空處定)입니다. 이러한 공처정을 수행하는 사람의 의식 상태를 제5식주(第五識住)라 하고, 공처정을 초월하여 식처정(識處定)을 수행하는 사람의 의식 상태를 제6식주(第六識住)라고 합니다. 식처정을 초월하여 무소유처정(無所有處定)을 수행하는 사람의 의식 상태를 제7식주(第七識住)라 하고, 무소유처정을 초월하여 비유상비무상처정(非有想非無想處定)을 수행하는 사람의 의식 상태를 제2처(第二處)라고 합니다. 그리고 이러한 비유상비무상처, 즉 제2처를 벗어나는 것이 멸진정(滅盡定)이며, 이것을 생사를 벗어난 열반이라고 합니다.

이와 같이 4무색정과 7식주2처를 살펴보면 'āyatana'는 중생들의 자아의식이 머무는 장소를 의미하고 있습니다. 따라서 'āyatana'는 중생의 자아의식을 의미하며, 그것은 결국 없애야 할 허망한 자아의식을 의미한다고 할 수 있습니다. 왜냐하면 최고의 선정인 멸진정은 제2처인 비유상비무상처가 멸함으로써 모든 'āyatana'가 사라진 경지이기 때문입니다. 그리고 안촉(眼觸)·이촉(耳觸)·비촉(鼻觸)·설촉(舌觸)·신촉(身觸)·의촉(意觸) 등 6촉(六觸)을 6촉입처라 하여 'āyatana'라고 부르는 것으로 보아, 6촉도 우리가 알고 있듯이 6근을 통한 주관과 객관의 공간적 접촉이 아니라, 6입처에서 연기한 우리의 내면적인 자아의식을 의미한다고 할 수 있습니다.

6입처는 6근이 아니라 중생들의 허망한 자아의식이기 때문에 12연기에서 무명이 사라지면 허망한 자아의식인 6입처가 사라진다는 것은 너무나 당연한 일입니다. 그리고 6입처가 중생들의 자아의식이기 때문에 6입처에서 연기한 촉(觸)도 외부의 대상과의 단순한 접촉을 의미하는 것이 아니라, 자아의식을 가지고 접촉하는 것을 의미합니다. 따라서 6촉을 6촉입처라고 부르는 것입니다.

**이와 같이 6입처를 6근과 구별하여 그 의미를 바르게 이해하면,
불교의 모든 교리는 새로운 모습으로 다가옵니다**

———

12입처가 중생의 허망한 생각을 의미한다는 것을 알았다고 해서 12입처를 완전히 이해한 것은 아닙니다. 부처님께서 12입처라고 하신 것을 자신의 마음을 살펴서 알아내야 합니다. 보고, 듣고, 냄새 맡고, 맛보고, 만지고, 생각할 때 밖에 보이고 들리는 것에 마음을 빼앗기지 않고 자신의 마음을 살펴서, '내가 보고 들을 때 나의 마음에 있는 어떤 생각이 12입처일까'를 생각해야 합니다. 그리하여, '부처님께서 12입처라고 한 것은 바로 나의 이러한 마음이로구나'라는 것을 깨닫게 되면, 그 마음을 없애는 수행이 무엇인가를 부처님의 가르침에

서 구해야 합니다. 이런 과정을 통해 수행의 방법을 알아야 바르게 실천할 수가 있습니다. 그래서 부처님께서는 "나의 말은 뗏목과 같다"고 하셨습니다. 부처님의 말씀을 통해 자신의 마음을 보아야 한다는 것입니다.

이 책은 앞으로도 이렇게 우리가 잘 알고 있다고 믿고 있는 교리를 새롭게 조명해 갈 것입니다. 교리는 잘 알고 있다고 생각하는데, 교리를 이야기하다 보면 공허한 이야기가 되는 경우가 많습니다. 교리 공부를 하면 지식과 분별이 많아져서 교리 공부를 하다가 신심이 없어지는 경우도 있습니다. 어떤 분들은 교리는 잘 모르지만 신심은 돈독한데, 어떤 분들은 교리는 많이 아는데 신심은 부족합니다. 아는 분들은 믿는 분들이 불교를 알지 못하고 기도만 하는 기복 불교에 빠져있다고 비판합니다. 믿는 분들은 아는 분들이 귀만 열렸지 신심도 없고 실천도 하지 않는다고 비판합니다. 알수록 신심이 깊어져야 할 터인데, 알수록 신심이 없어지고 실천도 하지 않는다면, 그것은 무엇인가 잘못 알고 있는 것이 분명합니다. 그렇다고 무조건 믿는다는 것은 목적지도 모르고 길을 떠나는 어리석음과 같습니다. 불교는 바르게 알고, 바르게 믿고, 바르게 실천하여, 바르게 깨닫는 종교입니다.

3
—

자아와 세계의 근원-12입처

12입처는 '세계와 자아'를 분별하는 중생들의 허망한 분별심을 의미합니다

_____

그렇다면 구체적으로 12입처는 무엇일까요? 우리는 '나와 세계'가 시간과 공간 속에 개별적으로 존재한다고 생각하고 있습니다. 우리는 왜 이런 생각을 하게 되었을까요? 정말 '나'와 '세계'는 시간과 공간 속에 개별적으로 존재하고 있는 것일까요? 이것을 알아보기 위해서 우리가 '자아'라고 부르는 것과 '세계'라고 부르는 것이 구체적으로 무엇인지를 생각해 봅시다.

우리는 무엇을 '자아'와 '세계'라고 부르고 있을까요? 우선 '보는 놈'을 '자아'라고 부르고 '보이는 것'을 세계라고 부를 것입니다. "내가 무엇을 본다"라는 말은 세계와 자아에 대한 이러한 신념에서 하는 말입니다. '보는 나'와 '보이는 세계'가 실재하기 때문에, 우리는 세계 속에 있는 어떤 것을 보고 있다고 생각하는 것입니다. 세상에는 '보는 놈'과 '보이는 것'만 있는 것이 아닙니다. '듣는 놈'과 '들리는 것', '냄새 맡는 놈'과 '맡아지는 것' '맛보는 놈'과 '맛보아지는 것', '만지는 놈'과 '만져지는 것', '생각하는 놈'과 '생각되는 것'도 있습니다. 이 밖에 또 무엇이 있을까요? 아마 없을 것입니다. 우리는 보고, 듣고, 냄새 맡고, 맛보고, 만지고, 생각하는 것을 자신의 내부에 있는 '자아'라고 생각하고, 보이고, 들리고, 만져지고, 생각되는 것을 외부의 '세계'라고 생각합니다. 이렇게 '보는 놈'을 '안에 있는 자아'라고 생각하는 마음을 '안입처(眼入處)'라고 하고, '보이는 것'을 '밖에 있는 존재'라고 생각하는 마음을 '색입처(色入處)'라고 합니다. 다른 것도 마찬가지입니다. '듣는 놈'을 '자아'라고 생각하는 마음을 '이입처(耳入處)'라 하고, '들리는 것'을 '밖에 있는 존재'라고 생각하는 마음을 '성입처(聲入處)'라고 합니다. 이렇게 '보는 놈'에서 '생각하는 놈'까지를 '나의 몸 안에 있는 자아'라고 생각하고 있는 마음이 '내6입처(內六入處)'이고, '보이는 것'에서 '생각되는 것'까지를 '나의 몸 밖에 있는 세계'라고 생각하고 있는 마음이 '외6입처(外六入處)'입니다.

눈[眼]이나 귀[耳], 그리고 마음[意]을 '입처(入處)', 즉 'āyatana'라고 부른 것은 부처님이 처음은 아닙니다. 『찬도갸 우파니샤드』에 다음과 같은 대화가 있습니다.

"내가 브라만의 네 번째 부분들을 알려주겠다."
"말씀해주십시오."
물새가 사뜨야까마에게 말하기를,

"총명한 소년아, 숨, 눈, 귀 그리고 마음이 그 네 번째 부분이다. 이들은 브라만이 머무는 자리(āyatana)의 이름이다."

우리는 숨 쉬고, 보고, 듣고, 생각하면서 살아갑니다. 이러한 우리의 삶 속에 '자아'로서 브라만이 있으며, 브라만은 숨 쉴 때는 숨에 머물고, 볼 때는 눈에 머물고, 들을 때는 귀에 머물며, 생각할 때는 마음에 머문다는 것이 우파니샤드 철학자들의 주장입니다. 눈, 귀, 마음은 우리의 '자아'인 브라만이 '머무는 자리', 즉 'āyatana'에 대한 이름이라는 것입니다. 우리는 사물을 볼 때 '보는 자아가 있다'고 생각합니다. 즉 '보는 자아가 눈에 머물면서 사물을 보고 있다'고 생각하는 것입니다. 우파니샤드 철학자들이 눈, 귀, 마음을 'āyatana'라고 한 것은 이러한 우리의 생각을 대변한 것입니다.

이러한 생각은 실제로 어떤 사물을 보기 전에 이미 우리의 마음속에 자리 잡고 있습니다. 예를 들어 뜰에 피어있는 꽃을 본다고 합시다. 우리는 꽃을 보고 나서 보는 '자아'는 안에 있고 보이는 '꽃'은 밖에 있다는 사실을 알게 되는 것이 아니라, 꽃을 보기 전에 이미 '자아와 세계를 분별하는 마음', 즉 몸 안에는 자아가 있고, 몸 밖에는 세계가 있다는 생각을 가지고 꽃을 보게 됩니다. 그래서 꽃을 보게 되면, '내가 보니 밖에 꽃이 있다'라고 생각하는 것입니다.

부처님께서 침묵하셨던 문제들은 이러한 생각에서 나타난 문제들입니다. '내가 보니 밖에 세계가 있다. 이 세계는 영원한 것일까, 무상한 것일까? 이 세계는 끝이 있는 것일까, 끝없이 넓은 것일까? 내가 생각해 보니 육체와 영혼이 있다. 육체와 영혼은 같은 것일까, 다른 것일까? 내가 보니 생사를 벗어났다는 여래가 있다. 저 여래는 죽으면 우리처럼 죽고 마는 것일까, 죽지 않고 남는 것일까?' 이런 문제들이 부처님께서 침묵하신 문제였습니다.

　부처님께서는 우리에게 이렇게 '자아와 세계를 분별하는 마음'을 가지고 보지 말고, 사물을 있는 그대로 보라는 의미에서 침묵하신 것입니다.

　『잡아함경』335를 보면 다음과 같은 말씀이 나옵니다.

　그때 세존께서 비구들에게 이르시되 "내가 이제 너희를 위하여 법을 설하리라. 처음도 좋고, 중간도 좋고, 마지막도 좋으며, 좋은 의미가 있으며, 순일하게 청정함으로 충만하며, 맑고 순수한 수행의 길을 알려주는 것으로서 제일의공경(第一義空經)이라고 하는 것이다. 잘 듣고 바르게 생각하라. 너희를 위하여 이야기하리라. 어떤 것이 제일의공경인가? 비구들이여 '보는 놈'은 생길 때 온 곳이 없고, 사라질 때 가는 곳이 없다. 이와 같이 '보는 놈'은 부실하게 생겨서 생기면 곧 남김없이 사라지나니, 업보(業報)는 있으나 작자(作者)는 없다."

이 경은 불교의 공(空) 사상을 바르게 이해하는 데 가장 중요한 경입니다. 그래서 그 이름도 『제일의공경(第一義空經)』입니다. 즉 불교의 가장 핵심적인 가르침은 공이라는 것을 밝히신 경입니다. 이 경에서 '안(眼)'이라고 되어있는 것을 제가 '보는 놈'이라고 번역했습니다. 불경에서의 '안(眼)·이(耳)·비(鼻)·설(舌)·신(身)·의(意)'는 대부분 6입처를 의미합니다. 6근을 의미하는 경우에는 근(根)이라는 말을 붙여 안근(眼根)·이근(耳根)·비근(鼻根) 등으로 부릅니다. 따라서 그냥 '안(眼)'이라고 된 것은 대부분 '안입처(眼入處)'를 의미합니다. 『반야심경』의 '안이비설신의(眼

耳鼻舌身意)'도 6근(六根)을 의미하는 것이 아니라 '6입처'를 의미합니다. 그래서 이 경에서 '안(眼)'이라고 되어 있는 것을 '보는 놈'이라고 번역 했습니다.

　이 경은 우리가 '안에는 자아가 있고, 밖에는 세계가 있다'는 생각 없이 세상을 보는 방법을 이야기하고 있습니다. 부처님의 말씀대로 꽃 을 본다고 합시다. 꽃을 보지 않을 때는 '꽃을 보는 놈'이 없습니다. 그 러면 꽃을 보는 놈은 어디에 있다가 나타났을까요? 눈 속에 있다가 나 왔을까요, 머리 속에 있다가 나왔을까요? 보는 놈이 눈 속이나 머리 속 에 있다면 밖에 있는 꽃을 보러 나오기 전에는 눈 속이나 머리 속을 보 고 있어야 할 것입니다. 왜냐하면 이것은 '보는 놈'이기 때문입니다. 그 런데 우리가 밖에 있는 것을 보지 않을 때는 '보는 놈'이 어디에도 없습 니다. 따라서 '보는 놈'은 우리의 몸속에 있는 것이 아니라는 사실을 알 수 있습니다. 그렇다고 '보는 놈'이 몸 밖에 있다고 할 수는 더더욱 없습 니다. 그러나 무언가를 볼 때는 분명히 '보는 놈'이 있습니다. 그래서 부 처님께서는 '무언가를 볼 때 있는 보는 놈'은 온 곳이 없이 생긴 것이라 고 말씀하신 것입니다.

　우리가 꽃을 보지 않으면 꽃을 '보는 놈'은 사라집니다. 이때 '보는 놈'은 어디로 갔을까요? 이것은 자취도 없이 사라졌을 뿐 간 곳이 없습 니다. 그렇다면 우리는 '보는 놈'이 실재한다고 말할 수 없을 것입니다. 뱀이 구멍에서 나와 우리 앞에 나타나면 우리는 뱀이 있다고 말합니다. 그러다가 구멍으로 들어가면 없어졌다고 말합니다. 그러나 뱀은 구멍 에서 나와서 구멍으로 들어갔기 때문에, 눈에 보이지 않는다고 해서 없 다고 할 수는 없습니다. 하지만 '보는 놈'은 온 곳도 없고, 간 곳도 없이 사라져 버립니다. 따라서 있는 것처럼 생각되지만 사실은 없는 것입니다. 그래서 부처님께서는 '보는 놈'은 나타날 때 온 곳이 없고, 사라질 때 간 곳이 없으므로 부실하게 생겨서 자취 없이 사라지는 허망한 존재라는 의미에서 업보는 있으나 작자는 없다, 즉 꽃을 보는 업(業)이 있으면, 그 결과[報]로서 보는 놈이 나타나지만, 우리 몸 안에 꽃을 보러 나왔다가 꽃을 보고 다시 들어가는 '자아로서의 보는 자[作者]'는 없다고 말씀하신 것입니다.

부처님께서는 업보는 인정했지만 업을 지어서 그 결과를 받는 자아는 인정하지 않았으며, 이것이 불교의 무아(無我) 사상입니다

———

어떤 사람들은 불교는 무아 사상이니까 업보설(業報說)과 모순된다고 주장하기도 하지만, 사실은 불교의 업보설이 그대로 무아설(無我說)입니다. 이러한 업보설과 무아설을 바탕으로 불교에서는 윤회와 해탈을 이야기합니다.

아무튼 이렇게 '자아와 세계를 분별하는 마음' 없이 사물을 보면, 우리의 생각이 크게 잘못된 것임을 알 수 있습니다. '보는 놈'이 허망한 존재라면, '보이는 것'도 진실한 존재라고 할 수 없습니다. '보는 놈'이 없으면 '보이는 것'도 없기 때문입니다. 여러분 가운데서는 그렇지 않다고 생각하실 분이 있을지도 모르겠습니다. 내가 보지 않는다고 해서 저 꽃이 없어지는 것은 아니지 않느냐는 것이지요. 그러나 우리의 눈에 보이는 모습이 꽃의 참모습은 아닙니다. 벌이나 나비는 우리가 보지 못하는 자외선을 볼 수 있다고 합니다. 벌이나 나비는 우리가 보지 못하는 자외선을 보기 때문에, 이들에게 보이는 꽃의 모습은 우리에게 보이는 모습과는 전혀 다를 것입니다. 또 박쥐는 눈이 퇴화하여 색을 보지 못하지만, 초음파를 발사하여 그 소리가 반사되는 것으로 사물의 형태를 인식한다고 합니다. 이러한 박쥐가 보게 되는 꽃은 또 다른 모습일 것입니다. 어떤 것이 꽃의 참모습일까요? 모든 사물은 이렇게 '보는 놈'과의 관계 속에서 '보이는 것'으로 나타납니다. 꽃이 사람에게 보이는 모습, 벌이나 나비에게 보이는 모습, 박쥐에게 보이는 모습을 가지고 있다가, 사람이 보면 사람에게 보이는 모습을 보여주고, 벌이나 나비에게는 그들에게 보이는 모습을 보여주는 것이 아니라, '보는 놈'에 따라서 차별된 모습이 나타나고 있는 것입니다. 따라서 '보이는 것'도 '보는 놈'에 따라, 온 곳도 없고, 간 곳도 없이, 생겼다가 사라지는 허망한 존재라는 것을 알 수 있습니다. 이것이 있을 때 저것이 있고, 이것이 사라질 때 저것도 사라지는 것입니다. 이것이 연기법입니다.

이렇게 설명해도 역시 의심이 남을 것입니다. 꽃이 '보는 놈'에 따라 다르게 보인다 할지라도, '보는 놈'에 따라 '다르게 보이는 꽃'은 분명히 있지 않은가 하는 것입니다. 그렇습니다. 그 꽃이 전적으로 존재하지 않는다고 한다면 불교는 그야말로 허무주의가 될 것입니다. 그러므로 세상에는 아무것도 존재하지 않는다고 하는 무견(無見)은 있다고 집착하는 유견(有見)보다 더 위험한 생각입니다. 그래서 부처님께서는 유견과 무견을 떠나 중도에 설 것을 강조하신 것입니다. 중도에서 말하는 없애야 할 것은, 전에도 말씀드렸듯이, 이 세상의 모든 존재가 아니라, 우리가 잘못 알고 있는 우리의 허망한 생각입니다. 몸 안에 '자아'가 있어서 그것이 세상을 보고 있다는 생각이나, 그 '자아'에게 '보이는 것'이 몸 밖에 존재하고 있는 세계라고 생각하는, 이러한 허망하고 거짓된 생각을 없애라는 것이 부처님의 가르침입니다. 그리고 이렇게 허망한 생각을 버리고 세상을 보면, '보는 놈'과 '보이는 것'은 별개의 사물이 아니라, 보는 존재와 보이는 존재로서의 작자(作者)는 없지만, 보는 업(業)을 통해 그 보(報)로서 '보는 자'와 '보이는 것'이 함께 나타난다는 것을 알 수 있다는 것입니다.

이러한 연기법은 단순히 '보는 놈'과 '보이는 것'의 관계만을 밝혀주는 진리가 아닙니다. 연기법은 모든 사물의 실상을 보여줍니다. 우리가 아무리 다르게 본다고 할지라도 '꽃'은 분명히 존재합니다. 그러나 우리가 생각하듯이 존재하지는 않습니다. 나무에 꽃이 피기 전에는 꽃은 존재하지 않습니다. 봄에 핀 꽃은 여름이 되면 사라집니다. 꽃은 어디에서 나와서 어디로 사라진 것일까요? 나무에서 나와서 땅속으로 사라지는 것일까요? 나무를 들여다보아도, 땅속을 파 보아도, 꽃은 없습니다. 꽃도 이렇게 온 곳도 없고, 간 곳도 없이, 생겼다가 사라지는 허망한 것입니다. 꽃은 제 스스로 존재하는 것이 아니라 여러 인연에 의해 나타났다가 사라지는 것입니다. 따라서 꽃은 공(空)입니다. 공즉시색(空卽是色), 색즉시공(色卽是空)인 것입니다.

4
—

욕탐(欲貪)과 욕탐의 지멸(止滅)

12입처는 중생들의 허망한 분별심(分別心)입니다

———

　　　　　중생들은 '몸 안에는 자아가 있고, 몸 밖에는 세계가 있다'는 생각을 고집하고 있는데, 이러한 생각을 일으키는 것이 12입처입니다. 내6입처(內六入處)를 통해 몸 안에 자아가 있다는 생각이 일어나고, 외6입처(外六入處)를 통해 몸 밖에 세계가 있다는 생각을 일으키는 것입니다. 따라서 부처님께서는 허망한 분별심을 없애기 위해서 12입처를 멸(滅)하라고 하신 것입니다.

　　그렇다면 12입처는 어떻게 하면 없앨 수 있을까요? 12입처를 없애기 위해서는 12입처의 근본을 알아야 합니다. 무엇 때문에 12입처라는 허망한 분별심이 일어나는지, 그 원인을 알아야 12입처를 없앨 수 있기 때문입니다.

『제일의공경(第一義空經)』의 말씀과 같이 '보는 자'는 생길 때 온 곳이 없고, 멸할 때 간 곳이 없는 허망한 것입니다. 우리는 이렇게 허망한 것을 허망한 줄 모르고, 그것을 몸 안에 있는 '자아'라고 생각합니다. 그래서 "자아는 죽지 않고 영원히 존재하는가, 죽으면 없어지는가?"라는 의심을 품게 되는 것입니다. '세계'에 대한 우리의 생각도 마찬가지입니다. 이미 말씀드렸듯이, '보는 자'가 허망하면 '보는 자'에 의해 존재하는 '보이는 것'도 허망한 존재가 아닐 수 없습니다. 우리가 실재한다고 믿고 있는 '자아'와 '세계'는 이렇게 허망한 생각이 모여 나타난 것입니다. 부처님께서는 이와 같이 허망한 생각이 모여 나타나는 것을 '집(集)'이라고 부릅니다. 4성제(四聖諦) 가운데 집성제(集聖諦)의 집이 바로 허망한 생각이 모여 나타나는 것을 의미하는 말입니다.

'집'은 범어 'samudaya'를 한역한 것입니다. 이 말은 '함께'라는 의미의 'saṃ'과 '위로'라는 의미의 'ud'와 '간다'라는 의미의 'aya'가 결합하여 이루어진 합성어입니다. 그래서 문자 그대로의 의미는 '함께 위로 솟아오름'이란 뜻인데, 사전적으로는 결합, 집합, 소집의 뜻이 있습니다. 따라서 'samudaya'는 '어떤 것들이 함께 모여서 나타난 것'을 의미한다고 할 수 있습니다. 그래서 '집기(集起)'라고 번역하기도 합니다.

우리가 존재한다고 믿고 있는 '자아'나 '세계'는 '보는 자'라는 허망한 생각과 '보이는 것'이라는 허망한 생각이 모여서, 마치 존재하고 있는 것처럼 생각되고 있는 현상입니다. 따라서 '자아'와 '세계'는 허망한 생각이 집기한 것입니다. 이렇게 허망한 생각이 집기한 '자아'와 '세계'에 대하여, "세계는 영원히 존재하는가, 일시적으로 존재하는가?", "죽지 않고 존재하는 자아는 있는가, 없는가?"를 묻는 것은 어리석은 일입니다. 그래서 부처님께서는 이런 질문에 대응하지 않고 침묵하신 것입니다. 그리고 우리로 하여금 이런 허망한 생각에서 벗어나도록 하기 위해 중도(中道)를 말씀하신 것입니다.

앞에서 살펴보았던 유무중도를 다시 한번 살펴봅시다. 유무중도를 설하신 『잡아함경』 301에서 부처님께서는 세상 사람들이 의지하고 있는 유견과 무견은 사람들이 보이고, 들리고, 생각된 것을 취하여 '자아'를 제멋대로 꾸미기 때문에 생긴다고 말씀하셨습니다. 그리고 이렇게 허망한 생각을 취하여 '자아'를 꾸미지 말고 '자아'와 '세계'가 어떻게 생기고 멸하는가를 바르게 관찰하라고 했습니다. 그러면 세간, 즉 '자아와 세계'가 이렇게 허망한 생각이 집기한 것, 즉 모여서 생긴 것임을 여실하게 알게 되어, 세간이 없다고 할 수 없을 것이라고 했습니다. 그리고 이러한 사실을 알아 허망한 생각을 없애면, 세간이 멸하는 것을 여실하게 알게 되어 세간이 있다고 할 수 없을 것이라고 했습니다.

이와 같이 12입처는 허망한 생각이 모여 있는 현상입니다.

왜 12입처라는 허망한 생각이 모이게 되었을까요

———

부처님께서는 『잡아함경』 239에서 12입처에 대하여 이렇게 말씀하십니다.

세존께서 비구들에게 말씀하셨다.
"내가 이제 번뇌에 묶여 있는 것과 묶고 있는 것을 이야기하겠다. 어떤 것이 번뇌에 묶여 있는 것인가? 안(眼)·색(色), 이(耳)·성(聲), 비

(鼻)·향(香), 설(舌)·미(味), 신(身)·촉(觸), 의(意)·법(法), 이것을 번뇌에 묶여 있는 것이라고 부른다. 어떤 것이 묶고 있는 것인가? 욕탐(欲貪)을 묶고 있는 것이라고 부른다.”

12입처는 허망한 생각이 모여서 나타난 것인데, 이 허망한 생각들이 흩어지지 않고 모여 있다는 것은 이들을 무엇인가가 흩어지지 못하게 묶어놓고 있기 때문일 것입니다. 이 경에서 부처님께서는 12입처가 모여 있도록 묶고 있는 것을 '욕탐(欲貪)'이라고 하셨습니다.

　우리가 '자아'라고 생각하는 것과 '세계'라고 생각하는 것을 보면, '욕탐'이 그 속에 있습니다. '책상'을 예로 들어봅시다. '책상'은 나의 외부에 세계를 이루고 있는 하나의 사물입니다. 우리는 '책상'이 우리와는 상관없이 외부에 존재하고 있다고 생각합니다. 그러나 잘 생각해 보면 '책상'은 우리의 욕탐에 의해 책상이 되었다는 것을 알 수 있습니다.

　판자와 각목을 책을 놓고 보기 좋도록 짜 맞추어 놓으면, 우리는 책상이 생겼다고 말합니다. 그 책상이 우리가 책을 볼 수 있는 상태를 유지하고 있으면, 비록 닳고, 변하고, 삐걱거린다고 해도, 처음의 책상이 그대로 존재하고 있다고 생각합니다. 그러다가 너무 닳거나, 누군가가 부수어서 책을 놓고 볼 수 없게 되면, 책상이 없어졌다고 말합니다. 이렇게 책상은 생겨서 없어집니다. 그러나 실제로 생기거나 없어진 것은 하나도 없습니다. 나무가 책을 놓고 볼 수 있는 상태가 되었다가, 책을 놓고 볼 수 없는 상태로 되었을 뿐입니다.

　그렇다면 책상은 무엇일까요? 책상은 우리가 책을 놓고 보려는 욕구가 있을 때, 어떤 사물이 그 욕구를 충족시키면, 그것에 붙인 이름일 뿐입니다. 우리는 우리의 욕구를 충족시켜줄 대상을 찾습니다. 그러다가 그것이 나타나면 그것을 탐착합니다. 이렇게 우리가 욕구를 가지고 어떤 대상을 탐착하는 것이 욕탐입니다. 책상은 우리가 이러한 욕탐을 가지고 있을 때, 보이는 것이 욕탐에 묶여 집기한 것입니다.

우리에게 욕탐이 있으면, 우리는 이렇게 온 곳도 간 곳도 없이 허망하게 생겨서 허망하게 사라지는 '보는 자'와 '보이는 것'이 마음속에 모입니다. 이와 같이 욕탐에 묶여 흩어지지 않고 모여 있는 것이 12입처입니다. 우리는 이렇게 욕탐에 의해 모여 있는 12입처를 취하여 '자아'와 '세계'를 만들고 있습니다. 그래서 부처님께서는 『잡아함경』240에서 이렇게 말씀하십니다.

세존께서 비구들에게 말씀하셨다.
"내가 이제 취해지는 법(法)과 취하는 법을 이야기하겠다. 어떤 것이 취해지는 법인가? 안(眼)·색(色), 이(耳)·성(聲), 비(鼻)·향(香), 설(舌)·미(味), 신(身)·촉(觸), 의(意)·법(法) 이것을 취해지는 법이라고 부른다. 어떤 것이 취하는 법인가? 욕탐이 취하는 법이다."

욕탐은 이와 같이 허망한 의식을 모아서, 이들이 모여 나타나면, 즉 12입처가 집기하면, 이것을 취하여 '자아'와 '세계'를 제멋대로 꾸미는 마음입니다. 따라서 욕탐에 따라 중생들은 각기 다른 '자아'와 '세계'를 갖게 됩니다. 전에 살펴본 『중아함경』의 「다계경(多界經)」에서 "중생들은 항상 계(界)와 함께 화합한다. 착한 마음을 가지면 좋은 세계와 화합하고, 악한 마음을 가지면 나쁜 세계와 화합한다"고 한 것은 이것을 이야기한 것입니다.

이렇게 자아와 세계는 12입처에서 연기하기 때문에, 12입처는 중생 세계의 근원입니다. 이 세계는 신이 창조한 것이거나, 어떤 것이 변해서 된 것이거나, 요소가 모여서 된 것이 아니라, 12입처라는 우리의 허망한 마음에서 연기한 것입니다. 그래서 전에 살펴본 경에서 다음과 같이 이야기한 것입니다.

"세간에 세계가 존재한다는 생각과 신념이 있게 하는 것, 그것을 성법률(聖法律)에서는 '세계'라고 부른다. 무엇이 '세계'가 존재한다는 생각과 신념을 있게 하는가? 비구들이여, 안(眼)에 의해서, 이·비·설·신·의에 의해서, 세간에 세계가 존재한다는 생각과 신념이 있다. 이것을 성법률에서는 세계라고 부른다."

이와 같이 부처님께서 말씀하시는 세계는 우리가 생각하는 것처럼 몸 밖에 있는 것이 아니라, 우리의 욕탐에 의해 집기한 허망한 마음입니다. 따라서 세간을 벗어나 해탈하라는 말은, 이 지구를 떠나 새로운 세계로 가라는 것이 아니라, 6입처나 12입처와 같은 허망한 생각에서 벗어나라는 말입니다.

왜 위의 경에서 12입처를 이야기하지 않고 6입처를 세계라고 한다고 했을까? 의아해하시는 분이 있을지도 모르겠습니다. 그러나 6입처와 12입처는 근본은 같습니다. 왜냐하면 '보는 자'와 '보이는 것'은 서로 인연이 되고 있기 때문에, '보는 자'가 없으면 '보이는 것'도 없고, '보는 자'가 있으면 '보이는 것'도 있기 때문입니다. "이것이 있는 곳에 저것이 있고, 이것이 사라지면 저것도 사라진다." 이것이 연기법입니다.

우리는 이제 중생과 중생 세계의 원인이 12입처라는 것을 알았고, 12입처가 집기하도록 묶어서 취하는 것이 욕탐이라는 것도 알았습니다. 따라서 중생에서 벗어나고, 생사윤회 하는 중생의 세계에서 벗어나기 위해서는 12입처를 없애야 할 것입니다.

어떻게 해야 12입처를 없앨 수 있을까요

———

12입처를 집기하게 하고, 이것을 취하여 세계와 자아를 꾸며내는 것은 욕탐이므로, 욕탐을 없애면 12입처는 사라질 것입니다. 부처님께서 욕탐을 멸하라고 당부하시는 까닭이 여기에 있습니다. 부처님께서는 우리에게 단순히 착하게 살라는 의미에서 욕탐을 없애라고 말씀하신 것이 아니라, 욕탐을 없애는 것이 생사의 세계를 벗어나 열반의 세계에 가는 바른길이기 때문에 그렇게 말씀하신 것입니다.

부처님께서는 외도의 사견에 침묵하시면서, 자신은 항상 4성제를 설한다고 말씀하셨습니다. 그렇습니다. 불교의 모든 교리는 4성제의 구조로 되어있습니다. 12입처도 마찬가지입니다. 부처님께서는 세간은 괴롭다고 말씀하셨습니다. 그 세간은 바로 12입처를 의미한다는 것은 이미 이야기한 바 있습니다. 이와 같이 12입처가 곧 고성제(苦聖諦)입니다. 이 12입처는 허망한 생각이 욕탐에 의해 집기한 것임을 안다면, 이것이 집성제(集聖諦)를 아는 것입니다. 그리고 12입처가 사라진 것이 멸성제이고, 이러한 12입처의 집(集)과 멸(滅)을 바르게 알아, 욕탐을 없애는 바른길, 즉 8정도가 도성제(道聖諦)입니다.

우리가 불교 교리를 공부할 때 항상 잊지 말아야 할 것은, 부처님의 모든 교리는 이렇게 4성제의 구조라는 점입니다.

5

불교의 세계관과 그 의의

제 설명을 듣고, 열반이나 해탈을 신비하게 생각해 오신 분들은 크게 실망하시거나, 저의 해석이 잘못된 것이라고 여기실 것입니다. 그러나 부처님께서 말씀하시었고, 제가 지금까지 설명한, 부처님께서 깨달은 진리와 성취하신 열반은 결코 시시한 것이 아닙니다. 물론 우리가 깨닫는다고 해서 이 세상이 크게 달라지는 것은 아닙니다. 그러나 깨달은 삶과 깨닫지 못한 삶은 큰 차이가 있습니다. 이 세계가 우리의 마음에서 연기하고 있다는 사실의 자각은 우리의 인생과 세계를 전혀 다른 모습으로 만들 수 있는 것입니다. 그래서 이제 부처님의 세계관이 지닌 의의를 살펴보겠습니다.

부처님께서 깨달은 세계는 우리의 마음에서 연기한 것이었습니다. 세계는 우리가 어떤 마음을 갖느냐에 따라 각기 다르게 나타난다는 것입니다.

우리는 이미 주어진 세계에 갇혀 사는 것이 아니라, 세계를 우리의 마음으로 만들면서 살고 있습니다

———

　　　　　그러나 중생들은 고정된 세계 속에 살고 있다고 생각함으로써 갖가지 사견을 일으켜 스스로 고뇌에 빠져있습니다. 중생들은 세계의 실상을 모르고, 이미 주어진 세계에 태어나서 죽는다는 마음을 가지고 있기 때문에, 그 마음에서 생사의 세계가 연기합니다. 중생들이 세계의 실상을 알든 모르든, 세계는 이렇게 마음에서 연기하고 있습니다.

　마음을 근원으로 하는 세계는 허망한 생각으로 '자아'와 '세계'를 대립적인 존재로 꾸며놓은 세계가 아니라, 대상화(對象化)되고 존재화(存在化)되기 이전의 구체적인 삶의 세계입니다. 다시 말해서 세계의 중심은 인격체로서의 인간의 마음이며, 이 세계는 인간의 마음에 의해 나타난다는 것입니다. 부처님께서는 무위(無爲)의 세계와 유위(有爲)의 세계가 있다고 말씀하십니다. 아비달마 불교에서는 유위의 세계와 무위의 세계가 따로 있다고 생각했습니다. 그러나 유위의 세계와 무위의 세계는 별개의 세계가 아닙니다. 세계가 마음에서 연기한다는 것을 알고, 우리 각자가 세계의 주체가 되어 스스로 세계를 창조해 가는 것이 무위의 세계이고, 이러한 세계의 실상을 알지 못하고, 허망한 생각을 모아서 '자아'와 '세계'라는 대립된 존재를 만들어 놓고 사는 세계가 유위의 세계입니다.

　'유위'는 'saṅkhata'를 한역한 것인데, 'saṅkhata'는 '조작된 것'이라는 뜻입니다. 따라서 '무위의 세계'는 조작되지 않은 세계를 의미하고, '유위의 세계'는 조작된 세계를 의미합니다. 부처님께서는 중생들이 이러한 허망한 세계를 조작하는 것을 '행(行)'이라고 했습니다. 12연기 가운데서 "무명(無明)을 연하여 행이 있다"고 할 때의 행이 바로 그것입니다. '행'은 'saṅkhāra'를 한역한 것인데, 'saṅkhāra'는 '모아서 만드는 것'이라는 의미입니다. 그러니까 '유위(saṅkhata)'는 '행(saṅkhāra)'에 의해 조작된 것을 의미합니다. 연기법의 진리를 알지 못하는 무명의 상태에서, 우리의 마음에 욕탐이 생겨, 그 욕탐이 허망한 생각을 모아 '자아'와 '세계'라는 대립된 존재를 만드는데, 이것을 '행'이라고 하며, '행'에 의해 만들어진 것들을 '유위'라고 하는 것입니다.

연기법의 진리를 모르는 중생들은 자신의 행에 의해 만들어진 유위의 세계에 살고 있습니다. 이 세상의 모든 것은, 그것이 '자아'이든 '세계'이든, 인연 따라 생겼다가 인연 따라 사라지는 허망한 생각들입니다. 이 허망한 생각들은 한 찰나도 머물지 않는 무상한 것입니다. 그래서 부처님께서는 "제행(諸行)은 무상(無常)하다"라고 하셨습니다. 중생들은 이렇게 무상한 망념을 존재하고 있다고 믿습니다. 그러나 중생들이 존재한다고 믿는다고 해서 허망한 것이 존재할 수는 없습니다. 그런데도 중생들은 무상한 것을 집착하여 없어지지 않게 하려고 애씁니다. 그러니 얼마나 괴롭겠습니까? 부처님께서는 무상한 것을 존재로 집착하고 있는 모든 것은 괴롭다는 의미에서, "일체(一切)는 괴로움이다"라고 하신 것입니다. 중생들의 괴로움은 실체가 없는 무상한 것을 존재한다고 믿고 있기 때문에 생긴 것입니다. 그러나 한순간도 존재하지 않는 허망한 생각을 욕탐으로 모아놓은 것 속에 어떤 실체가 있을 리 없습니다. 그래서 부처님께서는, 모든 존재는 그 속에 실체가 없다는 것을 일깨우기 위해서, "제법(諸法)은 무아(無我)다"라고 하셨습니다. 그리고 우리가 이러한 무아를 깨달으면 모든 괴로움에서 벗어날 수 있다는 의미에서 "열반은 모든 괴로움이 사라져 고요하다"라고 하셨습니다. 이것이 소위 4법인(四法印)입니다. 우리가 3법인(三法印)으로 알고 있는 제행무상(諸行無常)·제법무아(諸法無我)·열반적정(涅槃寂靜)은 "일체는 괴로움이다[一切皆苦]"라는 말씀을 생략한 것입니다.

우리는 부처님께서 말씀하신 3법인의 도리를 알아서 무위(無爲)의 삶, 즉 열반을 성취해야 합니다. 그러나 중생들은 무상하고 무아인 것을 '자아'와 '세계'라고 고집합니다. 나의 몸 안에는 '자아'가 존재하고 있고, 몸 밖에는 여러 존재가 모여 있는 '세계'가 존재하고 있다고 생각하는 것입니다. 이렇게 '자아'와 '세계'라는 존재를 꾸며놓은 것이 유위(有爲)의 세계인데, 유위의 세계에서는 모든 것이 존재로 인식됩니다. 세계는 여러 존재가 모여 있는 곳이고, 존재들이 모여 있는 세계 속에서 인간은 세계의 일부인 하나의 존재로 태어나서 죽는 것으로 인식됩니다. 이렇게 유위의 세계에는 생사의 괴로움이 있습니다.

부처님 당시의 외도들은 이와 같이 인간을 세계의 일부분으로 생각했습니다. 부처님께서는 이러한 외도들의 사견을 위험한 사상이라고 생각했습니다. 전에 살펴본 바와 같이, 부처님께서 사견에 대하여 침묵한 것이나, 3종외도(三種外道)를 비판한 것은 모두 이들 외도들의 생각이 위험한 것이기 때문에 취한 행동이라고 할 수 있습니다. 외도들의 사상은 인간이 세계의 중심이며 삶의 주체라는 것을 알지 못하고, 인간을 세계의 일부로 생각한 결과 나타난 사견입니다.

숙작인론(宿作因論)은 결정론적 숙명론과 자이나교의 사상입니다. 이들에 의하면 인간은 세계를 구성하고 있는 정신적 존재와 물질적 존재의 일부가 결정적인 인과율이나 피할 수 없는 전생의 업에 의해 결합된 상태입니다. 따라서 인간의 삶은 주체로서의 자유로운 삶이 아니라 숙명적으로 결정된 기계적인 삶이 됩니다.

존우화작론(尊祐化作論)은 바라문교의 사상으로서, 인간을 신이 창조하여 지배하고 있는 피조물 가운데 일부로 봅니다. 따라서 인간의 삶은 다른 존재와 마찬가지로 신의 뜻이나 신이 만들어 놓은 법칙에 의해 지배되고 있는 구속된 삶이 됩니다.

무인무연론(無因無緣論)은 유물론적 요소론자의 사상으로서, 인간을 세계를 구성하고 있는 요소 가운데 일부가 우연히 결합해 있는 상태로 봅니다. 따라서 인간의 자유로운 의지에 의한 행위의 당위성과 이에 근거를 둔 윤리나 도덕이 전적으로 부정됩니다.

인간을 세계의 일부로 보게 되면, 우리의 삶은 이렇게 무의미하고 비참한 것이 되고 맙니다. 부처님께서는 이렇게 우리의 주체적이고 자유로운 삶을 부정하는 위험한 사상을 연기법이라는 진리를 깨달아 물리쳤으며, 이런 위험한 사상은 자신이 깨달은 진리로 충분히 극복할 수 있다고 생각했습니다. 부처님께서는 『중아함경』의 「도경(度經)」에서 3종외도(三種外道)를 비판한 후에 다음과 같이 말씀하십니다.

"만약 해야 할 일, 해서는 안 될 일을 바르게 알지 못하면, 바른 생각을 상실하고, 바른 지식이 없어서 가르침이라고 할 수가 없나니, 이와 같은 주장을 하는 사문의 사상은 이치로써 굴복시킬 수가 있다. 그러나 내가 몸소 깨달아 너희들을 위하여 이야기한 진리는 사문이든, 범지든, 하늘이든, 악마[魔]든, 범천(梵天)이든, 세간의 누구도 굴복시킬 수 없고, 더럽힐 수 없고, 막을 수가 없나니, 그것은 6입처(六入處)라는 법

(法)이며, 6계(六界)라는 법이다."

이와 같이 부처님께서는 6입처와 6계라는 자신이 깨달은 법으로 외도들의 위험한 사상을 물리칠 수 있다고 했습니다. 이미 언급했듯이, 6입처는 세계가 우리의 마음에서 연기한 것임을 보여주는 개념입니다. 뒤에 살펴보겠지만 6계 또한 그와 같은 개념입니다. 6입처와 6계는 우리의 허망한 생각이 모여서 자아와 세계를 형성하고 있다는 것을 설명하기 위한 개념인 것입니다. 따라서 부처님께서는 6입처에 대하여 그것을 '나[我]'라고 생각하거나 '나의 것[我所]'이라고 생각해서는 안 된다고 하였고, 6계를 세계라고 보아서도 안 된다고 하였습니다. 그리고 6입처에 대하여, 그것이 집(集)하고 멸(滅)하는 것과 이것을 멀리하는[遠離] 방법을 여실하게 알라고 가르쳤습니다.

결론적으로 말한다면, 부처님께서 깨달은 세계는 곧 우리의 마음이며, 여기에는 나와 남, 주관과 객관, 물질과 정신, 안과 밖, 시간과 공간, 유와 무, 생과 멸 등의 모순과 대립이 없습니다. 이러한 모순과 대립은 중생들이 진리에 무지하여 욕탐을 일으킴으로써 나타난 허망한 망념일 뿐입니다. 우리가 이러한 사실을 알아 스스로 마음속에서 욕탐을 없애고 망념을 일으키지 않으면, 그것이 곧 모든 모순과 대립이 사라진 열반의 세계입니다.

우리가 사는 현대사회를 보면 위태롭기 짝이 없습니다. 사람들은 욕망을 소멸하려고 하기는커녕, 끝없는 욕망을 충족시키는 데만 전념합니다. 그런 가운데 생태계는 파괴되고, 환경은 오염되고, 자원은 고갈되어 지구는 사람이 살 수 없는 곳이 되고 있습니다. 착한 마음으로 살아가는 사람은 바보로 취급되고, 자신의 이익을 많이 취하는 것을 지혜롭다고 생각합니다. 내세에 대한 희망이 없이 현세에서의 쾌락만을 절대적인 것으로 생각합니다. 노력하여 행복을 얻으려 하지 않고, 도둑질해서라도 손쉽게 재물을 얻으려고 날뛰고 있습니다. 수년 전 PD 수첩이라는 TV 방송에서, 오토바이 폭주족을 따라다니는 소녀들에게 "소원이 무엇이냐?"고 물었을 때, "돈을 마음껏 쓰다가 죽는 것이 소원이다"라고 대답하는 것을 들었습니다. 돈은 벌기 싫고, 부모를 잘 만나거나 일확천금하여 죽을 때까지 쓸 돈이 충분하면, 그것을 마음대로 쓰다가 죽으면 그만 아니냐는 것이었습니다. 그리고 마지막으로 "요즈음 아이들 다 그렇지 않아요?" 하는 것이었습니다. 우리 젊은이들이 이런 생각으로 살아가고 있다는 것을 생각하면 눈앞이 캄캄해집니다.

이와 같이 위험하고 위기에 처한 현대사회를 구하는 것은 무엇이겠습니까? 재물이 이 사회를 구하겠습니까, 과학이 이 문제를 해결하겠습니까? 이 모든 문제는 잘못된 세계관에 그 원인이 있으므로, 바른 세계관을 통해 해결할 수밖에 없습니다.

6

존재란 인식된 것이다

부처님께서는 이 세계가 우리의 외부에 존재하고 있는 것이 아니라, 우리의 마음에서 연기하고 있다고 말씀하십니다. 이 이야기를 잘못 이해하면, 부처님께서 세상의 존재를 부정하고 있는 것으로 생각하기 쉽습니다. 부처님께서는 세계의 존재를 부정하는 것이 아니라, 우리와 세계의 관계를 바르게 이해하도록 하실 뿐입니다.

외도들의 전변설(轉變說)이나 적취설(積聚說)은 객관적인 외부의 존재를 일차적이고 근원적인 것으로 보는 사상입니다. 그래서 우리를 이러한 객관적인 존재들의 일부라고 생각하고, 자연 대상은 우리와 무관하게 존재하고 있다고 생각합니다. 그러나 부처님의 연기설은 우리의 마음을 일차적이고 근원적인 것으로 보는 사상입니다. 이렇게 우리의 마음을 일차적이고 근원적인 것으로 보는 연기설의 입장에서는, 자연 세계를 '존재하는 것'으로 보지 않고 '인식된 것'으로 봅니다. 뿐만 아니라 자연 대상과 함께 그 속에 존재하고 있는 '자아'도 '존재하는 것'으로 보지 않고, '인식하는 것'으로 봅니다. 12입처의 외입처와 내입처는 바로 이러한 연기설의 입장에서 본 세계와 자아의 모습입니다. 따라서 연기설의 입장에서는 세계와 자아의 본질을 외부에서 구하지 않고, 우리의 마음속에서 찾습니다. 그래서 『중아함경』의 「분별관법경(分別觀法經)」에서는 "존재의 실상을 찾기 위해서는 마음을 밖으로 내보내 산란하게 하지 말고, 안에 머물도록 하라"고 이야기합니다. 불교의 선정(禪定)은 이렇게 존재의 실상을 마음속에서 찾는 수행입니다.

연기설의 관점에서 보면 '세계'는 나에 의해 인식된 현상일 뿐입니다

————

나를 원천적으로 배제하는, 나에게 원천적으로 인식이 될 수 없는 대상의 존재는 무의미한 것입니다. 보이지도 않고, 만져지지도 않고, 생각되지도 않는 것은 없는 것이나 마찬가지입니다. 『잡아함경』319에서 "일체(一切)는 12입처(十二入處)다"라고 하시면서, 그 밖에 다른 일체를 세우는 것은 경계가 아니기 때문에 무의미하다고 말씀하신 것은 이러한 의미를 표현한 것입니다. 외도들이 논쟁하고 있던 문제에 대하여 부처님께서 침묵하신 것은, 외도들이 외부의 세계에 우리의 인식과는 상관없이 존재하는 것이 있다는 신념에서 그러한 문제로 다투고 있었기 때문에, 그들이 거론하고 있는 세계나 영혼 같은 것들이 가상적이며 허구적인 존재라는 것을 비판하기 위해서인 것입니다.

불교의 중도(中道)는 이러한 허구적이고 모순된 입장을 떠나, 각자 자신의 마음으로 시선을 돌려서 존재의 실상을 찾는 입장입니다. 이러한 중도의 입장에서 보면, 대상을 인식하는 우리의 마음을 배제한 채 거론되고 있는 존재에 대한 모든 판단은 허망한 말장난에 지나지 않습니다. 부처님께서 그런 존재의 유무(有無)를 문제 삼아 논쟁하는 것에 대하여 침묵하고 중도를 말씀하시는 까닭이 여기에 있습니다.

이렇게 생각할 때, 불교의 연기설을 존재론적으로 이야기하면 관념론도 아니고 실재론도 아니며, 유심론도 아니고 유물론도 아니며, 일원론도 아니고 다원론도 아닙니다. 왜냐하면 관념론이나 실재론, 유심론이나 유물론, 일원론이나 다원론은 모두가 우리의 인식과는 상관없이 어떤 사물이 실체로서 존재하고 있다는 가정 아래서 나온 것들입니다. 흔히들 불교를 관념론이나 유심론으로 생각하는데, 불교는 원천적으로 모든 존재의 실체성(實體性)을 인정하지 않기 때문에, 어떤 사물이 실체로서 존재하고 있다는 가정 아래서 나온 이들 사상과는 본질적으로 다른 것입니다.

부처님께서 이렇게 모든 존재론적 입장을 배척한다고 해서 존재의 문제를 포기하고 있는 것은 아닙니다. 부처님께서는 단지 존재의 문제를 새로운 차원으로 전환시키고 있을 뿐입니다. 『잡아함경』37을 보면 이러한 부처님의 입장이 잘 나타나 있습니다.

"나는 세상 사람들과 다투지 않는다. 세상 사람들이 나와 다툴 뿐이다. 세간의 지혜 있는 사람이 '있다'고 하는 것은 나도 '있다'고 말한다. 비구들이여, '색(色), 수(受), 상(想), 행(行), 식(識)은 무상하고, 괴롭고, 변해가는 것으로 있다'고 지혜 있는 사람은 말하며, 나도 역시 그렇게 말한다. 세간의 지혜 있는 사람이 '없다'고 말하는 것은 나도 역시 '없다'고 말한다. '색, 수, 상, 행, 식은 항상 존재하며, 변함없이 머무는 것이다'라고 한다면, 지혜 있는 사람은 '그러한 5온(五蘊)은 없다'라고 말하며, 나도 역시 '변하지 않고 항상 존재하는 5온은 없다'라고 말한다. … 비구들이여, 세간(世間)과 세간법(世間法)이 있다는 것을 나도 역시 스스로 알고, 스스로 깨달아 다른 사람을 위해 연설하고 보여준다. 나의 이러한 입장을 세간의 눈 없는 장님들이 알지 못하고 보지 못할 뿐, 나의 허물이 아니다. … 색·수·상·행·식은 무상(無常)하고, 괴로움이며, 변해가는 것이다. 이것이 세간이고 세간법이다."

부처님께서 세상 사람들과 다투지 않는다고 말씀하시는 것은 부처님도 세상의 존재를 부정하지는 않는다는 말씀입니다. 부처님도 있는 것은 있다고 말씀하시고, 없는 것은 없다고 말씀하십니다. 그런데 우리는 "무엇이 있느냐, 없느냐?"를 문제 삼습니다. "영혼은 있느냐, 없느냐?" "영원한 세계는 있느냐, 없느냐?" "세계를 만든 존재는 있느냐, 없느냐?" 이런 것을 우리는 문제 삼습니다.

그러나 부처님께서는 "무엇이 있느냐?"고 묻는 것은 존재에 대하여 그 실상을 모르기 때문이라고 말씀하십니다. '무엇'을 문제 삼는 것은 무엇인가가 우리의 외부에 우리와는 상관없이 존재하고 있다고 생각하기 때문입니다. 그러나 잘 생각해 보면 우리가 문제 삼고 있는 '무엇'은 우리에게 인식된 것일 뿐입니다. 인식되지 않는 것에 대해서는 그것을 '무엇'이라고 말할 수 없습니다.

예를 들면, 물고기는 물속에서 숨을 쉬기 때문에 물을 '공기'로 인식합니다. 그러나 사람은 그것을 물로 인식합니다. 우리가 물속에 들어가면, 그곳에 공기가 없어서 숨을 쉴 수 없습니다. 그러나 물고기는 물밖에 나오면, 공기가 없어서 숨을 쉴 수가 없을 것입니다. 물속에 공기가 없다는 사람의 생각이 옳은 것입니까, 공기가 있어서 숨을 쉰다는 물고기의 생각이 옳은 것입니까? "공기가 있느냐, 없느냐?"의 문제는 사람과 물고기의 입장에 따라 그 해답이 서로 대립할 수밖에 없습니다. 우리가 이렇게 "무엇이 있느냐?"고 물을 때는, 그것을 인식하는 사람에 따라 각기 다른 견해가 서로 대립하게 됩니다. 왜냐하면 모든 존재는 우리에게 '인식된 것'으로만 존재하기 때문입니다.

우리가 아무리 우리의 주관적인 인식을 배제하고, 객관적으로 존재하는 것을 알아보려고 해도, 그것이 우리에게 알려지기 위해서는 인식되어야 하므로, 결국은 '인식된 것'이 되고 맙니다. 과학에서 아무리 '객관적인 자연'을 연구한다고 해도, 자연은 결국 인간에게 '인식된 자연'일 뿐입니다. 따라서 우리가 존재의 문제를 다룰 때는 항상 인식의 문제와 함께 다루어야 합니다.

원효대사는 무덤에서 썩은 물을 마시고 이것을 깨달았습니다. 원효대사는 의상대사와 함께 당나라에 유학하기 위해 길을 가다가, 밤이 되어 무덤 속에서 자게 되었습니다. 밤중에 심한 갈증을 느끼고 물을 찾다가, 손에 바가지가 잡혀서 무심코 그 바가지 속의 물을 마셨습니다. 갈증이 심했기 때문에 물맛이 그렇게 좋을 수가 없었습니다. 다음 날 깨어나, 어젯밤에 마셨던 맛있는 물이 생각나서 다시 마실 요량으로 바가지를 찾으니, 바가지는 없고, 그곳에는 해골바가지가 있었습니다. 그리고 그 속에는 구더기가 득실대는 썩은 물이 담겨있었습니다. 지난 밤에 먹었던 물이 저 해골 속의 썩은 물이었다고 생각하니 갑자기 역겨워지면서 구역질이 나왔습니다. 그 순간 원효대사는 깨달았습니다. "어둠 속에서 갈증을 느낄 때는 깨끗한 바가지 속의 맛있는 물이 밝은 낮에 보니 해골바가지 속의 더러운 물이다. 해골이나 물은 변함이 없는데, 나의 마음이 변하니 해골도 물도 변했던 것이구나. 그래서 모든 것은 마음 따라 일어나서 마음 따라 사라진다고 이야기하고, 내가 구해야할 깨달음은 나의 마음속에 있지, 당나라에 있는 것이 아니다"라고 생각하여 유학할 생각을 바꾸었다고 합니다.

우리는 이 이야기가 단지 더럽고 깨끗한 것이 마음에 따라 다르게 느껴진다는 것을 의미한다고 생각하기 쉽습니다. 그러나 원효대사가 깨달은 것은 단순히 더럽고 깨끗하다는 감정적인 판단이 우리의 마음에 의해 좌우된다는 사실이 아닙니다. 원효대사는 모든 존재는 우리의 마음에 '인식된 것'일 뿐이라는 존재의 실상을 깨달았던 것입니다.

원효대사가 목이 말라 물을 마실 때는 분명히 깨끗하고 맛있는 물이 있었습니다. 그런데 아침에 보니, 그 물은 없고 더럽고 구역질 나는 물이 있었습니다. 부처님께서는 이렇게 '목이 마를 때 있고, 날이 밝았을 때 있는 것'을 없다고 하시지는 않습니다. 그래서 "지혜 있는 사람이 있다고 하는 것은 나도 있다고 한다"라고 말씀하신 것입니다. 그러나 무덤 속에는 본래부터 더럽고 구역질 나는 물이 있었다는 생각에는 반대합니다. 해골바가지의 물속에는 구더기가 살고 있었습니다. 그 구더기에게 바가지 속의 물은 결코 더럽거나 구역질 나는 물이 아닙니다. 구더기에게는 그 물이 어느 물보다 깨끗하고 향기롭고 맛있는 물일지도 모릅니다. 우리가 깨끗하다고 인식하고 있는 물속에서는 구더기가 살지 못합니다. 그 물이 구더기에게는 더럽고 구역질 나는 물인지도 모릅니다. 따라서 본래부터 더럽거나 깨끗한 물은 이 세상에 없다고 할 수 있습니다. 그래서 부처님께서는 본래부터 깨끗하거나 더러운 물은 존재하지 않는다는 의미에서 "지혜 있는 사람이 없다고 하는 것은 나도 없다고 한다"라고 말씀하신 것입니다.

　부처님께서는 이렇게 "무엇이 있느냐, 없느냐?"의 문제는 잘못된 것임을 밝히고 있습니다. 그렇다면 우리는 어떤 것을 문제 삼아야 할까요? 부처님께서는 우리에게 인식된 존재가 "어떻게 해서 그렇게 인식되는가?"를 물어야 한다고 말씀하십니다. 원효대사에게 해골 속의 물은 어떻게 해서 맛있는 물로 인식되었을까요? 그리고 아침에 그 물은 어떻게 해서 구역질 나는 물로 인식되었을까요? 그 물은 본래 더럽고 구역질 나는 물인데, 목이 마르고 어두워서 맛있는 물로 잘못 인식되었다가, 아침에 밝은 빛을 통해 더러운 물이 바르게 인식된 것일까요? 그렇다면 해골 속의 구더기는 왜 그 더럽고 냄새나는 물속에서 살고 있을까요? 더러운 줄을 모르고 사는 것일까요?

　그렇지 않습니다. 우리는 경험을 통해서 삶에 도움이 되는 것은 깨끗하고 좋다고 생각합니다. 그리고 이 생각을 지닌 채 이 생각에 상응하는 것을 깨끗하다고 말합니다. 원효대사가 목이 마를 때는, 그 물이 목마름을 해결해 주었기 때문에, 그 물은 '원효대사가 깨끗하고 좋다고 생각하는 것'에 상응했습니다. 그래서 그 물은 맛있고 깨끗한 물로 인식되었습니다. 그런데 아침에 보니, 그것은 '자신이 더럽다고 생각하고 있는 생각에 상응하는 물'이었습니다. 그래서 그 물은 '더러운 물'로 인식되었던 것입니다. 구더기가 그 속에서 잘살고 있는 것은 그 물이 구더기의 삶에 도움을 주기 때문입니다. 그 물은 구더기에게는 어떤 물보다 깨끗하고 좋은 물입니다.

　이렇게 우리에게 인식되는 모든 존재는 우리의 삶과 관계해서 우리에게 인식된 것들입니다. 따라서 부처님께서는 무작정 "무엇이 존재하는가?"를 묻지 말고, 그것이 우리의 마음속에 어떻게 해서 존재하는 것으로 인식되었는지를 물어야 한다고 말씀하시는 것입니다.

존재의 문제는 "무엇"이라고 물어야 할 문제가 아니라 "어떻게"라고 물어야 할 문제입니다. 부처님께서는 존재의 문제를 '무엇'에서 '어떻게'라는 새로운 차원으로 전환하신 것입니다.

7

존재[有, Bhāva]와 법(法, Dharma)

부처님께서는 존재의 문제를 "무엇이 존재하는가?"의 문제에서
"어떻게 존재로 인식되는가?"의 문제로 전환했습니다

———

　　　　　앞에서 살펴본 "나는 세간과 다투지 않는다"고 하신
『잡아함경』37을 중심으로 '어떻게'의 문제가 구체적으로 어떤 것인지
살펴봅시다.

　　　부처님께서는 "세간의 지혜 있는 사람들이 있다고 하는 것은 나도
있다고 말한다"고 하셨습니다. 그렇다면 우리가 있다고 말하는 것은
어떤 것일까요?

　　　우리는 눈이나, 귀, 코, 혀, 몸 등으로 보아서, 보이거나, 만져지면,
밖에 눈이나 귀를 통해서 지각되는 것이 있다고 말합니다. 그와 동시

에, 안에는 외부의 대상을 지각하는 눈, 귀, 코, 혀, 몸 등도 또한 있다고 말합니다. 이렇게 '지각하는 놈'과 '지각되는 것'을 색(色; rūpa)이라고 합니다.

세상에는 이런 것만 있는 것이 아닙니다. 우리는 꽃을 보면 아름답게 느끼고, 쓰레기를 보면 더럽게 느낍니다. 이렇게 느끼게 되면, 밖에 아름답고 더럽게 느껴지는 것이 있다고 말합니다. 그리고 우리 안에는 아름다움과 더러움을 느끼는 놈이 있다고 말합니다. 이렇게 '느끼는 놈'과 '느껴지는 것'을 수(受; vedanā)라고 합니다.

우리는 어떤 것을 많다고 생각하거나 적다고 생각하고, 크다고 생각하거나 작다고 생각하고, 같다고 생각하거나 다르다고 생각합니다. 이렇게 생각하게 되면, 밖에 많고, 적고, 크고, 작고, 같고, 다른 것이 있다고 말하고, 우리 안에는 이런 것들을 생각하는 놈이 있다고 말합니다. 이렇게 '생각하는 놈'과 '생각되는 것'을 상(想; saññā)이라고 합니다.

우리는 어떤 것을 하고 싶어 합니다. 그렇게 되면, 밖에 하고 싶은 것이 있다고 말합니다. 그리고 우리 안에는 이런 것들을 하고 싶어 하는 놈이 있다고 말합니다. 이렇게 '하고 싶어 하는 놈'과 '하고 싶은 것'을 행(行; saṅkhāra)이라고 합니다.

이와 같이 우리는 보이고, 느껴지고, 생각되고, 하고 싶은 것들을 인식합니다. 이렇게 인식하게 되면, 밖에는 인식되는 것이 있다고 말하고, 우리 안에는 인식하는 놈이 있다고 말합니다. 이렇게 '인식하는 놈'과 '인식되는 것'을 식(識; viññāna)이라고 합니다.

이 밖에 우리가 있다고 말할 수 있는 것은 없을 것입니다. 왜냐하면 우리는 지각하고, 느끼고, 생각하고, 행동하고, 인식하면서 살고 있기 때문입니다. 우리의 삶은 지각하고, 느끼고, 생각하고, 행동하고, 인식하는 구조로 이루어져 있습니다. 우리의 삶은 어떤 존재로 구성된 것이 아니라 보고, 느끼고, 생각하고, 행동하고, 인식하는 업(業)으로 구성되어 있는 것입니다. 우리는 이러한 업을 통해서 존재를 인식합니다. 이러한 다섯 가지 삶의 구조를 통해서 우리가 존재로 인식하는 다섯 가지를 부처님께서는 색(色)·수(受)·상(想)·행(行)·식(識), 즉 5온(五蘊)이라고 이야기했으며, 이러한 5온을 일체법(一切法)이라고 했습니다.

우리는 이러한 5온을 '있다'고 합니다. 일반적으로, '5온은 세계와 인간을 구성하는 요소'라고 이해하고, '인간은 5온이 일시적으로 화합해 있는 존재'라고 이해하고 있습니다. 이것은 아비달마불교의 해석에 따른 것인데, 5온을 이렇게 이해하는 것은 크게 잘못된 것입니다. 만약 5온을 그렇게 이해한다면, 불교는 외도들의 적취설(積聚說)과 다름이 없게 됩니다.

부처님도 "5온은 있다"고 말씀하십니다. 그러나 부처님께서 '있다'고 하신 말씀은 "5온이라는 존재가 우리의 인식과는 상관없이 외부에 실재하고 있다"는 말씀이 아닙니다. 부처님께서는 "5온은 무상하고, 괴롭고, 변역(變易)하는 것으로 있다"고 말씀하셨습니다. 이 말씀은 "무상하고, 괴롭고, 변화하는 5온이 외부에 실재하고 있다"는 의미가 아니라, "5온은 우리에게 무상하고, 괴롭고, 변화하는 모습으로 인식되고 있다"는 의미입니다. 이렇게 인식된 5온을 없다고 할 수 없습니다. 우리에게 인식되는 5온은 항상 이런 모습입니다. 그러나 우리는 5온과 같은 존재가 우리의 내부와 외부에 실재한다고 믿고 있습니다.

'세계'와 '자아'가 개별적으로 존재한다고 생각하는 외도들은 모두 그렇게 믿고 있는 것입니다. 그래서 "세상은 영원한가, 무상한가?", "자아는 영원한가, 일시적인 존재인가?", "여래는 죽은 후에도 영원히 존재하는가, 죽으면 우리와 마찬가지로 사라지는가?" 이런 문제들을 중요한 문제로 생각하고, 저마다 각기 다른 견해로 대립하고 있는 것입니다. 그러나 그렇게 일시적으로도 변화하지 않고 내부나 외부에 머물고 있는 5온은 없습니다. 그래서 부처님께서는 "세간의 지혜 있는 사람은 변화하지 않고 머물고 있는 5온은 없다고 말하고, 나도 그런 5온은 없다고 말한다"라고 하신 것입니다.

부처님께서 깨달은 것은 바로 이렇게 '세계와 자아'가 우리에게 무상하고, 괴롭고, 변화하는 것으로 인식되고 있는 것이라는 사실이었습니다. 이것이 세간이며, 이것을 부처님께서는 5온이라고 불렀습니다. 불교에서는 5온이 바로 세간(世間)이며, 세간법(世間法)입니다.

이렇게 모든 존재는 우리에게 '인식된 것'입니다. 이렇게 우리에게 '인식된 것'을 부처님께서는 '법(法)'이라고 부릅니다. 우리가 '존재'라고 부르는 것을 부처님께서는 '법'이라고 부르신 것입니다.

제법개공(諸法皆空)이라는 말과 만법귀일(萬法歸一)이라는 말이 있습니다. 우리는 보통 '제법개공'을 "모든 존재는 공(空)이다"라고 해석하고, '만법귀일'을 "모든 존재는 하나로 돌아간다"라고 해석합니다. 이러한 해석은 '법'을 '존재'의 의미로 이해한 것입니다. 그러나 '법'을 이런 의미로 이해하면, 불교의 이해에 많은 어려움이 있게 됩니다. 앞서 이야기했듯이, 부처님께서는 세상이 없다고 하지는 않았습니다. 그런데 모든 존재는 공이라고 하면, 불교는 세상을 허무하게 보는 허무주의라고 오해를 받을 것입니다.

'법'을 '존재'라고 해석하는 것은 잘못된 것입니다. 물론 '법'은 우리가 '존재'라고 생각하는 것에 대한 부처님의 표현입니다. 그러나 부처님께서 '존재'라는 말을 사용하지 않고 '법'이라는 말을 사용하신 데는 그럴만한 이유가 있습니다.

'존재'는 범어로 'bhāva'입니다. 그리고 '법'은 범어로 'dharma'라고 합니다. 존재를 의미하는 'bhāva'라는 말이 있는데 부처님께서 이 말을 사용하지 않고 'dharma'라는 말을 사용하신 까닭은 무엇일까요? '존재'라는 말은 우리와는 상관없이 외부에, 즉 시간과 공간 속에 독자적으로 있는 것을 의미하는 말입니다. 그런데 연기법에 의해서 본다면 우리와 상관없이 외부에 존재하는 것은 인정할 수 없습니다. 따라서 부처님께서는 '존재'라는 말을 사용하지 않았던 것입니다.

그렇다면 왜 '있는 것'을 'dharma'라는 말로 표현했을까요? 'dharma'라는 말은 '법칙, 진리'가 본래의 의미인데, 인도의 여러 사상가들은 이 말을 각기 특수한 의미로 사용했기 때문에 그 의미가 매우 많습니다. 예를 들어 자이나교에서는 'dharma'를 '운동의 원리'라는 의미로 사용하고 있습니다. 불교에서도 'dharma'는 여러 가지 의미로 사용됩니다. 가장 큰 의미는 '불교의 진리'를 의미합니다. "여법(如法)하다, 정법(正法)이다"라고 할 때는 진리를 의미합니다. 그런가 하면, 불교의 계율을 'dharma'라고도 합니다. "부처님 법대로 살아가자, 불법(佛法)에 어긋난다"라고 할 때의 법은 계율을 의미합니다. 마지막으로, 어떤 사물이나 사실을 의미하는 말로 사용되기도 합니다. 12입처(十二入處), 18계(十八界), 5온(五蘊), 4대(四大) 등을 모두 법이라고 하는 것은 이런 의미입니다.

이렇게 사물을 존재라고 하지 않고 법이라고 한 이유를 알기 위해서는 6근(六根)의 의(意)와 6근의 대상인 6경(六境)의 법(法)에 대해 살펴보아야 합니다. 왜냐하면 법은 의의 대상으로 이야기되기 때문입니다. 즉 '법'이라는 말은 일차적으로 '의'의 대상이라는 의미를 갖습니다.

6근은 우리의 인식활동을 의미합니다. 그리고 6경은 우리의 인식활동을 통해 인식되는 대상을 의미합니다. 6근 가운데 안·이·비·설·신, 5근(五根)은 우리의 지각활동입니다. 그런데 이들 5근은 각기 지각의 대상이 다릅니다. 눈은 색을 보고, 귀는 소리를 듣습니다. 예를 들어, 우리가 사과를 인식한다고 합시다. 눈은 사과의 빛깔과 모양을 지각하고, 코는 향기를 지각하고, 혀는 맛을 지각하고, 몸은 단단한 것을 지각합니다. 이렇게 우리의 지각은 각기 다른 경계를 대상으로 활동하면서 각기 다른 내용을 지각합니다. 그렇다면 붉은빛의 둥글고, 단단한, 향기롭고, 달콤새콤한 맛의 사과를 종합적으로 인식하는 것은 무엇일까요? 눈은 색만을 지각하기 때문에, 눈이 이러한 사과를 인식한다고 할 수는 없을 것입니다. 우리는 눈을 감고도 사과를 먹어보면 그것이 사과라는 것을 알 수 있기 때문에, 사과를 인식한 것은 분명히 눈이 아닙니다. 그렇다고 혀가 사과를 인식한다고 할 수도 없습니다. 먹지 않고 보기만 해도 우리는 그것이 사과라는 것을 알 수 있기 때문입니다. 이렇게 우리의 5근은 각기 자신의 경계만을 지각하고 있을 뿐, 다른 경계는 지각하지 못하기 때문에, '색과 향과 맛을 가지고 있는 사과'라는 존재는 5근의 어떤 것도 인식할 수가 없습니다. 그렇다면 사과를 인식하는 것은 5근 이외에 따로 있다고 할 수밖에 없을 것입니다.

『중아함경』의 「대구치라경」에서 사리불은 구치라와 이런 문제를 논의합니다.

"현자 구치라여, 5근은 각기 다른 경계(境界)를 상대로 활동하고 있습니다. 안근(眼根)과 이·비·설·신근(耳·鼻·舌·身根)은 각각 자신의 경계만을 인식합니다. 이렇게 5근은 각기 다른 경계를 상대로 활동하여,

안근과 이·비·설·신근은 각각 자신의 경계만을 인식하는데, 5근이 개별적으로 인식한 것을 종합하여 경계로 인식하는 것은 어떤 것이며, 그 경계가 의지하고 있는 것은 어떤 것입니까?"

구치라가 대답했다.

"5근이 개별적으로 인식한 내용을 종합하여 경계로 인식하는 것은 의(意)이며, 그 경계가 의지하고 있는 것은 의입니다."

사리불이 눈으로 본 색과 귀로 들은 소리와 코로 맡은 향기 등을 종합하여 하나로 통일시켜 인식하는 것은 무엇인가를 묻자, 구치라는 그것이 바로 의근(意根)이라고 대답하고 있습니다. 이 경은 매우 중요한 내용을 담고 있습니다. 『아함경』에 6입처에 대한 설법은 많지만 6근의 문제를 다루는 경은 많지 않습니다. 그런데 이 경에서는 6근을 매우 구체적으로 거론하고 있을 뿐 아니라, 6근과 6경의 관계를 보여주고 있고, 또 의(意)와 법(法)의 의미를 알아볼 수 있는 근거를 마련해주고 있습니다.

이 경의 마지막에 5근이 개별적으로 인식한 내용을 종합하여 대상으로 취하고 있는 것이 의근이고, 그렇게 종합된 내용으로서의 법이 의지하고 있는 것이 의근라고 하는 말은 6근과 6경의 관계가 어떤 것이며, 의와 법이 어떤 것인지를 알려주는 매우 의미심장한 말입니다. 우리가 이 경에서 이런 점에 주목한다면 부처님께서 '있는 것'을 '존재'라고 하지 않고 '법'이라고 하신 이유를 알 수 있습니다.

6근과 6경의 관계, 그리고 의와 법의 의미를 바르게 알게 되면 6근과 6입처의 관계와 차이에 대해서도 명확하게 이해할 수가 있습니다. 지금까지 6입처에 대하여 여러 가지로 설명하면서도, 6근과의 관계에 대해서는 설명하지 않았습니다. 6근과의 관계를 설명할 적당한 계기가 없어서 미루어왔던 것인데, 이제 그 계기가 마련되었기 때문에, 다음 장에서 '법'의 의미를 살펴보면서, 아울러 6근과 6입처의 관계와 차이에 대해서도 살펴보겠습니다.

8

—

법(法, Dharma)이란 무엇인가

부처님께서는 존재의 문제를 '무엇'의 문제로 보지 않고, '어떻게'의 문제로 보았습니다. 그 결과 '있는 것'을 '존재'라는 말로 표현하지 않고 '법'이라는 말로 표현했습니다. '존재'가 '우리의 인식과는 상관없이 외부에 있는 그 무엇'을 의미하는 것이라면, '법'은 '우리의 마음에 따라 인식된 것'을 의미한다고 할 수 있습니다. 이러한 '법'의 의미를 구체적으로 이해하기 위해서 우리는 『중아함경』의 「대구치라경」을 살펴보았습니다. 이제 「대구치라경」을 중심으로 '법'의 의미를 살펴봅시다.

　우리는 눈, 귀, 코, 혀, 몸이라는 다섯 가지 지각활동으로 사물을 인식합니다. 이것을 불교에서는 5근(五根)이라고 부릅니다. 그런데 만약 5근만 있다면, 우리는 색깔, 소리, 향기, 맛, 촉감 등은 인식할 수 있지만, 사과, 책상, 나무 같은 것은 인식할 수가 없을 것입니다. 왜냐하면 눈은 빛만을 지각하고, 귀는 소리만을 지각하는데, 사과나 나무는 빛깔만 있는 것이 아니라, 향기와 맛과 촉감이 있기 때문입니다. 따라서 모습과 맛과 향기를 지닌 사과는 눈, 귀, 코와 같은 5근이 인식한 것은 아닐 것입니다. 그런데도 우리는 분명히 사과를 인식하고 있습니다. 그렇다면 우리는 5근 이외에 사물을 인식하는 다른 인식활동이 있다고 하지 않을 수 없습니다. 이것을 불교에서는 의근(意根)이라고 부릅니다. 5근이 각각 개별적인 경계를 대상으로 인식하면, 의근은 이들이 인식한 내용을 종합하여, 자신의 경계로 삼아 그것을 대상으로 인식합니다. 그러니까 사과에 대하여, 눈이 인식한 색깔과 모양, 코가 인식한 향기, 혀가 인식한 맛을 의근이 종합하여, 둥글고, 붉고, 향기롭고, 달콤새콤한 사과를 인식하는 것입니다. 우리가 눈으로 사과를 보지 않아도 사과를 생각할 수 있고, 사과를 생각하면 그것이 향기롭고 달콤새콤한 맛있는 것임을 알 수 있는 것은 우리에게 이와 같은 의근이 있기 때문입니다.

그렇다면 의근이 인식한 사과는 우리의 몸 밖에 있을까요? 「대구치라경」에서 구치라는 그렇지 않다고 이야기합니다. 의근의 대상이 되는 경계는 무엇에 의지하고 있는가를 묻는 사리불에게 구치라는 의근의 대상이 되는 경계는 의근에 의지하고 있다고 말하고 있습니다. 이 말이 선뜻 이해가 되지 않을 것입니다. "사과는 사과를 구성하고 있는 여러 요소에 의지해서 존재하고 있고, 우리는 단지 그것을 의근으로 인식할 뿐이다." 우리는 이렇게 생각하고 있습니다. 우리의 생각이 옳을까요, 구치라의 생각이 옳을까요?

우리가 인식하는 대상은 우리 마음에 의지하여 존재합니다

———

우리의 의근, 즉 마음은 5근이 없으면 외부의 사물을 볼 수 없습니다. 보지도 않고, 맛보지도 않고 사과를 알 수 있는 사람은 아무도 없을 것입니다. 반드시 5근을 통해서만 우리는 외부의 사물을 지각할 수 있습니다. 그런데 5근은 각각 자신의 경계만을 지각할 뿐입니다. 다시 말하면, 맛이나 향기를 개별적으로 지각할 뿐, 맛과 향기를 지닌 사과는 인식할 수가 없습니다. 그런데 의근은 스스로 외부의 사물을 지각하지는 못하지만, 5근이 인식하지 못하는 사과는 인식합니다. 그렇다면 의근이 인식하고 있는 사과는 어디에 있는 것일까요? 의근은 외부의 사물을 인식할 수 없으므로 의근이 대상으로 취하여 인식하고 있는 것이 외부에 있다고 할 수는 없을 것입니다. 그렇다면 그것은 우리의 마음속에 있다고 하지 않을 수 없습니다. 왜냐하면 의근이 인식하고 있는 것을 없다고 할 수는 없기 때문입니다.

그렇다면 우리의 마음속에 있는 사과는 어떤 것일까요? 그것은 5근을 통해 인식한 것들을 의근이 종합하여 하나로 만들어 놓은 것입니다. 즉 우리의 의근은 눈을 통해 지각한 모습, 귀를 통해 지각한 소리, 코를 통해 지각한 향기, 혀를 통해 지각한 맛, 몸을 통해 지각한 촉감을 종합하여 사과나, 산이나, 강과 같은 삼라만상을 만들어서 자신이 만든 것을 대상으로 인식하고 있는 것입니다. 이와 같이 우리가 인식하고 있는 모든 사물은 외부에 존재하고 있는 것이 아니라, 우리의 마음이 만들어놓은 것입니다. 그래서 부처님께서는 우리에게 인식되는 모든 사물을 '존재'라고 부르지 않고 '법'이라고 불렀습니다. 그리고 이 '법'을 의근이 인식하는 대상이라고 하였습니다.

아마 아직도 의심이 남아있을 것입니다. 사과나 나무와 같은 것은 우리의 마음이 만들었기 때문에 우리의 마음 안에 있는 것이라고 할지라도, "빛깔이나, 소리나, 향기 등은 5근이 외부에 있는 것을 인식한 것이기 때문에 외부의 존재가 아닐까? 그런데도 부처님께서 이것들도 '법'이라고 부른다면 이것은 잘못된 것이 아닌가?"

전에도 말씀드렸듯이, 우리가 5근으로 지각하는 색깔이나 소리 등은 우리의 눈에 인식된 것이지, 외부에 실제로 그런 빛이나 소리가 있는 것은 아닙니다. 물론 외부에 아무것도 없다는 것은 아닙니다. 단지 5근에 '지각된 것'이 그대로 외부의 존재는 아니라는 것입니다. 동일한 사물도 누가 보느냐에 따라 다르게 보입니다. 나비가 보는 꽃의 모습과 사람이 보는 꽃의 모습은 같지 않습니다. 따라서 5근에 지각된 5근의 대상도 5근에 의지하고 있는, 즉 우리의 마음속에 있는 '지각된 것'입니다.

그래도 의심이 남아있을 수 있습니다. "인식된 것은 우리의 마음이 만든 것이라고 할 수 있지만, 인식하는 5근이나 의근은 마음이 만들었다고 할 수 없을 터인데, 왜 이것들도 '법'이라고 할까?" 하는 것입니다. 이러한 생각을 한 사람이 서양의 철학자 데카르트(Descartes, 1596-1650) 입니다. 그는 "세상의 모든 것은 그것이 참으로 존재하는 것인지, 거짓으로 존재하는 것인지 의심할 수 있지만, 그것을 의심하고 있는 자기 자신의 존재는 의심할 수 없이 존재한다"는 결론을 얻었습니다. 그래서 그는 "나는 생각한다. 그러므로 나는 존재한다"고 주장했습니다. 우리는 지금 데카르트와 같은 입장에 와 있습니다. "인식되는 것은 진정한 존재가 아니라 할지라도, 인식하는 것은 진정한 존재가 아닐까?"라고 생각하고 있는 것입니다.

이러한 의심에 대한 해답은 「대구치라경」에 나옵니다. 이 경에서 사리불은 구치라가 의근의 경계가 의근에 의지하고 있다고 대답하자, 의근은 무엇에 의지하여 머무는가를 묻습니다. 그러자 구치라는 "의근(意根)은 수명(壽命)에 의지하고 있다"고 대답합니다. 사리불이 다시 '수명'은 무엇에 의지해 머무는가를 묻자, 구치라는 '수명'은 '따뜻한 기운'에 의지해 머문다고 대답합니다. 「대구치라경」에 상응하는 『맛지마 니까야』에는 5근이 의지하는 것을 수명이라고 하고 있습니다. 5근이든 의근이든 그것이 우리의 인식활동이라는 점에서는 다름이 없습니다. 우리의 인식활동이 '수명'에 의지하고 있다는 것이 중요합니다.

　'수명'이란 살아있음을 의미합니다. 살아있다는 것은 체온이 있다는 것을 의미합니다. 싸늘하게 식은 시체는 몸은 있으나 인식할 수가 없습니다. 이와 같이 우리의 인식활동은 우리의 몸에 의지하고 있는 것이 아닙니다. 살아있기 때문에 인식을 할 수가 있는 것입니다. 한편 인식하기 때문에 살아있다고 할 수 있습니다. 인식은 살아있음의 특징입니다. 비유하면, 등불이 탈 때 불빛이 나옵니다. 그리고 등불은 불빛이 나오기 때문에 등불입니다. 살아있음이 등불이라면, 인식은 불빛입니다. 이와 같이 5근이나 의근은 몸에 붙어있는 존재가 아니라, 살아있기 때문에 나타나는 인식활동입니다. 이렇게 살아있기 때문에 나타난 인식활동을 인식하여 그것을 5근이나 의근이라고 부르기 때문에, 우리가 인식활동이라고 부르는 것도 사실은 인식된 것일 뿐입니다. 따라서 '법'입니다.

　그렇다면 '인식된 것'을 왜 부처님께서는 '법'이라는 말로 표현했을까요? '법'에는 이전에 살펴본 바와 같이 '법칙, 진리'의 뜻이 있습니다. 그러나 사물을 지시하는 의미로 쓰일 때는 좀 다른 의미입니다. '법'은 불교에서는 임지자성(任持自性), 궤생물해(軌生物解)라고 설명을 합니다. 즉 '법'은 '자성을 가지고, 어떤 사물을 알아보도록 하는 궤범'이라는 것입니다. 사과의 예를 들어봅시다. 사과는 둥글고, 붉은빛이 나며, 향기롭고, 달콤새콤한 성질을 가지고 있습니다. 그리고 이런 성질이 궤범이 되어, 이 궤범에 들어오는 것이 있으면, 우리는 그것을 사과라고 인식하게 됩니다. 어떤 사물을 눈으로 보아서 둥글고, 맛보아서 달콤새콤하면, 우리는 그것을 사과라고 인식하는 것입니다. 그러나 이 궤범에서 벗어나면 그것은 사과가 아니라고 판단합니다. 만약 사과와 똑같은 모습으로 만들어 놓은 양초가 있다고 합시다. 눈으로 보아서는 사과와 구별할 수가 없습니다. 그러나 이것을 우리는 사과라고 이야기하지 않습니다. 왜냐하면 먹어보면 사과의 맛이 나지 않아 달콤새콤한 맛이라는 사과의 궤범에 어긋나기 때문입니다. 우리는 처음에는 '이것이 무엇일까?'라고 생각하게 될 것입니다. 그리고 이것에 심지를 박아 불을 붙여보고, 불빛을 내면서 타게 되면, '이것은 사과가 아니라, 사과 모양의 양초다'라고 인식할 것입니다. 우리가 이것을 '양초'라고 인식하는 것은 양초는 '심지에 불을 붙이면 빛을 내며 탄다'는 '궤범'을 가지고 있기 때문입니다. 이렇게 '법'은 어떤 사물을 알아보도록 하는 궤범의 의미가 있습니다.

그러면 궤범은 어디에 있을까요? 양초나 사과가 우리의 외부에 궤범을 가지고 존재하고 있는 것일까요? 우리는 이미 양초나 사과와 같은 모든 사물은 의근이 5근을 통해 인식한 내용을 종합하여 만들어 놓은 것임을 살펴보았습니다. 따라서 궤범은 외부의 사물이 가지고 있다고 할 수 없습니다. 사실 의근이 만든 것은 사과나 양초가 아니라, 사과나 양초의 궤범입니다. 의근은 5근을 통해 인식한 내용으로 '사물의 궤범'을 만들어 놓고, 눈이나 귀와 같은 5근을 통해 어떤 것이 지각되면,

그것을 이미 만들어 놓은 궤범에 맞추어봅니다. 그래서 자신이 만들어 놓은 궤범에 맞는 것이 있으면, 그 궤범이 지시하는 사물로 인식하게 됩니다. 그러나 자신이 만들어 놓은 궤범의 어느 것과도 맞지 않으면, 그것은 알 수 없는 것이라고 생각합니다. 그리고 그것을 인식할 수 있는 궤범을 새로 만들어서 새로운 지식으로 삼습니다. 책상을 모른다는 것은 책상의 궤범을 의근이 아직 만들어 놓지 않았다는 것을 의미합니다. 그러다가 누군가가 그것이 '책을 놓고 보는 상'이라는 것을 알려주면, 이때 비로소 그 사람의 마음에 책상의 궤범이 생겨서 책상을 알아보게 됩니다. 이렇게 궤범은 우리의 의근이 만들어서 마음속에 지니고 있습니다. 이것을 부처님께서는 '법'이라고 부른 것입니다.

부처님께서는 모든 것을 이렇게 법의 의미로 말씀하셨습니다. 그런데 그 말씀을 존재의 의미로 듣고 있기 때문에 불교를 바르게 이해하지 못하는 것입니다.

9

—

생명현상과 의식현상

6근(六根)과 6입처(六入處)를 동일시하는 것은 이들이 모두 안·이·비·설·신·의라고 되어있기 때문입니다. 그러나 이것이 결코 같은 의미가 아니라는 것은 이미 여러 차례 강조했습니다. 이제 이들의 관계를 통해 그 차이를 구체적으로 살펴보겠습니다.

이미 말씀드렸듯이, 6근은 우리의 생명현상인 인식활동입니다. 일반적으로 6근을 단순히 우리의 몸에 붙어있는 감각기관이라고 생각하고 있지만, 전에 살펴본 「대구치라경」에서 6근은 '수명'에 의지하고 있다고 함으로써, 그것이 살아있는 것들의 지각활동임을 밝히고 있습니다.

이전에는 사리불이 구치라에게 "우리의 수명은 무엇에 의지하고 있는가?"를 묻자, 구치라가 수명은 '따뜻한 기운'에 의지하고 있으며, 수명과 따뜻한 기운은 별개의 것이 아니라고 대답한 부분까지 살펴보았습니다. 그다음에는 다음과 같은 문답이 이어집니다.

"현자 구치라여, 살아있는 몸은 몇 가지의 것이 사라지면 죽어서, 마치 나무토막과 같이 아무것도 느끼지 못하고, 무덤에 버려지는 것입니까?"

존자 대구치라가 대답했다.

"세 가지가 있습니다. 이들이 사라지면 살아있는 몸이 죽어서, 마치 나무토막과 같이 아무것도 느끼지 못하고, 무덤에 버려집니다. 첫째는 수명이고, 둘째는 따뜻한 기운이고, 셋째는 식(識)입니다. 이 세 가지가 사라지면, 살아있는 몸이 죽어서 마치 나무토막과 같이 아무것도 느끼지 못하고, 무덤에 버려집니다."

사리불이 다시 물었다.

"현자 구치라여, 죽는 것과 멸진정(滅盡定)에 들어가는 것은 어떤 차이가 있습니까?"

존자 대구치라가 대답했다.

"죽은 자는 수명이 멸해버리고, 따뜻한 기운이 떠나가며, 6근이 무너집니다. 멸진정에 들어간 비구는 수명이 멸하지도 않고, 따뜻한 기운이 떠나가지도 않고, 6근이 무너지지도 않습니다."

우리의 몸은 수명이 다하고 따뜻한 기운이 사라지면 아무것도 인식하지 못하고 죽어서 무덤에 묻힙니다. 사리불이 이것을 몰라서 물었을 리가 없습니다. 이 물음은 죽음과 멸진정의 차이에 대한 질문입니다. 멸진정은 불교 수행을 통해 얻게 되는 최고의 선정입니다. 멸진정은 무명을 멸하여 생사를 떠난 열반의 경지로서 상지멸정(想知滅定)이라고도 합니다.

지각이란 5근을 통해 이루어지는 인식을 말하고, 사유란 의근을 통해서 이루어지는 인식을 말합니다. 그리고 우리의 인식은 이와 같이 6근에 의한 지각과 사유에 의해서 이루어집니다. 상지멸정은 문자 그대로는 사유[想]와 지각[知]이 완전히 사라진 경지의 선정을 의미합니다. 구치라는 수명이 다하면 식(識)이 사라져서 아무것도 인식할 수가 없다고 대답했습니다. 그렇다면 사유와 지각이 완전히 사라진 멸진정과 죽음은 어떤 차이가 있는가? 이것이 사리불의 질문입니다.

만약 멸신성이 6근에 의한 지각과 사유가 완전히 사라진 경지라고 한다면, 즉 6근이 없어진 경지라고 한다면, 그것은 죽음과 다를 바가 없을 것입니다. 구치라는 멸진정에서는 수명이 멸하지도 않고, 따뜻한 기운이 사라지지도 않으며, 6근이 없어지지도 않는다고 대답하고 있습니다. 멸진정은 어떤 경지이기에 사유와 지각이 사라져도 6근은 없어지지 않는 것일까요?

우선 이러한 구치라의 말에서, 6입처가 6근을 의미하는 것이 아니라는 것을 확인할 수 있습니다. 멸진정은 무명이 사라진 경지입니다. 즉 12연기의 환멸문을 성취한 경지입니다. 무명을 멸했기 때문에 행이 멸하고, 행이 멸하여 식이 멸하고, 식이 멸하여 명색이 멸하고, 명색이 멸하여 6입처가 멸하고 계속하여 촉, 수, 애, 취, 유, 생, 노사가 멸한 경지가 멸진정인 것입니다. 이렇게 멸진정에서는 6입처가 멸합니다. 그러나 구치라는 6근은 멸하지 않는다고 하고 있습니다.

그렇습니다. 멸진정에서 멸하는 것은 6근이 아니라 6입처입니다. 그렇다면 6근과 6입처는 어떤 것일까요? 살아있는 사람은 누구나 인식능력이 있습니다. 우리는 이러한 인식능력이 우리의 몸에 붙어있는 눈, 귀, 코, 혀, 몸과 몸속에 있는 마음이 활동할 때 나타난다고 생각합니다. 그러나 죽은 몸에 붙어있는 눈이나 귀, 코 등은 인식능력이 없습니다. 따라서 몸에 붙어있는 눈이나 귀 등이 활동한다고는 할 수 없습니다. 부처님께서 우리의 인식능력이라고 말씀하신 6근은 이렇게 몸에 붙어있는 눈이나 귀, 또는 몸속에 있는 마음이 아닙니다.

눈은 '보는 존재'가 아닙니다 보기 때문에 '눈'이라고 불릴 뿐입니다

———

바꾸어 말하면, 보지 못하는 것은 눈이 아닙니다. 우리는 항상 무엇이 있어야 어떤 일을 할 수 있다고 생각합니다. 앞에서 이야기한 데카르트가 대표적인 사람입니다. 그는 생각하고 있다는 사실에서 생각하는 존재가 있다고 결론을 내렸습니다. 과연 이러한 생각이 옳은지를 하나의 비유로 살펴봅시다.

우리는 "도둑이 들어와서 물건을 훔쳐 갔다"는 말을 합니다. 이 말은 도둑이라는 존재가 있어서 도둑질한다는 의미입니다. 그러나 물건을 훔치지 않은 사람은 도둑이 아닙니다. 집에 들어온 사람은 물건을 훔치기 전에는 도둑이 아닙니다. 그는 물건을 훔침으로써 도둑이 됩니다. 물건을 훔치기 때문에 도둑이라고 불리는 것이지, 도둑이라는 존재가 도둑질이라는 행동을 하는 것은 아닙니다. 따라서 예전에 도둑질했어도 도둑질을 그치고 착하게 살아가면, 그는 도둑이 아닙니다. 우리의 몸에 붙어있는 눈도 마찬가지입니다. 살아있을 때는 보기 때문에 눈이라고 불리지만, 죽어서 보지 못하면 눈이라고 불리지 않습니다. 보기 때문에 눈이라고 불리는 것이지, 보는 존재인 눈이 몸에 붙어서 세상을 보고 있는 것은 아닙니다. 그래서 구치라는 6근은 몸에 의지하여 머무는 것이 아니라 '수명'에 의지해서 머문다고 말하고 있는 것입니다.

우리는 여기에서 전에 살펴본 「제일의공경(第一義空經)」의 "업보는 있으나 작자는 없다(有業報而無作者)"는 부처님의 말씀을 생각하게 됩니다. 도둑질이라는 업과 그 결과로서 사람들로부터 도둑이라고 불리는 과보는 있지만, 도둑질하는 도둑이라는 존재는 본래 없습니다. 눈도 도둑과 마찬가지로 보기 때문에 눈이라고 불릴 뿐, 보고 있는 존재로서의 눈은 없습니다. 따라서 생각하기 때문에 생각하는 존재가 있다고 단정한 데카르트의 생각은 결코 옳다고 할 수 없습니다.

6근은 몸에 붙어있는 인식기관이 아니라, 살아있는 사람의 인식활동에 대하여 붙여진 이름입니다. 부처님께서 말씀하시는 6근은 이런 의미입니다. 따라서 부처님께서는 『잡아함경』279에서 다음과 같이 말씀하십니다.

> "6근(六根)을 다스려 조복(調伏)하지 못하고, 막지 못하고, 지키지 못하고, 붙잡지 못하고, 닦아 길들이지 못하면, 미래세에 반드시 괴로운 과보를 받는다."

6근이 만약에 몸에 붙어있는 눈이나 귀를 의미한다면, 그 눈이나 귀를 어떻게 조복하고, 막고, 지키고, 붙잡을 수 있겠습니까? 6근은 우리가 보고, 듣고, 냄새 맡고, 맛보고, 만지고, 생각하는 우리의 삶이며, 행동을 의미합니다. 따라서 이 말씀은 우리가 바르게 행동하지 않으면, 우리의 미래에 불행이 온다는 것을 말씀하신 것입니다. 그리고 절에서 스님들이 6근이 청정해지라고 축원하는 것도, 눈이나 귀가 밝아지라고 하는 것이 아니라, 우리의 삶, 즉 행동이 맑아지라고 축원하는 것입니다.

6근은 우리의 삶입니다. 우리는 보고, 듣고, 냄새 맡고, 맛보고, 만지고, 생각하면서 살아갑니다. 이러한 삶은 멸진정을 성취하여 무명이 사라졌다고 해서 사라지지 않습니다. 그런데, 이렇게 보고 들으며 살아가는 가운데, 중생들은 보고 들어서 보이고 들리는 것이 있으면, 보고 듣는 것은 몸 안에 있는 '자아'이고, 보이고 들리는 것은 몸 밖에 있는 '세계'라고 생각합니다. 이렇게 우리가 몸 안에 있는 '자아'라고 생각하는 허망한 생각이 내6입처이고, 몸 밖에 있는 '세계'라고 생각하는 허망한 생각이 외6입처입니다. 따라서 "업보는 있으나 작자는 없다"는 무아(無我)의 도리를 깨달은 사람에게는 이러한 생각이 사라집니다. 멸진정에서 6근은 사라지지 않으나 6입처는 사라지며, 12연기의 환멸문에서 무명이 사라지면 6입처는 사라지지만, 6근은 사라지지 않습니다.

그래서 「대구치라경」에서는 다음과 같은 문답이 이어집니다.

"현자 구치라여, 멸진정(滅盡定)에 들어가는 것과 무상정(無想定)에 들어가는 것은 어떤 차이가 있습니까?"

존자 대구치라가 대답했다.

"멸진정에 들어간 비구에게는 상(想)과 지(知), 즉 사유와 지각이 멸하지만, 무상정에 들어간 비구에게는 상과 지가 멸하지 않습니다."

사리불이 다시 물었다.

"현자 구치라여, 멸진정에서 일어날 때와 무상정에서 일어날 때는 어떤 차이가 있습니까?"

존자 대구치라가 대답했다.

"비구가 멸진정에서 일어날 때는 내가 멸진정에서 일어났다고 생각하지 않지만, 비구가 무상정에서 일어날 때는 '나는 상이 있는가,

없는가?'라고 생각합니다."

무상정은 모든 사유가 끊어진 경지의 선정입니다. 그렇다면 무상정은 사유와 지각이 멸한다는 멸진정과 어떤 차이가 있는가를 사리불은 묻고 있습니다. 구치라의 대답은 멸진정에는 '나'라고 하는 생각이 없어서, '정(定)에 들어갈 때와 나올 때'의 차별이 없지만, 무상정은 '나'라는 생각이 남아있어서, "내가 정 속에 있을 때는 상이 없었는데, 이제 나오니 상이 있구나"라고 차별을 인식한다는 것입니다. 그렇습니다. 멸진정은 선정에 들어가 있을 때에만 이루어지는 선정이 아닙니다. 행(行)·주(住)·좌(坐)·와(臥)·어(語)·묵(黙)·동(動)·정(靜), 즉 가고, 머물고, 앉고, 눕고, 말하고, 침묵하고, 움직이고, 멈추는 우리의 어떤 행동에도 변함이 없는, '자아와 세계'를 한 몸, 한 생명으로 분명하게 인식하는 무분별지(無分別智)로 살아가는 삶이 멸진정입니다.

불교의 열반은 이와 같이 불변(不變), 불괴(不壞)의 선정입니다. 8정도의 마지막 지인 정정(正定)은 바로 이러한 멸진정을 의미합니다. 부처님께서는 당시의 수행자인 알라라 깔라마(Alāra Kālāma)와 웃다까 라마뿟따(Uddaka Rāmaputta)로부터 무소유처(無所有處)와 비유상비무상처(非有想非無想處)라는 선정(禪定)을 배워 채득했지만, 그것이 선정에 들어있을 때는 그 경지에 머물 수 있지만 나오면 사라지기 때문에 궁극의 경지가 아님을 깨닫고, 무명을 멸하여 멸진정을 성취하신 것입니다. 알라라 깔라마와 웃다까 라마뿟따는 6입처가 허망한 자아의식이라는 것을 알지 못하고 자아를 집착했지만, 부처님께서는 6입처가 무명에서 비롯된 허망한 자아의식임을 깨닫고, 6입처를 멸진한 것입니다.

멸진정에서 멸하는 상(想)과 지(知)는 6근으로 인해 생기는 지각과 사유를 의미하는 것이 아니라, 6입처로부터 생기는 허망한 생각과 지각입니다. 따라서 멸진정을 바르게 이해하고 성취하기 위해서는 6입처에서 어떻게 우리가 없애야 할 허망한 사유와 지각이 일어나는지를 알아야 합니다.

4
장

18계
(十八界)

1
—

분별심[六識]의 발생

6근(六根)은 우리의 몸에 붙어있는 감각기관이 아니라, 우리가 살면서 보고, 듣고, 만지고, 생각하는 인식활동을 의미합니다. 이러한 인식활동은 곧 우리의 삶입니다. 우리가 산다는 것은 보고, 듣고, 만지고, 생각하는 것을 의미하는 것입니다.

이러한 삶을 잘 관찰해보면, 거기에는 보는 놈과 보이는 것의 분별이 있을 수 없습니다. 본다는 현상은 보는 놈과 보이는 것이 따로 존재해서 나타나는 것이 아닙니다. 우리에게 눈이 있어도 보이는 것이 없다면 볼 수가 없을 것입니다. 반대로 보이는 것이 있어도 눈이 없으면 볼 수가 없을 것입니다. 이와 같이 본다는 현상은 보는 놈과 보이는 것이 분리되지 않은 상태에서 나타납니다.

박쥐는 눈으로 보지 못합니다. 그래서 박쥐의 삶에는 빛을 통해 색을 보는 인식활동이 없습니다. 보이는 것은 존재하고 있으나 박쥐는 눈이 퇴화하여 보지 못하는 것 같지만, 사실은 그렇지 않습니다. 우리가 보는 색은 빛의 파장입니다. 우리는 빛의 파장을 눈을 통해 색깔로 인식합니다. 박쥐는 눈이 퇴화했지만, 소리로 사물의 형태를 지각합니다. 그러나 우리는 소리로는 사물의 형태를 지각하지 못합니다. 소리는 파동 현상입니다. 그 파동이 공기를 통해 우리의 고막을 자극하면, 우리는 그것을 소리로 인식할 뿐입니다. 박쥐는 우리의 귀가 감지하지 못하는 초음파를 감지하는 특수한 기관이 있습니다. 그래서 초음파로 사물의 형태를 지각합니다. 박쥐는 소리로 사물을 보는 것입니다. 따라서 보지 못한다고 할 수 없습니다. 빛으로 사물을 보는 우리의 눈과는 다른, 소리로 사물을 보는 기관이 박쥐에게는 분명히 있습니다.

이와 같이 인식현상은 보는 놈과 보이는 것이 서로 개별적으로 존재하고 있는 가운데 나타나고 있는 것이 아니라, 삶을 통해 나타나고 있는 삶의 현상입니다. 이러한 삶의 현상에는 '자아와 세계'가 분별될 수 없습니다. 박쥐에게는 박쥐의 삶을 통해 박쥐의 세계가 나타나고, 사람에게는 사람의 삶을 통해 사람의 세계가 나타납니다. 우리의 자아와 세계는 이렇게 삶을 통해 나타난 것이지, '자아'가 '세계' 속에서 살아가는 것이 아닙니다. 따라서 우리는 '삶'이 '존재'에 선행(先行)한다고 할 수 있습니다. 삶이 먼저이고, 존재는 그 삶을 통해 이루어진 것입니다. 불교의 무아(無我)와 공(空)은 이것을 의미합니다. "업보는 있으나 작자는 없다"라는 말씀은 "삶은 있으나, 삶보다 먼저 존재하는 살아가는 존재는 없다"라는 의미인 것입니다. 바꾸어 말하면 업을 짓고 그 과보를 받는 존재가 있는 것이 아니라, 업을 지으면 그 과보로서 '자아'와 '세계'가 나타나고 있다는 말씀입니다. 예를 들면, 도둑이 있어서 도둑질을 하는 것이 아니라, 도둑질을 하면 그 과보로서 도둑이 되고, 그 도둑에게는 도둑의 세계가 나타나는 것입니다.

부처님께서는 이렇게 삶을 통해 나타나는 '자아와 세계'를 '없다'고 부정하지 않습니다. 부처님께서 부정하신 것은 삶과 무관하게 존재하고 있는 '자아'와 '세계'입니다. 삶을 떠나서는 '자아'도 '세계'도 없기 때문에, 그러한 '자아'와 '세계'를 문제 삼고 있는 외도들의 논쟁을 부처님께서 무의미한 사견이라고 비판하신 것입니다.

'자아와 세계'는 삶을 통해 나타나는 삶의 과보입니다. 그래서 '사람은 그 짓는 업에 따라 반드시 과보를 받는다'고 할 수 있습니다.

불교의 무아설(無我說)은 업보를 부정하는 사상이 아니라,
업보만을 인정하는 사상입니다

———

우리가 사는 세계는 자아와 세계가 분별되지 않는 업보의 세계입니다. 그런데 마음에 욕탐이 있으면, "보는 놈은 나의 눈이고, 보이는 것은 외부의 색이며, 듣는 것은 나의 귀이고, 들리는 것은 외부의 소리"라고 자아와 세계를 분별하는 12입처가 나타납니다. 그리고 12입처가 나타난 마음에서는, 볼 때 보이는 것을 분별하는 마음이 생기고, 들을 때 들리는 것을 분별하는 마음이 생기고, 냄새 맡고, 맛보고, 만지고, 생각하는 삶을 통해서 모든 것을 분별하는 마음이 생깁니다. 이렇게 12입처를 인연으로 생기는 분별심이 6식(六識), 즉 안식(眼識), 이식(耳識), 비식(鼻識), 설식(舌識), 신식(身識), 의식(意識)입니다.

이와 같이 6식이 생기면, 중생들은 이것이 12입처에서 연기한 허망한 분별심이라는 것을 알지 못하고, 오히려 '몸 안에 있는 식(識)이 눈을 통해 색(色)을 보고, 귀를 통해 소리를 듣는다'고 생각합니다. 그리고 이 식은 죽지 않고 다음 생을 받는 영원한 존재라고 주장하기도 하고, 육체가 죽으면 사라지는 일시적인 존재라고 주장하기도 합니다. 부처님의 제자 가운데도 이런 생각을 한 사람이 있었습니다.

『중아함경』의 「차제경(嗏帝經)」을 보면, '차제(嗏帝; Sati)'라고 하는 비구는 우리의 몸속에 있는 식이 변함이 없이 존재하면서 다음 생을 받는 '자아'라고 생각하고 있었습니다. 아마 불교를 공부하는 많은 사람들이 이런 생각을 하고 있을 것입니다. 하지만 이런 생각은 바른 생각이 아닙니다. 다른 비구들은 차제에게 그것은 세존을 비방하는 잘못된 생각이라고 꾸짖었지만, 고집을 버리지 않았습니다. 그래서 부처님에게 이 사실을 알리자 부처님께서는 차제를 불러 그런 생각을 하고 있는지를 물었습니다. 차제는 자신은 세존의 가르침을 그렇게 이해하고 있다고 대답했습니다. 부처님께서는 차제에게 왜 그렇게 생각하는지를 물었습니다. 차제는 "세존께서 이 식이 인식하고, 업을 짓고, 가르침을 실천하고, 그렇게 함으로써 선업과 악업을 지어 그 과보를 받는다고 말씀하셨습니다"라고 대답했습니다. 부처님께서는 "나는 그런 말을 한 적이 없는데, 너는 누구에게 그런 말을 듣고서 나에게 들었다고 하느냐?"고 크게 꾸짖고, 다음과 같이 말씀하셨습니다.

"나는 식(識)은 인연으로 말미암아 일어난다고 이야기했다. 식은 인연이 있으면 생기고, 인연이 없어지면 멸한다. 식은 연(緣)이 되는 것을 따라서 생긴다. 안(眼)과 색(色)을 연하여 식이 생기는데, 식이 생기면 그것을 안식(眼識)이라고 한다. 이, 비, 설, 신, 의도 마찬가지다. 의(意)

와 법(法)을 연하여 식이 생기는데, 식이 생기면 그것을 의식(意識)이
라고 한다. 비유하면 불은 연이 되는 것에 따라서 생기는데, 그 불이
나무를 연하여 생긴 것이면 '나무 불[木火]'이라고 말하는 것과 같다."

차제가 불멸의 자아라고 생각한 식을 부처님께서는 12입처를 인연으
로 해서 생긴다고 했습니다. 그리고 이것은 내입처(內入處)를 연으로 해
서 생긴 것이므로 안, 이, 비, 설, 신, 의식이라고 한다고 했습니다. 이와
같이 식은 12입처를 인연으로 발생하는 의식현상이지, 눈, 귀, 코, 혀 등
을 통해 외부의 사물을 인식하는 존재가 아니라는 것이 부처님의 말씀
입니다. 사물을 분별하는 의식은 우리의 몸속에 존재하는 어떤 실체가
아니라, 봄으로써 생기고, 들음으로써 생기는 것이기 때문에, 각각 안
식, 이식, 비식, 설식, 신식, 의식이라고 부르며, 이것을 6식이라고 하는
것입니다.
　멸진정에서 멸한다고 하는 지각과 사유는 이렇게 12입처를 인연
으로 해서 생기는 6식과 같은 허망한 의식입니다. 『반야심경』에서 공
가운데는 안계(眼界) 내지 의식계(意識界)가 없다고 할 때도, 이렇게 12
입처와 12입처에서 생긴 허망한 의식이 없다는 것이지, 6근(六根)의 인
식활동이 없다는 것은 아닙니다.
　중생들은 이렇게 허망하게 생멸하는 무상한 것들을 마음에 모아
놓고 있으며, 이것을 마음에 모아놓는 것이 욕탐입니다. 욕탐이 있을
때 12입처가 집기하고, 12입처를 인연으로 생긴 허망한 식이 분별한
것들을 다시 욕탐이 취하여 '자아와 세계'를 꾸며냅니다. 따라서 욕탐
에 따라 중생들은 각기 다른 '자아'와 '세계'를 갖게 됩니다. 이렇게 욕
탐에 의해 '자아'와 '세계'가 조작되기 때문에, 우리는 이 자아가 세계에

태어나서 죽어간다고 생각하는 것입니다. 멸진정에서 소멸한다고 하는 상(想)과 지(知), 즉 사유와 지각은 이와 같이 12입처를 인연으로 해서 생기는 허망한 분별심, 즉 식입니다. 식은 빨리어로 'vinaññā'인데 '분별한다'는 의미의 동사 'vijānāti'에서 파생된 명사입니다. 나와 세계를 분별하고, 좋은 것과 나쁜 것을 분별하고, 사랑과 미움을 분별하는 모든 분별이 식입니다. 불교에서는 이것을 없애도록 하고 있습니다. 그래서 중국 선종(禪宗)의 제3조가 되는 승찬(僧燦) 선사는 『신심명(信心銘)』에서 다음과 같이 말씀하십니다.

지극한 도에 어려움이 있는 것이 아니다.	至道無難
다만 분별하여 선택하는 일을 피해야 한다.	唯嫌揀擇
미워하고 사랑하는 마음에서 벗어나기만 하면	但莫憎愛
대낮처럼 뚜렷하게 드러나리라.	洞然明白

밖에 있는 인연을 좇지도 말고,	莫逐有緣
안에 있는 허망한 것 속에 머물지도 말라.	勿住空忍
사물과 하나 되어 평안한 마음을 지니면,	一種平懷
밖의 인연과 안의 망상이 저절로 사라지리라.	泯然自盡

보이는 대상은 보는 주관으로 말미암아 보이고,	境由能境
보는 주관은 보이는 대상으로 말미암아 보나니,	能由境能
보이는 것과 보는 자를 알고 싶다면,	欲知兩段
원래 이들은 하나이며 공임을 알라.	原是一空

내가 지금까지 설명한 것을 승찬 선사께서는 이렇게 아주 간단하고 명쾌하게 말씀하셨습니다. 부처님의 말씀과 조사(祖師)의 말씀은 이렇게 조금의 차이도 없습니다. 선(禪)을 하시는 분들이 교(敎)를 비난하는 경우가 간혹 있는데, 이는 그 근본을 보지 못하기 때문입니다. 우리는 허망한 분별을 떠나기 위해 불교를 공부한다는 것을 명심해야 합니다.

2

—

분별심과 지혜

12입처에서 연기한 6식(六識)과 12입처가 멸한 상태에서의
인식은 어떻게 다른가

———

      6근(六根)은 삶에 의존하여 나타나는 인식활동입니다. 우리의 마음에서 12입처가 멸한다고 해서 6근의 인식활동이 없어지는 것은 아닙니다. 보면 보이고, 들으면 들리고, 생각하면 생각됩니다. 이러한 인식은 6식과 어떤 차이가 있을까요?

    부처님께서는 12입처를 멸하여 진리를 깨달았습니다. 그렇다면 부처님께서 깨달은 진리는 어떤 것일까요? 그것은 연기법입니다. 부처님께서는 연기법에 대하여 『잡아함경』296에서 다음과 같이 이야기합니다.

어떤 것을 연기법이라고 하는가? 이것이 있기 때문에 저것이 있다. 이것을 연기법이라고 한다. 무명을 연하여 행이 있고, 행을 연하여 식이 있다. 내지 이렇게 해서 큰 괴로움의 덩어리가 집기(集起)한다. 어떤 것이 인연에서 생긴 법인가? 무명(無明), 행(行) 등이다. 부처가 세상에 나오건 나오지 않건, 이 법은 상주하며, 법은 법계에 머물고 있다. 여래는 그것을 스스로 깨달아 등정각을 이루어 다른 사람들을 위해 연설하고, 열어 보여서 나타나게 한다.

부처님께서는 이와 같은 연기법을 깨달았습니다. 이 경에서 우리가 주목할 것은 법(法)은 상주(常住)하며, 법계(法界)에 머물고 있다는 말씀입니다. 부처님께서는 법이 상주하고 있다는 사실과 법은 법계에 머물고 있다는 사실을 깨달았던 것입니다. 따라서 부처님의 인식, 다시 말해서 12입처가 멸한 상태에서의 6근에 의한 인식이 어떤 것인가를 알기 위해서는 법과 법계가 무엇인가를 알아야 합니다.

어떤 사람들은 법이 법계에 상주하고 있다는 부처님의 말씀을 듣고, 상주(常住) 불변(不變)하는 법이 법계에 존재하고 있고, 그것을 부처님께서 인식했다고 생각할지 모릅니다. 그러나 부처님께서 말씀하시는 법은 어떤 상주(常住) 불멸(不滅)하는 존재가 아닙니다. 이 경에서도 이야기하고 있듯이, 법은 연기법, 즉 이것이 있기 때문에 저것이 있다는 법칙입니다. 그리고 이렇게 연기법에 의해 나타나는, 인연에서 생긴 것을 법(法)이라고 합니다. 그러니까 부처님께서 말씀하시는 법은 두 가지 의미가 있습니다. 하나는 이것이 있기 때문에 저것이 있다는 '연기의 법칙'을 의미하고, 다른 하나는 이러한 연기법에 따라 생긴 '법'을 의미합니다.

부처님께서는 모든 것은 '이것이 있으면 저것이 있다'는 연기법에 의해 나타나고 있다는 것을 깨달았습니다. 우리가 느끼는 생사의 괴로움도 이 연기법에 의해 나타난 것입니다. 부처님께서는 이러한 생사의 괴로움은 어떤 인연에 의지해서 생기고 있는가를 살펴보았습니다. 그 결과 무명을 인연으로 행이 생기고, 이렇게 생로병사와 같은 모든 괴로움이 나타나고 있음을 알게 되었습니다. 그래서 부처님께서는 항상 연기법을 이야기할 때 "이것이 있기 때문에 저것이 있다. 무명을 연하여 행이 있고, 이렇게 괴로움이 있게 된다"고 말씀하시는 것입니다.

인연에 의해 생기는 것은 괴로움뿐만이 아닙니다. 우리가 존재라고 생각하고 있는 모든 것이 인연에 의지하여 생긴 '법'입니다. 생사의 괴로움을 벗어나도록 이야기하실 때는 괴로움의 인연만을 이야기하실 뿐입니다.

『잡아함경』404를 보면, 부처님께서 숲으로 제자들을 데리고 가서 나뭇잎을 한 줌 쥐어 보이며, "이 손에 쥐고 있는 나뭇잎이 많은가, 이 숲속의 나뭇잎이 많은가?"라고 묻습니다. 제자들은 손에 있는 나뭇잎은 매우 적지만, 숲속의 나뭇잎은 비교할 수 없이 많다고 대답합니다. 그러자 부처님께서는 "그렇다 비구들이여, 내가 등정각을 이루어 스스로 알고 있는 법을 다른 사람들에게 이야기한 것은 손에 있는 나뭇잎과 같고, 이야기하지 않은 것은 숲속의 나뭇잎과 같다"고 말씀하십니다. 이 경은 부처님께서 연기법을 이야기할 때 12연기만을 이야기하는 것을 보고, 12연기가 부처님께서 깨달은 연기법의 전부라고 생각하는 것을 우려해서 하신 말씀이라고 생각됩니다.

이와 같이 부처님께서는 12연기만을 깨달은 것이 아니라, 모든 법이 연기하고 있다는 것을 깨달았습니다. 그렇다면 부처님께서 깨달은 상주하는 법과 그 법이 머무는 법계란 어떤 것일까요?

'법'은 전 시간에 살펴본 바와 같이 '법칙, 진리'의 뜻이 있습니다. 그리고 사물을 지시하는 의미로 쓰일 때, 즉 의근(意根)의 대상으로서의 법은 '자성을 가지고, 어떤 사물을 알아보도록 하는 궤범[任持自性 軌生物解]'이라는 의미가 있습니다. 지난번에는 의근의 대상으로서의 법은 궤범의 의미라고 이야기했습니다. 그러나 의근의 대상인 법에도 '법칙'이나 '진리'의 의미가 전혀 없는 것은 아닙니다. 모든 것은 연기법이라고 하는 진리에 의해 나타난 법[緣生法]입니다. 의근의 대상인 법도 의근을 연으로 하여 생긴 법입니다. 따라서 '법'은 연기법이라는 진리에 의해, 인연에 따라 생긴, 사물을 알아보도록 하는 궤범이라고 할 수 있습니다.

좀 복잡하기는 하지만 법은 단순히 의근의 대상만을 의미하는 것이 아니라 연기하는 모든 것을 의미하고, 이렇게 연기한 것은 의근에 의해 궤범이 되어 우리에게 인식되고 있다고 할 수 있습니다. 모든 것은 이렇게 인연에 의해 생긴 것이고, 마음이 만들어 놓은 궤범에 의해 인식이 됩니다.

부처님께서는 이러한 인식이 잘못된 것이라고 하지는 않습니다. 오히려 이러한 사실을 자각하도록 하고 있습니다. 부처님께서 깨달은 것은 바로 이러한 법의 실상이었습니다. 법이 상주한다는 것은 법이 항상 이렇게 의(意), 즉 마음과의 인연 속에서만 나타난다는 것을 의미합니다. 인간에게는 인간의 마음을 인연으로 인간의 법이 생기고, 다른 중생들에게는 다른 중생의 마음을 인연으로 다른 법이 생깁니다. 따라서 법은 인연에 의해 항상 나타나지만, 그것이 실체로서 존재하지는 않습니다. 따라서 법의 실상(實相)은 공(空)이라고 하지 않을 수 없습니다.

부처님께서 깨달은 것은 이렇게 공한 실상입니다. 이것이 12입처가 멸한 상태에서의 인식입니다.

그런데 12입처가 있으면, 연기하는 법의 공한 실상을 모르고, 그것을 욕탐으로 취하여 여러 가지 허망한 분별을 일으킵니다. 이것이 6식(六識)입니다. 6식은 연기법의 진리를 모르는 무명의 상태에서 12입처가 집기(集起)하여, 인연 따라 나타나는 공한 법(法)을 유무(有無), 선악(善惡), 애증(愛憎), 고락(苦樂)으로 분별하는 분별심입니다. 우리가 살고 있는 세계는 이렇게 허망한 분별심을 인연으로 나타난 것입니다. 따라서 이것도 연기한 법입니다. 그러나 밝은 마음에서 연기한 세계가 아니라, 어두운 무명의 마음에서 연기한 것이므로 무명계(無明界)라고 할 수 있습니다. 그리고 제법(諸法)의 실상(實相)이 공(空)하다고 인식하여 나타난 세계는, 그것이 밝은 마음에서 연기한 것이므로, 명계(明界)라고 할 수 있을 것입니다.

『잡아함경』 63에서 부처님께서는 이것을 다음과 같이 말씀하십니다.

"의계(意界), 법계(法界), 무명계(無明界)가 있다. 무명촉(無明觸)에 소촉(所觸)된 어리석은 범부들은 유(有)라고 말하고, 무(無)라고 말하고, 유무(有無)라고 말하면서 나는 알고, 나는 보았다고 말한다. 많이 배운 훌륭한 제자들은 6촉입처(六觸入處)에 머물면서 무명(無明)을 싫어하고 여의어 명(明)이 생기게 하나니, 그가 무명의 상태에서 욕탐을 떠나 명(明)이 생기면, 유도 아니고, 무도 아니고, 유무(有無)도 아니고, 비유비무(非有非無)도 아니라는 것을 알아서, 나는 알고 나는 보았다고 말한다. 이와 같이 알고 이와 같이 볼 때, 전에 생겼던 무명촉은 멸하고 명촉(明觸)이 생긴다."

마음의 세계와 법의 세계 그리고 무명의 세계가 있는데, 어리석은 범부들은 무명에 의해 생긴 촉에 의해서 유무(有無)를 분별한다는 것입니다. 그러나 부처님의 가르침을 많이 배운 제자들은 욕탐을 버림으로써 무명에서 벗어나 유무를 분별하는 것이 잘못된 것임을 알게 되며, 이렇게 무명을 벗어나면 밝은 마음에서 참된 인식이 생긴다는 것입니다.

그렇다면 밝은 마음에서 인식되는 세계는 어떤 것일까요? 이 경에 그 해답이 있습니다. 의계와 법계와 무명계가 있다고 하는 말씀이 바로 그 해답입니다. 유무로 분별되어 보이는 세계가 6식으로 분별한 무명계입니다. 그리고 유무를 분별하지 않는 밝은 마음에 인식되는 세계가 의계와 법계입니다. 이 의계와 법계는 서로 개별적으로 존재하는 것이 아닙니다. 앞에 이야기했듯이 법(法)은 의(意)에 의해서 나타납니다. 즉 연기하는 법계가 우리의 인식활동에 의해 나타난 모습이 의계와 법계인 것입니다. 따라서 이것은 연기법이라는 진리에서 보면 법계이고, 연생법(緣生法), 즉 인연에 의해 생긴 법의 모습에서 보면 의계(意界)와 법계입니다. 모든 법은 항상 이렇게 연기하면서 나타납니다. 그리고 연기법이라는 진리에 머물고 있습니다. 이것이 부처님께서 깨달은 상주(常住)하는 법(法)이고, 법이 머무는 법계입니다. 이러한 법과 법계의 인식은 유무를 분별하지 않는 인식이라는 의미에서 무분별지(無分別智)라고 부릅니다. 무분별지는 12입처에서 생긴 6식과 같은 분별심이 없다는 의미입니다. 멸진정에서는 이러한 무분별지의 인식활동이 있습니다.

3

―

18계의 의식상태

18계는 6근(六根)·6경(六境)·6식(六識)을 합쳐서 부르는 말이 아닙니다

―――

12입처가 6근·6경이 아니듯이, 18계도 6근·6경·6식을 의미하는 것이 아닙니다. 그렇다고 내6입처(內六入處)·외6입처(外六入處)·6식을 18계라고 생각해서도 안 됩니다. 왜냐하면 계(界)는 입처(入處)와 의미가 다르기 때문입니다.

12입처를 인연으로 6식이 발생합니다. 그러면 우리의 마음에는 12입처와 새로 발생한 6식이라는 의식이 있게 됩니다. 이렇게 6식이 발생하면, 6식이 나타난 마음을 입처라고 할 수 없게 됩니다. 그래서 새롭게 계라는 말을 사용하게 됩니다. 즉 우리의 마음은 12입처의 상태에서 6식이 발생함으로써 18계의 상태로 변화하게 되는 것입니다.

18계가 어떤 의식 상태인가를 이해하기 위해서 먼저 계가 어떤 의미인지 알아야 합니다. 계는 범어 'dhātu'를 번역한 것입니다. 우리는 생태계, 동물계, 식물계, 이런 말들을 사용합니다. 이때의 계는 같은 종류의 집단을 의미합니다. 즉 서로 다른 집단을 구분 지어 말할 때 계라는 말을 사용하는 것입니다. 이때 계는 '계역(界域), 경계(境界)'를 의미합니다. 이 종류와 저 종류 사이에 경계선을 그어, 그 경계선 안을 계역으로 설정하는 것을 계라고 하는 것입니다. 18계의 계도 일차적으로는 이러한 의미입니다.

우리는 이러한 계가 외부에 실재한다고 생각합니다. 인간계, 동물계, 식물계 등이 우리와는 상관없이 실재하고 있다고 생각하는 것입니다. 그러나 전에 살펴본 바와 같이, 『잡아함경』445에서 부처님께서는 "중생들은 항상 계와 함께하고, 계와 화합하고 있다. 중생이 착하지 않은 마음을 행하면 불선계(不善界)와 함께하고, 착한 마음을 행할 때는 선계(善界)와 함께한다"고 했습니다. 계는 중생들과 무관하게 객관적으로 존재하는 것이 아니라, 중생의 마음과 함께한다는 것입니다.

부처님께서는 『중아함경』의 「다계경(多界經)」에서 이러한 계를 18계 외에도 6계(六界), 4계(四界), 3계(三界), 2계(二界) 등 여러 가지 계를 이야기했습니다. 그리고 이러한 계를 바르게 아는 것이 지혜라고 했습니다. 마음에 따라 우리는 유루계(有漏界)와 함께할 수도 있고, 무루계(無漏界)와 함께할 수도 있으며, 욕계(欲界)와 함께할 수도 있고, 색계(色界)와 함께할 수도 있고, 무색계(無色界)와 함께할 수도 있고, 열반계(涅槃界)와 함께할 수도 있다는 것입니다.

그렇다면 12입처에서 6식이 발생한 상태를 부처님께서는 왜 18계라고 하셨을까요? 12입처는 욕탐에 의해 장차 '자아'와 '세계'로 취해질 허망한 마음입니다. 내6입처와 외6입처는 보고, 듣고, 만지고, 생각하는 가운데 일어난 생각들이 사라지지 않고 욕탐에 묶여서 모여 있는 상태로서, 아직은 '자아'와 '세계'로 취해진 것이 아닙니다. 12입처가 '자아'와 '세계'로 취해지기 위해서는 먼저 이들이 분별되어야 합니다. 식은 바로 이러한 12입처를 분별하는 마음입니다. 12입처가 있기 때문에, 이것을 분별하는 마음이 생기는 것입니다. 이렇게 우리의 마음에 6식이라고 하는 분별심이 생기면, 12입처와 6식은 이 분별심, 즉 식(識)에 의해서 각기 다른 것으로 분별이 됩니다. 분별심이 12입처와 새로 발생한 6식 사이에 경계선을 그어 18종류로 구분한다는 것입니다. 이렇게 6식의 발생에 의해 12입처의 상태인 우리의 마음이 18계역(界域)으로 구분된 상태가 18계입니다.

18계는 구체적으로 어떤 의식상태인가

———

예를 들어, 거리를 지나간다고 생각합시다. 우리는 눈에 들어오는 거리의 모든 것을 보지는 않습니다. 같은 시간에 같은 길을 지나온 사람들에게 무엇을 보았는지 물으면, 각기 다른 것을 보았다고 이야기할 것입니다. 어떤 사람은 옷 가게에 걸린 옷을 보았다고 이야기할 것이고, 어떤 사람은 음식점의 음식을 보았다고 말할 것입니다. 어떤 사람이 본 것을 다른 사람은 보지 못했다고 할 것입니다.

왜 우리는 같은 거리에서 각기 다른 것을 보고, 다른 사람이 본 것을 자기는 보지 못할까요? 그것은 각기 다른 욕구가 있기 때문일 것입니다. 옷에 관심이 있는 사람은 옷이 보이면 마음이 옷에 머물 것입니다. 배가 고픈 사람은 음식을 보면 음식에 마음이 머물 것입니다. 그래서 옷을 보기도 하고, 빵을 보기도 하고, 다른 사람이 본 것을 보지 못하기도 할 것입니다. 다른 사람이 본 것을 자신은 보지 못하는 것은, 눈에 들어오지 않아서 보지 못하는 것이 아니라, 마음이 머물지 않고 지나치기 때문에 보지 못하는 것입니다. 이렇게 우리가 무엇인가를 보았다는 것은 그것에 우리의 마음이 잠시라도 머물렀다는 것을 의미합니다. 그리고 어떤 것에 마음이 머문다는 것은 그것에 우리가 조금이라도 관심을 가졌다는 것을 의미하며, 어떤 것에 관심을 가진다는 것은 그것에 대한 욕구가 있다는 것을 의미합니다. 따라서 우리가 무엇을 본다는 것은 그것에 대한 욕구가 있기 때문이라고 할 수 있습니다.

우리가 이렇게 어떤 사물에 대하여 욕구를 가지고 있으면 그것을 보게 되고, 보게 되면 보는 나와 보이는 사물을 분별하게 됩니다. 우리가 보지 못했다는 것은 이러한 분별이 생기지 않았다는 것을 의미합니다. 이와 같이 우리의 분별심은 욕구에 의해서 생기며, 욕구를 가지고 사물을 볼 때 생기는 분별심이 6식입니다. 따라서 6식은 욕탐에 따라 각기 다르게 나타납니다. 그리고 각각 다른 6식에 의해 분별된 18계도 각각 그 내용이 다릅니다. "중생들은 항상 계와 함께하며, 착하지 않은 마음을 행하면 불선계와 함께하고, 착한 마음을 행하면 선계와 함께한다"는 부처님의 말씀은 이것을 의미합니다.

6식이 12입처에서 연기한다는 것은 무엇을 이야기하는 것일까요?

보는 놈과 보이는 것은, 전에 말씀드린 바와 같이, 오는 곳이 없이 생겨서, 가는 곳이 없이 사라지는 허망한 것입니다. 그런데 우리는 이 허망한 것을 마음에 모아놓고 있습니다. 예를 들어, 어제 보았던 꽃을 오늘 다시 본다고 합시다. 어제 꽃을 보았던 '보는 놈'은 간 곳이 없이 사라졌습니다. 그리고 오늘 꽃을 보는 '보는 놈'은 어제 꽃을 '본 놈'이 어디엔가 숨어 있다가 나와서 보고 있는 것이 아니라, 온 곳이 없이 새롭게 생긴 것입니다. 따라서 어제 꽃을 '본 놈'과 오늘 꽃을 '보는 놈'은 같은 존재가 아닙니다. 그런데도 우리는 어제 꽃을 본 놈과 오늘 꽃을 보는 놈은 동일한 '나의 눈'이라고 생각합니다. 그러니까 어제부터 오늘까지 나의 눈이 동일한 존재로 존재하고 있었다고 생각하는 것입니다. 뿐만 아니라 태어나서부터 죽을 때까지 나의 눈은 동일한 존재로 존재한다고 생각합니다.

보이는 꽃에 대해서도 마찬가지입니다. 어제는 싱싱한 꽃이었으나 오늘은 시든 꽃입니다. 꽃이 시들었다는 것은 어제 꽃 속에 있던 양분이나 수분이 없어졌기 때문입니다. 따라서 어제 본 꽃과 오늘 본 꽃은 엄밀하게는 동일한 꽃이 아닙니다. 그런데도 우리는 어제부터 오늘까지 동일한 꽃이 존재하고 있다고 생각합니다.

보는 놈과 보이는 것은 이렇게 무상하게 생겨서, 생기면 남김없이 사라지는 허망한 것인데, 이것을 변함없이 존재하는 나의 눈과 꽃으로 생각하는 것은 우리의 마음에 보는 놈과 보이는 것이라는 생각이 사라지지 않고 모여 있기 때문입니다. 만약 이런 생각이 모여 있지 않다면, 우리는 그것이 인연 따라 나타나는 허망한 것임을 알 수 있을 것입니다. 그러나 이들 생각이 모여 있기 때문에, 이들이 '동일한 것으로 존재한다'고 생각하여, 자아와 세계로 분별하게 되는 것입니다. 이와 같이 세계와 자아를 분별하는 6식은 12입처가 있을 때 나타납니다.

'보는 놈'과 '보이는 것'은 온 곳도 없고, 간 곳도 없이 허망하게 생겨서 허망하게 사라지고 있는데, 우리는 그것에 의해 생긴 허망한 생각을 모아놓고서, '보는 놈과 보이는 것이 존재하고 있다'고 생각하여 이들을 분별하는 것입니다. 자아와 세계를 분별하는 6식은 이렇게 12입처를 바탕으로 해서 생깁니다. 그리고 이런 분별심으로 인해서 생사의 괴로움이 생깁니다. 그래서 전에 소개한 「제일의공경」에서 부처님께서는 "업보는 있으나 작자는 없다"고 말씀하신 후에 다음과 같이 말씀하십니다.

> "이 온(蘊, 此陰)이 멸하면 다른 온(蘊, 異陰)이 상속(相續)한다. 그러나 속수법(俗數法)은 제외된다. 속수법이란 '이것이 있는 곳에 저것이 있고, 이것이 일어날 때 저것이 나타난다'는 것이니, 무명(無明)을 연하여 행(行)이 있고, 내지 큰 괴로움의 덩어리가 모여 나타나는 것을 말한다."

우리는 동일한 사물이 존재한다고 알고 있으나, 사실은 허망한 것들이 멸하면 다음에 다른 허망한 것들이 상속하고 있을 뿐이라는 것입니다. 그러나 세속적인 사람들에게는 그것이 사라지지 않고, 무명이 있으므로 해서, 이들 허망한 생각이 모여 큰 괴로움으로 나타난다는 것입니다.

이와 같이 12입처를 인연으로 6식이 발생하면, 우리의 마음은 새로운 의식상태가 됩니다. 보는 눈[眼]과 보이는 색[色]과 그것을 인식하는 의식[眼識]이 분별되는 것입니다. 이·비·설·신·의도 마찬가지입니다.

이렇게 우리의 마음이 18계역으로 구분된 상태가 18계입니다

———

우리의 마음이 18계의 상태가 되면 18계를 인연으로 새로운 의식이 발생합니다. 부처님께서는 이것을 촉(觸)이라고 했습니

138

다. 일반적으로 촉은 6근과 6경의 공간적인 접촉으로 이해되고 있습니다. 그러나 부처님께서 말씀하시는 촉은 그런 의미가 아닙니다. 만약에 촉을 그런 의미로 이해한다면, 촉은 6근을 인연으로 생긴다고 해야 할 것입니다. 그러나 12연기에서 촉은 6입처를 인연으로 생긴다고 하고 있으며, 촉에 대해서도 입처(入處)라고 부르는 것으로 볼 때, 촉을 주관과 객관의 공간적인 접촉으로 해석한 것은 잘못된 것임을 알 수 있습니다.

4

—

촉(觸)의 발생

『잡아함경』453에서는 촉의 발생을 다음과 같이 이야기합니다.

세존께서 비구들에게 말씀하셨다.

"갖가지 계(界)를 연하여 갖가지 촉(觸)이 생기고, 갖가지 촉을 연하여
갖가지 수(受)가 생기고, 갖가지 수를 연하여 갖가지 애(愛)가 생긴다.
어떤 것이 갖가지 계인가? 18계(十八界)를 말한다. 안계(眼界)·색계(色
界)·안식계(眼識界)· 내지 의계(意界)·법계(法界)·의식계(意識界), 이것
을 갖가지 계라고 부른다. 어떤 것을 갖가지 계를 연하여 갖가지 촉이
생기고, 갖가지 촉을 연하여 갖가지 수가 생기고, 갖가지 수를 연하여
갖가지 애가 생긴다고 하는가? 안계를 연하여 안촉(眼觸)이 생긴다.
안촉을 연하여 안계가 생기는 것은 아니다. 단지 안계를 연하여 안촉

이 생길 뿐이다. 안촉을 연하여 안수(眼受)가 생긴다. 안수를 연하여 안촉이 생기지는 않는다. 단지 안촉을 연하여 안수가 생길 뿐이다. 안수를 연하여 안애(眼愛)가 생긴다. 안애를 연하여 안수가 생기지는 않는다. 단지 안수를 연하여 안애가 생길 뿐이다. 이와 같이, 이·비·설·신·의계(耳·鼻·舌·身·意界)를 연하여 의촉(意觸)이 생긴다. 의촉을 연하여 의계가 생기지는 않는다. 단지 의계를 연하여 의촉이 생길 뿐이다. 그러므로 비구들이여, 갖가지 애를 연하여 갖가지 수가 생기는 것이 아니고, 갖가지 수를 연하여 갖가지 촉이 생기는 것이 아니며, 갖가지 촉을 연하여 갖가지 계가 생기는 것이 아니다. 다만 갖가지 계를 연하여 갖가지 촉이 생기고, 갖가지 촉을 연하여 갖가지 수가 생기고, 갖가지 수를 연하여 갖가지 애가 생긴다. 이렇게 아는 것을 비구가 갖가지 계를 잘 분별한다고 하는 것이다."

이 경에서 부처님께서는 18계를 연하여 6촉(六觸)이 생기고, 6촉을 연하여 6수(六受)가 생기고, 6수를 연하여 6애(六愛)가 생긴다고 말씀하십니다. 그리고 계를 연하여 촉이 생기는 것이지 촉을 연하여 계가 생기지는 않고, 촉을 연하여 수가 생기는 것이지 수를 연하여 촉이 생기는 않으며, 수를 연하여 애가 생기는 것이지 애를 연하여 수가 생기는 것은 아니라고 하고 있습니다.

　이 말씀은 언뜻 보아서는 별 의미 없는 말처럼 보이지만, 사실은 매우 중요합니다. 우리는 사랑스러운 것이 외부에 존재하니까 그것을 통해서 즐거움을 느끼고, 즐거움을 주는 것이 외부에 있으니까 그것을 6근을 통해서 접촉하게 되고, 접촉을 함으로써 그것에 대한 인식내용으로 안계(眼界) 내지 의식계(意識界)가 있을 것이라고 생각하기 쉽습니다. 사실 일반인들은 모두 그렇게 생각합니다. 그래서 부처님께서는 그런 생각이 전도된 어리석은 생각이라는 의미에서, 결코 애(愛)를 연해서 수(受)가 생기거나, 수를 연해서 촉(觸)이 생기거나, 촉을 연해서 계(界)가 생기지는 않는다고 강조하고 있는 것입니다. 12연기의 촉, 수, 애는 이렇게 역순으로는 생길 수 없습니다. 이 문제는 다음에 12연기를 다룰 때 자세히 살펴보기로 하고, 여기에서는 우선 촉의 발생과 촉의 의미를 좀 더 구체적으로 살펴봅시다.

18계를 연하여 촉이 발생한다고 하는데, 왜 부처님께서는 18종의 촉이 발생한다고 하지 않고, 6종의 촉만 발생한다고 하는 것일까요? 부처님께서는 촉의 발생을 이전과는 다르게 설명하기도 합니다. 『잡아함경』218에는 다음과 같은 설명이 있습니다.

세존께서 비구들에게 말씀하셨다.
"내가 이제 그대들을 위하여 괴로움이 모이는 길 자취[苦集道跡]와 괴로움이 멸하는 길 자취[苦滅道跡]를 이야기하리라. 새겨듣고, 잘 생각하라. 그대들을 위하여 이야기하겠다.

어떤 것이 괴로움이 모이는 길 자취인가? 안(眼)과 색(色)을 연하여 안식(眼識)이 생긴다. 이들 셋의 화합이 촉(觸)이다. 촉을 연하여 수(受)가 있고, 수를 연하여 애(愛)가 있고, 애를 연하여 취(取)가 있고, 취를 연하여 유(有)가 있고, 유를 연하여 생(生)이 있고, 생을 연하여 노(老)·병(病)·사(死)·우(憂)·비(悲)·뇌(惱)·고(苦)가 모인다. 이·비·설·신·의도 마찬가지이다. 이것을 괴로움이 모이는 길 자취라고 부른다.

어떤 것이 괴로움이 멸하는 길 자취인가? 안과 색을 연하여 안식이 생긴다. 이 셋의 화합이 촉이다. 촉이 멸하면 수가 멸하고, 수가 멸하면 애가 멸하고, 애가 멸하면 취가 멸하고, 취가 멸하면 유가 멸하고, 유가 멸하면 생이 멸하고, 생이 멸하면 노·병·사·우·비·뇌·고가 멸한다. 이와 같이 큰 괴로움의 덩어리가 멸한다. 이·비·설·신·의도 마찬가지다. 이것을 괴로움이 멸하는 길 자취라고 부른다."

이 경에서는 안계·색계·안식계의 화합을 촉이라고 하고 있습니다. 18계를 연하여 촉이 발생한다는 것은 이렇게 안·이·비·설·신·의계와 색·성·향·미·촉·법계, 그리고 안식계(眼識界) 내지 의식계(意識界)가 화합한다는 것을 의미합니다. 따라서 18계를 연하여 6종류의 촉이 발생하는 것은 당연한 일이라 할 수 있습니다.

그렇다면 어떤 것이 안계와 색계 그리고 안식계의 화합일까요? 18계를 6근(六根)·6경(六境)·6식(六識)이라고 이해한다면, 그것은 우리의 눈과 외부의 색과 몸 안에 있는 안식이 접촉하는 것을 의미한다고 할 것입니다. 그런데 이 경에서는 촉에서 모든 괴로움이 시작된다고 하고 있습니다. 이렇게 모든 괴로움이 시작되는 촉을 인식기관과 인식대상의 공간적 접촉이라고 할 수는 없습니다. 괴로움을 멸하는 길은 촉을 멸하는 것이라고 하는데, 만약 촉이 사물과 인식기관과의 접촉을 의미한다면, 우리가 괴로움을 없애는 길은 외부의 사물을 인식하지 않고 죽을 수밖에 없을 것입니다.

전에 살펴본 바와 같이, 18계는 12입처의 의식 상태에서 6식이 발생함으로써 나타난 새로운 의식 상태입니다. 즉 6식이라는 분별심이 생김으로써, 12입처와 6식이 각각 다른 계역으로 분열된 상태의 의식이 18계입니다. 이러한 18계는 중생에 따라 각기 다르고, 사람마다 각기 다릅니다. 왜냐하면, 계는 항상 중생의 마음과 함께하고 화합하기 때문입니다. 착한 마음을 행하면 선계(善界)와 화합하고, 나쁜 마음을 행하면 불선계(不善界)와 화합한다는 것이 부처님의 말씀입니다.

"자라 보고 놀란 놈, 솥뚜껑 보고 놀란다"는 말이 있습니다. 왜 자라를 보고 놀란 사람이 솥뚜껑을 보고 놀라는 것일까요? 아마 이 사람은 자라에게 물린 기억이 있을 것입니다. 그러나 모든 사람이 자라를 무서워하지는 않습니다. 자라 요리를 맛있게 먹어본 사람은 솥뚜껑을 보고 자라 요리를 생각할지도 모릅니다. 이런 사람에게는 "자라고기 먹어본 놈, 솥뚜껑 보고 입맛 다신다"고 해야 할 것입니다.

같은 솥뚜껑을 보고서, 어떤 사람은 놀라고, 어떤 사람은 입맛을 다시는 까닭은 18계가 각기 다르기 때문입니다. 솥뚜껑을 보고 놀라는 사람은 자라에게 물린 경험을 통해 '자라를 다른 것과 분별하는 의식'이 그 사람의 안계(眼界) 속에 있을 것입니다. 그리고 색계(色界)에는 '자라의 모습'에 대한 의식이 있을 것이고, 안식계(眼識界)에는 '자라는 무섭다'는 의식이 있을 것입니다. 이 의식들은 평소에는 18계라는 계역 속에 각기 떨어져 있지만, 눈으로 자라를 보거나, 그 비슷한 것을 보면 하나로 합해집니다. 즉 안계 속에 있는 '자라를 분별하는 의식'과 색계 속의 '자라의 모습'과 '자라는 무섭다'라고 분별하는 의식이 솥뚜껑을 봄으로써 하나로 화합하게 되면, 이것이 촉입니다. 그래서 이 촉을 연하여 솥뚜껑을 보고 놀라는 마음, 즉 수(受)가 발생합니다. 자라를 보고 입맛을 다시는 사람도 마찬가지입니다.

예를 하나 더 들어봅시다. 독일에 유학 간 어떤 학생이 고향 집에서 보낸 된장으로 된장찌개를 끓였다고 합니다. 외국에서는 구하기 어려운 된장이라서, 친구들을 불러놓고 함께 된장찌개로 식사를 할 생각으로, 유학 온 친구들을 초청해 놓고 찌개를 한참 끓이는데 갑자기 경찰들이 들이닥치더랍니다. 악취를 견디지 못한 이웃 사람들의 신고를 받고 출동한 경찰이었습니다. 경찰들이 당장에 그만두라고 하여, 맛도 보지 못하고 버렸다고 합니다.

우리는 즐겨 먹는 된장찌개가 서양 사람들에게는 견디기 힘든 악취가 됩니다. 반대로 서양 사람들이 즐겨 먹는 치즈 가운데는 한국 사람은 냄새도 맡기 힘든 것이 있다고 합니다. 된장이나 치즈가 서양 사람과 한국 사람에게 각기 다르게 느껴지듯이, 모든 사물은 사람에 따라 각각 다르게 느껴집니다. 이렇게 각기 다르게 느끼는 것을 수(受)라고 합니다. 그리고 이 수는 촉을 연해서 생기며, 촉은 18계를 연하여 생깁니다. 따라서 18계는 사람마다 다르다는 것을 알 수 있습니다. 즉 18계는 그 내용이 저마다 다른 욕탐으로 각기 다르게 모아놓은 12입처라는 의식과 이것을 인연으로 생긴 6식이기 때문에, 욕탐에 따라 각기 다른 것일 수밖에 없는 것입니다. 따라서 이렇게 각기 다른 18계가 화합한 촉(觸)도 사람마다 다를 수밖에 없고, 촉을 연하여 생기는 느낌, 즉 수도 각기 다를 수밖에 없는 것입니다.

우리는 일반적으로 외부에 좋은 것이 있으면 좋게 느끼고, 나쁜 것이 있으면 나쁘게 느낀다고 생각하고 있습니다. 그러나 된장과 치즈의 예에서 볼 수 있듯이, 외부의 사물이 좋은 것이거나 나쁜 것은 아닙니다. 이것을 좋게 느끼고 나쁘게 느끼는 원인은 각기 다른 욕탐에 의해 집기한 12입처와 12입처를 인연으로 생긴 6식이라는 분별심에 의해 분열된 18계를 인연으로 생긴 촉에 있는 것입니다.

우리의 모든 괴로움은 이러한 촉을 인연으로 해서 생깁니다. 따라서 괴로움을 없애는 수행은 이 촉에서 이루어집니다. 그래서 전에 살펴본 『잡아함경』63에서 다음과 같이 말했던 것입니다.

의계, 법계, 무명계가 있다. 무명촉(無明觸)에 접촉된 범부들은 '있다'라고 말하고 '없다'라고 말하고, '있으면서 없다'라고 말한다. 다문성제자(多聞聖弟子)는 6촉입처(六觸入處)에 머물러 능히 무명(無明)을 싫어하고 여의어 명(明)이 생기게 하나니, … 이와 같이 볼 때, 전에 일어났던 무명촉(無明觸)은 멸하고 명촉(明觸)이 생긴다.

연기법이라는 진리에 의해 나타난 의계와 법계에서 연기법을 모르는 범부들은 무명에서 연기한 촉을 일으켜, 유무(有無) 2견(二見)에 빠져있다는 것입니다. 그러나 6촉입처(六觸入處)에서, 그것이 무명에서 연기한 것인 줄을 알아 무명을 없애면, 무명에 의한 촉은 사라지고 명(明), 즉 밝은 지혜에 의한 촉이 생겨서, 연기하는 법계의 실상을 보게 된다는 것입니다.

　　이 경에서 이야기하듯이 촉을 통해 연기하는 것은 단순한 고락의 느낌이 아니라, 외부에 어떤 사물이 있다는 느낌도 촉을 통해 일어납니다. 그리고 이 촉(觸)을 촉입처(觸入處)라고 부르는 것도 거기에는 매우 깊은 의미가 있습니다.

5

촉과 6계(六界)의 관계

촉(觸)은 빨리어 'phassa'의 한역인데, 'phassa'에는 접촉의 의미와 느낌의 의미가 있습니다. 한문으로 촉이라고 번역한 것은 접촉의 의미를 취한 것입니다. 그리고 안계·색계·안식계의 화합을 표현하는 말입니다. 그러나 촉은 단순히 안계 내지 의계와 색계 내지 법계와 안식계 내지 의식계가 화합한 상태를 의미한다고 할 수는 없습니다. 왜냐하면, 촉은 이 셋이 화합함으로써 생긴 우리의 새로운 의식 상태이고, 이것을 촉입처(觸入處)라고 하여 '입처'라고 부르기 때문입니다.

이제 이러한 촉은 구체적으로 어떤 의식 상태를 의미하고 있는지를 살펴보겠습니다.

지난번에도 살펴보았지만, 이번에는 좀 다른 각도에서 촉의 작용을 살펴보도록 합시다. 12입처를 인연으로 6식(六識)이 생기면, 이들은 각기 종류에 따라 계를 형성하게 됩니다. 우리의 마음속에서 이들이 종류에 따라 분류되는 것입니다. 우리의 마음속에는 이렇게 과거의 경험을 통해 형성된 의식내용들이 18계로 분류되어 있습니다.

18계를 구체적으로 분석해 보면, 안계(眼界) 내지 의계(意界)는 '주관계(主觀界)'이고 색계(色界) 내지 법계(法界)는 '대상계(對象界)'이며 안식계(眼識界) 내지 의식계(意識界)는 '의식계'입니다. 이것을 좀 더 알기 쉽게 이야기하면, "보는 놈은 내부의 주관적 자아다"라는 생각이 모여 있는 것이 안계이고, '보이는 것은 외부의 대상이다'라는 생각이 모여 있는 것이 색계이며, '붉은색, 푸른색, 노란색' 등을 분별하여 인식할 수 있는 의식이 모여 있는 것이 안식계입니다. 이·비·설·신·의도 마찬가지입니다. '인식하는 것은 내부의 주관적 자아다'라는 생각이 모여 있는 것이 의계(意界)이고, '인식되는 것은 외부의 대상이다'라는 생각이 모여 있는 것이 법계(法界)이며, '사과, 배, 나무, 책상, 산, 강 등을 분별하여 인식할 수 있는 의식'이 모여 있는 것이 의식계입니다. 이와 같이 18계 속에는 자신이 경험한 것들이 종류별로 모여 있습니다.

우리가 사물을 볼 때, 만약 18계 속에 없는 것을 본다면, 우리는 '그것이 있다'는 생각을 할 수 없습니다. 우리나라 사람들은 옛날에 무지개를 5색 무지개라고 했습니다. 그런데 요즘 사람들은 무지개는 일곱 가지 색이라고 이야기합니다. 같은 무지개를 보면서 왜 옛날 사람은 다섯 가지 색이 있다고 느끼고, 요즘 사람은 일곱 가지 색이 있다고 느끼는 것일까요? 그것은 옛날의 무지개와 요즘 무지개의 색이 다르기 때문이 아닙니다. 무지개는 빛의 스펙트럼이기 때문에, 빨간색으로 인식될 수 있는 긴 파장에서 보라색으로 인식될 수 있는 짧은 파장까지 무한히 많은 색으로 인식될 수 있는 연속된 스펙트럼입니다. 따라서 우리에게 비치는 무지개의 색은 그 수가 무한입니다. 그런데 옛날 사람의 안식계에는 다섯 가지 색을 분별할 수 있는 의식밖에 없었기 때문에 다섯 가지 색으로 보았고, 요즘 사람들의 안식계에는 일곱 가지 색을 분별할 수 있는 의식이 있기 때문에 일곱 가지 색으로 보는 것입니다. 원시생활을 하는 아프리카의 원주민 가운데는 색을 밝음과 어두움만으로 구별하는 원주민이 있다고 합니다. 그들의 안식계에는 어둠과 밝음만을 분별하는 의식이 있기 때문에 '어둡거나 밝은 것이 있다'는 생각만을 하게 되는 것입니다. 의식계 속에 책상을 분별하는 의식이 없는 사람들은 책상이 있다는 생각을 할 수가 없습니다. 그들이 책상을 본다면, '책상이 있다'고 생각하지 않고, '이상한 형태의 나무가 있다'고 생각할 것입니다. 이렇게 '무엇이 있다'는 생각은 우리의 18계 안에 그것을 분별하는 의식이 있을 때 생깁니다.

'무엇이 있다' 는 생각은 18계에 그것이 있을 때 나타나는 의식입니다

———

　　　　　　　'무엇이 있다'는 의식이 생기는 것은 안·이·비·설·신·의계라고 하는 '주관계'와 색·성·향·미·촉·법계라고 하는 '대상계'와 안식 내지 의식계라고 하는 '의식계'가 함께 모일 때, 즉 삼사(三事)가 화합(和合)할 때입니다. 안식계에 붉은색을 알아보는 의식이 있다고 할지라도 '주관계'의 보는 놈과 '대상계'의 보이는 것이 없으면, 즉 안과 색이 없으면 '붉은색이 있다'는 느낌은 생기지 않습니다. 보는 놈과 보이는 것은 온 곳이 없이 나타나서 간 곳이 없이 사라지는 허망한 것입니다. 이것이 욕탐에 의해 12입처의 형태로 18계 속에 모여 있습니다.

그러다가 무엇인가를 보게 되면, 즉 본다는 행위를 할 때 '보는 자아'와 '보이는 대상'으로 나타납니다. 바꾸어 말하면, 보지 않을 때는 보는 놈과 보이는 것은 나타나지 않습니다. 그래서 안식계 속에 붉은색을 분별하는 의식이 있다고 해도, 본다는 행위를 통해 이들이 나타나지 않으면, '붉은색이 있다'는 생각, 즉 촉(觸)은 결코 생기지 않습니다.

이와 같이 붉은색을 알아보는 의식, 즉 안식이 없으면, 보아도 '있다'는 느낌이 생기지 않고, 보는 안(眼)과 보이는 색(色)이 없으면, 안식계 속에 붉은색을 알아보는 안식이 있어도, '있다'는 느낌은 생기지 않습니다. 따라서 '무엇이 있다'는 느낌은 반드시 이 세 가지가 한 자리에 있을 때, 즉 삼사(三事)가 화합할 때 나타난다고 할 수 있습니다. 이것을 촉이라고 부릅니다. 그러므로 촉은 우리의 마음속에서 주관계와 대상계, 그리고 의식계가 화합할 때 생기는 '무엇이 있다'는 느낌이라고 할 수 있습니다. 촉은 이렇게 접촉의 의미와 함께 느낌의 의미가 있습니다.

우리가 "무엇이 있다, 무엇이 없다"라고 이야기하는 것은 그것이 외부에 존재하거나, 존재하지 않아서가 아니라, 촉이 발생하기 때문에 그렇게 이야기하는 것입니다. 세계나 영혼에 대해서도 마찬가지입니다. 그런데 외도들은 이런 사실을 모르고, "죽지 않는 영혼이 있는가, 없는가?", "영원히 존재하는 세계가 있는가, 없는가?"의 문제를 놓고, 서로의 주장을 고집하고 있었습니다. 그래서 부처님께서는 유무(有無) 2견(二見)은 모두 촉(觸)을 취한 것이므로, 촉을 멸하면 '있다, 없다'고 대립하는 무의미한 논쟁이 사라진다고 하신 것입니다.

그렇다면 왜 부처님께서는 '무엇이 있다는 느낌'인 촉을 입처(入處)라고 불렀을까요? 전에 살펴본 바와 같이 '입처'는 우리가 없애야 할 허망한 의식 상태를 의미하며, 계(界)가 성립하는 바탕이 되는 의식입니다. 12입처는 18계가 성립하는 바탕이 되는 허망한 의식이므로 '입처'라고 부릅니다. 그렇다면 촉은 어떤 계가 성립하는 바탕이 되기에 촉입처라고 부르는 것일까요?

촉은 '무엇이 있다는 느낌'입니다. 우리가 '있다'고 하는 모든 것은 이 느낌에서 비롯됩니다. 있다고 느끼지 못한다면 '있다'고 할 수가 없는 것입니다. 그렇다면 우리가 있다고 하는 것에는 어떤 것이 있을까요? 우선 물질이 있다고 할 수 있습니다. 산, 물, 불, 바람, 돌, 흙, 이 모든 것이 있습니다. 고대 인도에서는 이런 물질을 이루고 있는 요소를 지(地)·수(水)·화(火)·풍(風), 4대(四大)라고 했습니다. 따라서 모든 물질은 4대로 구성되어 있다고 생각했습니다. 이런 물질이 존재하기 위해서는 공간이 있어야 합니다. 이것을 고대 인도에서는 허공(虛空)이라고 했습니다. 마지막으로 이런 물질과 공간을 인식하는 의식이 있습니다. 외도들이 갖가지 요소설을 주장했지만, 정리해 보면 지(地)·수(水)·화(火)·풍(風)·공(空)·식(識), 여섯 가지라고 할 수 있을 것입니다. 외도들은 이들 여섯 가지 요소가 외부에 실재하고 있다고 생각했습니다. 그러나 지금까지 살펴보았듯이, '있는 것'은 모두 촉에서 비롯된 것입니다. 따라서 촉은 이들 여섯 가지가 성립하는 바탕이라고 할 수 있을 것입니다. 부처님께서는 이들 여섯 가지를 6계(六界)라고 불렀습니다. 따라서 6계는 촉을 바탕으로 성립된 것이라고 할 수 있습니다.

부처님께서는 왜 지·수·화·풍·공·식, 여섯 가지를 계라고 불렀을까요? 전에 살펴본 바와 같이 계는 같은 종류끼리 계역을 형성하여 모여 있는 것을 의미합니다. 모든 존재를 구성하고 있는 요소를 종류별로 모아놓으면 지·수·화·풍·공·식, 여섯 가지가 됩니다. 따라서 이들을 계라고 부르는 것은 당연한 것입니다. 이렇게 촉은 6계가 성립하는 바탕이 되고 있습니다. 그래서 부처님께서 촉을 '입처'라고 하신 것입니다.

『아함경』에는 6계가 촉을 바탕으로 성립한다는 이야기는 없습니다. 뿐만 아니라 6계가 어떻게 성립한 것이라는 구체적인 설명도 보이지 않습니다. 모든 것은 연기한다고 하신 부처님께서 6계에 대해서는 왜 그 인연을 이야기하지 않고 있을까요?

6계는 우리의 구체적인 인식현상에서 나타난 것이 아닙니다. 4대는 실제로 물질을 구성하고 있는 요소가 아닙니다. '있는 것'은 모두 '있다는 느낌'인 촉을 인연으로 나타난 것이지 요소가 모여 있는 것은 아닙니다. 그런데 외도들은 이것을 알지 못하고, '있는 것'이 외부에 실재한다고 믿고, 그것을 구성하고 있는 것을 4대라고 생각했을 뿐입니다. 그러나 4대도 '있다는 느낌'에 의해 '있는 것'으로 인식되고 있을 뿐입니다. 이와 같이 4대는 당시 사람들의 생각을 이야기한 것이기 때문에 그것의 발생에 대한 이야기는 할 필요가 없었을 것입니다. 공(空)이나 식(識)도 마찬가지입니다. 부처님께서 외도의 모든 사견이 촉인연(觸因緣)에서 비롯되고 있다고 하시는 까닭이 여기에 있다고 생각됩니다. 그들은 모든 존재가 촉을 인연으로 하고 있음에도 불구하고, 이것을 알지 못하는 무명에서 촉을 일으켜 갖가지 요소설을 주장하고 있었기 때문입니다. 촉은 이렇게 외도들이 주장하는 요소들의 계를 성립시키는 바탕이 되기 때문에, 부처님께서 '촉입처'라고 하신 것으로 생각됩니다.

5
장
—

5온
(五蘊)

1
—
촉과 5온의 관계

전에 말씀드린 바와 같이, 12입처(十二入處)를 인연으로 6식(六識)이 발생하면, 우리의 마음은 18계(十八界)의 상태가 됩니다. 12입처를 인연으로 한다는 것은 12입처의 의식 상태에서 보고, 듣고, 만지고, 생각한다는 것을 의미합니다. 인연이란 행위, 즉 업을 의미합니다. 우리가 인연을 짓는다는 것은 업을 짓는 것을 의미하는 것입니다. 보는 것도 업이고, 듣는 것도 업이고, 생각하는 것도 업입니다. 그러니까, 안과 색을 인연으로 안식이 생긴다는 말은, 눈으로 색을 보면 본 것을 분별할 수 있는 의식이 생긴다는 의미입니다.

12입처를 인연으로 6식이 생긴다는 것은 '주관'과 '객관', 즉 '자아'와 '세계'를 분별하여 보게 되면, 보이는 것을 분별하는 의식이 생긴다는 것을 의미합니다. 그리고 이렇게 보이는 것을 분별하는 의식이 생기면, 이 분별심에 의해 보는 놈과 보이는 것과 그것을 분별할 수 있는 의식이 같은 종류끼리 구분되며, 이렇게 같은 종류끼리 구분되어 있는 의식 상태가 18계입니다.

이것을 쉽게 이해하기 위해서 하나의 예를 들겠습니다. 어떤 사람이 처음으로 무지개를 보았다고 합시다. 이 사람이 무지개의 아름다움에 빠져 있을 때는 자신이 무지개를 본다는 생각이 없습니다. 무지개와 보는 사람이 하나가 되어 있는 것입니다. 그러다가 문득 "저것이 무엇이지?" 하는 생각이 일어난다면, 이때 보는 놈(주관)과 보이는 것(객관)이 분별됩니다. "보는 놈은 나인데, 저기 보이는 것은 나 아닌 다른 것이다. 그런데 그것이 나의 눈을 통해서 보인다." 이런 의식이 나타나기 때문에 '저것이 무엇인가?'라고 생각하게 되는 것입니다.

만약에 무지개를 본 적이 있고, 그것이 무지개라는 것을 알고 있는 사람이라면, '아름다운 무지개가 있다'고 느낄 것입니다. 그러나 처음 본 사람은 무지개를 분별하여 인식하는 의식이 자신의 18계 속에 없기 때문에, '저 아름다운 것은 무엇일까?'라고 그것을 알려고 할 것입니다. 만약 무지개가 구름처럼 별 색깔이 없어서 관심이 가지 않는 것이라면 보지 못하고 지나치거나, 보았다고 하더라도 좀 이상하게 생긴 구름이 있다고 느끼고 말 것입니다. 이와 같이 12입처는 관심, 즉 욕탐이 있어야 나타납니다. 그리고 12입처가 나타나면, 12입처를 인연으로 보이는 것을 분별하려는 의식이 생깁니다. '저것은 무엇이지?'라고 생각하는 것은 바로 12입처를 인연으로 발생한 식(識)입니다. 만약 이 식이 이미 18계 안에 있다면, 그 식이 나타나서 '이것은 무지개다'라고 분별할 것입니다. 그러나 없을 때는 그것을 분별하는 의식이 새롭게 생깁니다.

무지개를 분별하는 의식이 없으면, 우리는 무지개를 보면서도 모른다고 이야기합니다. 그러나 사실은 모르는 것은 무지개가 아니라 무지개의 이름입니다. 여러 가지 색이 층을 이루고서 커다란 반원으로 하늘 높이 걸려있는 무지개의 모습은 눈을 통해 지각됩니다. 단지 그것을 무엇이라고 부르는지를 모를 뿐입니다. 그 사람은 무지개의 여러 가지 색은 알아볼 것입니다. 무지개의 색은 알아보면서도, 그것이 무엇인지를 모른다는 것은 그 사람의 안식계(眼識界) 속에는 여러 가지 색을 분별할 수 있는 안식이 있지만, 의식계(意識界) 속에는 무지개를 분별할 수 있는 의식이 없기 때문입니다.

이렇게 무지개를 분별하지 못하다가 누군가가 그 이름을 알려주면, 이때 비로소 무지개를 분별하여 알아볼 수 있는 의식이 생깁니다.

이와 같이 18계는 보고, 듣고, 생각하는 우리의 삶, 즉 업에 의해 형성되어 같은 종류끼리 계역을 형성하고 있는 의식입니다. 이 18계는 구체적인 인연이 주어지지 않으면 현실적으로 나타나지 않습니다. 그리고 이것은 하나씩은 나타나지 않고 반드시 셋이 모여서 나타납니다. 보이는 것이 없으면 보는 놈이 나타나지 않고, 보는 놈이 없으면 보이는 것이 나타나지 않으며, 보는 놈과 보이는 것이 없으면 보이는 것을 분별하는 의식이 나타나지 않습니다. 이들이 나타나는 계기는 행위, 즉 업입니다. 어떻게 보고, 어떻게 생각하느냐에 따라 각기 다른 보는 놈, 보이는 것, 이것을 분별하는 의식이 나타나 함께 화합합니다. 이것이 촉입니다. 그러니까 우리가 '있다'고 생각하고 있는 것은 모두가 촉을 인연으로 해서, 즉 업에 의해 형성된 18계가 화합한 것입니다.

촉(觸)은 모든 존재가 성립하는 근거가 되는 의식 상태입니다

———

18계라는 의식 세계 속에 있는 의식 내용을 존재 현상, 즉 '있는 것'으로 드러내는 것이 촉입니다. 그렇다면 촉을 통해서 어떤 존재들이 나타나게 될까요? 그것은 이 세상의 모든 존재입니다.

이 세상에는 수많은 존재가 있습니다. 불교에서는 이 모든 존재를 5온(五蘊)이라고 합니다. 불교에서 모든 존재를 5온이라고 하는 이유를 살펴보기 전에, 다른 종교와 사상에서는 존재를 어떻게 이야기하는지를 살펴봅시다.

모든 존재의 근본이 되는 존재는 하나라고 주장하는 이론을 일원론(一元論)이라고 하고, 근본 되는 존재가 여럿이라고 주장하는 이론을 다원론(多元論)이라고 합니다. 바라문교의 "태초에는 브라만 신만 존재하고 있었는데, 그것이 변해서 이 세상의 삼라만상이 되었다"라는 전변설이나 기독교의 창조론은 일원론이고, 4대(四大)와 같은 여러 요소들이 모여서 이 세상을 이루고 있다는 적취설은 다원론입니다.

한편 그 근본이 되는 존재가 물질이냐 정신이냐에 따라서 유물론(唯物論)과 유심론(唯心論)으로 나뉩니다. 4대와 같은 물질이 근본 존재라고 주장하는 사문들의 요소설은 유물론이고, 브라만이라는 정신적인 실체가 세계의 근본이라고 주장하는 바라문교의 전변설은 유심론이라고 할 수 있습니다.

그렇다면 불교는 어떤 입장일까요? 흔히 "우리의 몸은 4대가 모여있다가 흩어지는 것이다"라고 이야기합니다. 이런 이야기를 들은 사람들은 불교를 다원론으로 생각할지도 모릅니다. 그런가 하면 '일체유심조(一切唯心造)'라는 말을 들은 사람들은, '일체는 마음이 만들었다고 하니 불교는 일원론이다'라고 생각할지도 모릅니다. 또 4대를 이야기하고 있기 때문에 불교는 유물론이라고 생각할 사람도 있고, 마음을 이야기하고 있으므로 유심론이라고 생각하는 사람도 있을 것입니다. 그러나 불교는 일원론도 아니고, 다원론도 아니며, 유물론도 아니고, 유심론도 아닙니다.

부처님께서는 유물론이건, 유심론이건, 일원론이건, 다원론이건, 모두가 옳지 않다는 입장입니다. 부처님께서 이들 모든 이론이 옳지 않다고 하시는 이유는 촉(觸)에 있습니다. 우리가 '있다'고 하는 모든 것은 실제로 있는 것이 아니라, 18계를 인연으로 해서 생긴 촉에서 발생한 의식을 우리가 있다고 생각하고 있을 뿐입니다. 물질이건 정신이건, 그것은 모두 촉에서 생긴 것입니다.

그렇다면 우리에게 '있다'고 느껴지는 것에는 어떤 것들이 있을까요? 먼저 물질이 있다고 느껴질 것입니다. 책상, 나무, 돌, 우리의 몸, 이런 것들을 우리는 물질이라고 합니다.

다음에는 정신이 있다고 느껴질 것입니다. 그런데 정신에는 여러 가지가 있습니다.

첫째는 느끼는 정신이 있습니다. 우리는 괴로움을 느끼고, 즐거움을 느끼고, 아름다움과 추함을 느낍니다. 우리가 이렇게 느낄 수 있는 것은 느끼는 존재가 있기 때문일 것입니다. 우리는 이렇게 느끼는 존재를 감정이라고 부릅니다.

둘째는 생각하는 정신이 있습니다. 우리가 이것과 저것을 비교하고, 논리적으로 사유하고, 추리할 수 있는 것은 모두 생각하는 존재가 있기 때문일 것입니다. 이렇게 생각하는 존재를 이성이라고 합니다.

셋째는 행위를 선택하고 결정하는 정신이 있습니다. '산에 가고 싶다, 자동차를 갖고 싶다, 이 일을 해야겠다'는 등, 어떤 일을 하고 싶어 할 수 있는 것은 이렇게 행위를 선택하고 결정하는 존재가 있기 때문일 것입니다. 이것을 우리는 의지라고 부릅니다.

넷째는 사물을 분별하여 인식하는 정신이 있습니다. '이것은 꽃이다. 이것은 책상이다. 이것은 나의 몸이다. 이것은 밖에 있는 사물이다,' 이렇게 사물을 분별하여 인식할 수 있는 것은 우리에게 인식하는 존재가 있기 때문일 것입니다. 이것을 우리는 의식이라고 부릅니다.

우리가 있다고 하는 것은 이렇게 물질, 감정, 이성, 의지, 의식, 다섯 가지입니다. 이것 외에 다른 것은 없을 것입니다. 이 다섯 가지의 존재에 대하여, 우리는 물질은 물질을 구성하고 있는 물질적 요소로 되어있다고 생각하고, 감정, 이성, 의지, 의식은 우리의 정신이 가지고 있는 정신작용이라고 생각합니다. 그러니까 이 세상에는 물질적 존재와 정신적 존재가 있다고 할 수 있습니다.

불교에서는 이 다섯 가지 존재를 5온이라고 부릅니다. 불교에서 이렇게 이 세상의 모든 것은 5온이라고 이야기하기 때문에, 불교는 다섯 가지 요소를 주장한다고 생각할 수도 있습니다. 실제로 불교를 이렇게 이해하는 사람들도 있습니다. 그러나 불교는 요소설이 아닙니다. 불교에서 이 세상을 이루고 있다고 이야기하고 있는 5온은 외도들의 4대와 같은 요소가 아닙니다. 부처님께서는 5온이 우리의 외부에 실재하고 있는 다섯 가지 요소가 아니라, 18계에서 연기한 촉을 통해 '존재로 느껴지고 있는 것'이라고 말씀하셨습니다. 5온은 우리의 마음에서 연기한 것이라는 의미입니다. 그리고 이러한 5온이 연기하는 데 바탕이 되는 것을 촉(觸)이라고 하고 있습니다. 그러니까 5온은 촉입처(觸入處)에서 연기한 것입니다.

촉입처에서 5온이 곧바로 연기하는 것은 아닙니다. 촉입처에서는 5온의 질료가 되는 것들이 생깁니다. 5온은 촉입처에서 생긴 질료로 우리의 마음이 만들어낸 것입니다. 다음 장에서는 촉입처에서 어떻게 5온이 연기하는지를 살펴보겠습니다.

2
—
5온의 발생

전에 살펴본 바와 같이, 우리가 일반적으로 생각하고 있는 존재에 대한 이론에는 전변설적인 것과 적취설적인 것이 있습니다. 그러나 불교에 서는 연기설로 존재를 설명합니다. 우리가 있다고 느끼고 있는 모든 것 은 하나의 실체에서 파생되어 나온 것이거나, 여러 개의 요소가 모여서 된 것이 아니라, 12입처라고 하는 우리의 허망한 마음에서 연기한 것입 니다. 12입처에서 어떻게 우리가 존재라고 생각하는 것들이 연기하는 가를 설명하는 가운데, 이전까지는 촉이 발생하는 것까지를 살펴보았 습니다. 이제 촉에서 어떤 것들이 연기하고 있는지를 살펴보겠습니다.

　이전에 이야기했듯이, 촉은 '무엇인가가 있다'는 느낌입니다. 촉을 통해서 있다고 느끼는 것은 18계 속에 있는 것들입니다. 18계 속에는 12입처와 6식(六識)이 있습니다. 18계라는 계역(界域) 속에 있는 이들은 우리의 인식행위를 통해 화합하게 됩니다. 이것을 촉이라고 합니다. 그러니까 촉을 통해 비로소 우리의 마음속에 있는 12입처와 6식이 우리의 밖에 존재하고 있는 것으로 느껴지는 것입니다. 예를 들면, 책상이 있다고 느끼는 것은, 책을 놓고 보기에 적합한 모양의 사물을 볼 때 12입처의 내입처와 외입처가 6식의 책상을 분별하는 의식과 화합함으로써 그렇게 느끼는 것입니다.

먼저 눈으로 형태를 보면 책상의 모습이 있다고 느껴집니다. 손으로 만져보면 책상의 강도와 매끄러운 정도가 있다고 느껴집니다. 그리고 이러한 책상의 모습과 감촉 등을 종합하여 마음으로 판단함으로써 책상이 있다고 느낍니다. 이렇게 보고, 듣고, 냄새 맡고, 맛보고, 만져보아서 있다고 느껴지는 것을 부처님께서는 색(色)이라고 부릅니다. 색은 이렇게 우리에게 보이고, 들리고, 냄새나고, 맛이 나고, 만져지는 것입니다. 따라서 색은 촉을 통해서 있다고 느껴진 것이라고 할 수 있습니다.

그런데 이러한 색을 대부분 물질이라고 이해하고 있습니다. 그러나 부처님께서 말씀하시는 색은 엄밀한 의미에서 물질이 아닙니다. 물질은 공간 속에 일정한 크기를 가지고 실재하는 존재를 의미합니다. 그런데 앞에서 살펴보았듯이, 부처님의 연기설에 의하면 모든 존재는 마음에서 연기한 것이지 외부의 공간에 실재하는 사물이 아닙니다. 따라서 '색'을 '물질'이라고 이해하는 것은 바른 이해가 아닙니다.

우리는 색이 인식되면, 색을 인식하는 존재도 있다고 느낍니다. 책상만 있다고 느끼는 것이 아니라 책상을 보고 만지는 놈도 있다고 생각하는 것입니다. 보는 놈은 눈이고, 듣는 놈은 귀이고, 만지는 놈은 몸이라고 생각합니다. 그리고 이렇게 보고, 듣고, 만지는 놈도 색입니다. 우리는 눈, 코, 귀, 혀, 몸을 우리의 육체라고 생각하고 있는데, 색은 이러한 우리의 육체를 의미합니다. 따라서 색은 12입처 가운데 의(意)와 법(法)을 제외한 안·이·비·설·신과 색·성·향·미·촉, 열 가지가 촉을 통해서 '존재로 느껴지고 있는 것'이라고 할 수 있습니다.

12입처의 의와 법은 색이라고는 할 수 없습니다. 의는 전에 말씀드린 바와 같이 감각적으로 인식한 내용을 종합하여 사물을 인식할 수 있는 궤범, 즉 법을 만드는 우리의 마음이고, 법은 마음에 의해서 만들어진 궤범이기 때문입니다.

한편 6식은 촉을 통해 '인식하는 존재'로 느껴집니다. 우리는 인식하는 존재가 있으므로 색을 인식한다고 생각하는 것입니다. 즉 눈을 통해서 색을 인식하고 있는 것은 안식(眼識)이고, 마음을 통해 법을 인식하고 있는 것은 의식(意識)이라고 생각하고 있는 것입니다. 이와 같이 우리가 의식이라고 생각하는 것은 18계 속의 6식입니다.

이와 같이 촉을 통해서 존재로 느껴지고 있는 것은 색(色)과 식(識)입니다. 그러나 우리가 존재로 생각하고 있는 것은 18계 속에 있는 것만은 아닙니다. 우리가 '존재한다'고 생각하고 있는 것은, 앞에서 살펴본 바와 같이, 색과 식 이외에도 감정, 이성, 의지가 있습니다.

18계 속에 없는 감정, 이성, 의지 같은 것을 존재한다고 느끼는 까닭은 어디에 있을까요? 그것은 촉을 통해서 새로운 의식이 발생하기 때문입니다. 색과 식은 촉을 통해서 18계라고 하는 의식 내부에 있는 것들이 밖에 존재하고 있는 것처럼 느껴진 것들인데, 이렇게 색과 식이 존재하는 것으로 느껴지면, 이 느낌을 통해서, 즉 촉을 인연으로 해서 새로운 의식들이 나타납니다. 『잡아함경』306은 이것을 설명하고 있습니다.

"두 법(法)이 있나니 안(眼)과 색(色)이 두 법이다. 안과 색을 연하여 안식이 생기고, 이들 셋[三事]의 화합이 촉이다. 촉(觸)에서 수(受)·상(想)·사(思)가 함께 생긴다. 이것이 네 가지 무색음(無色陰)이다. 안과 색 그리고 이들 법을 사람이라고 하면서, 이들 법에서 사람이란 생각, 중생이라는 생각, 인간계라는 생각, 어린이라는 생각 등을 하여 다음과 같이 말한다. 내가 눈으로 색을 보고, 내가 귀로 소리를 듣고, 내가 마음으로 법을 인식한다. 또 이렇게 말한다. '이 존자는 이름은 이러하고, 성은 이러한데 이렇게 살다가 이렇게 죽었다.'"

우리의 감정, 이성, 의지를 불교에서는 수(受)·상(想)·사(思)라고 합니다. 이 경에서는 촉에서 수·상·사가 생긴다고 하고 있습니다. 수·상·사는 5온의 수, 상, 행(行)에 해당합니다. 그러니까 촉을 통해서 18계 속의 12입처와 6식은 5온의 색과 식이 되고, 촉을 통해서 새롭게 생긴 수·상·사는 5온의 수, 상, 행이 되는 것입니다. 이와 같이 촉을 통해서 5온이 발생합니다. 그러나 촉을 통해서 발생한 '있다는 느낌들'이 곧 5온은 아닙니다. 촉을 통해서 발생한 것은 5온의 질료가 되는 것들입니다. 5온은 이들 의식이 발생하여 활동함으로써 이루어집니다. 아무튼 5온이 형성되는 것은 뒤에 살펴보기로 하고, 촉에서 수·상·사가 생긴다는 것은 구체적으로 무엇을 의미하는지 알아봅시다.

하나의 예를 들어봅시다. 정원에 피어있는 장미를 본다고 합시다. '정원에 장미가 피어있다'고 생각한다면, 그것은 촉, 즉 '장미가 있다'는 느낌이 생긴 것입니다.

장미를 보면 우리에게 아름답다는 느낌이 생길 것입니다. 이렇게 '이것은 아름답다'거나 '이것은 보기 싫다'고 어떤 감정을 느끼는 것을 수(受)라고 합니다. 이러한 수는 촉에서 생긴 것입니다. 만약 장미가 있다는 느낌이 없으면 그 장미가 아름답다는 느낌이 생길 수 없기 때문입니다.

장미를 보고서 아름답다고 느끼는 것만은 아닙니다. '이 장미는 보통 장미보다 더 붉고, 더 크다'라고도 생각할 것입니다. 이렇게 다른 것과 비교하는 것을 상(想)이라고 합니다. 이러한 상도 장미가 있다고 느끼기 때문에 생긴 것입니다. 따라서 상도 촉에서 생긴 것입니다.

한편, 장미를 보고 '이것을 꺾어 꽃병에 꽂아놓고 보고 싶다'는 생각도 들 것입니다. 이렇게 어떤 것을 가지고 무엇인가를 하고 싶다는 생각이 드는 것을 사(思)라고 합니다. 따라서 사도 촉에서 생긴 것입니다. 장미가 있다고 느끼지 못했다면 장미를 꺾어다가 병에 꽂아둘 생각이 들 수는 없을 것이기 때문입니다.

이렇게 수·상·사, 즉 우리의 감정, 이성, 의지는 촉에서 생긴 것입니다. 그런데 우리는 감정[受]과 이성[想]과 의지[思]가 생기면, 이것들이 우리의 몸속에 본래부터 존재하고 있다고 생각합니다. 예를 들면, 어떤 것을 보고 느낌이 생기면 아름다움과 추함, 즐거움과 괴로움을 느끼는 감정이 우리 몸속에 존재하고 있다가 아름다운 꽃을 보면 아름답다고 느끼고, 마음에 들지 않는 것을 보면 괴롭게 느낀다고 생각합니다.

그러나 우리의 몸속에 미추와 고락을 느끼는 감정이 본래부터 있다가, 즐거운 것을 보면 즐겁게 느끼고, 괴로운 것을 보면 괴롭게 느끼는 것이 아닙니다. 아무리 맛있는 음식도 배가 부를 때 먹으면 괴롭습니다. 만약 고락을 느끼는 감정이 존재하고 있다면, 맛있는 것은 언제 먹어도 즐거워야 할 것입니다. 그러나 배고플 때는 맛없는 것을 먹어도 즐겁고, 배부를 때는 아무리 맛있는 음식을 먹어도 괴롭다는 것은 고락을 느끼는 감정이 몸속에 실체적으로 존재하고 있는 것이 아니라는 것을 증명합니다. 그렇다고 감정이 없다는 것은 아닙니다. 단지 감정은 촉에서 생긴 것이지 본래부터 우리의 몸속에 존재하고 있는 실체가 아니라는 것입니다.

이성도 마찬가지입니다. 10여 평의 작은 집에서 살 때는 20여 평의 집만 보아도 크다고 생각합니다. 그러나 30여 평의 집에 살다가 20여 평의 집을 보게 되면 작다고 생각합니다. 의지도 마찬가지입니다. 어제 하고 싶던 일이 오늘은 하기 싫고, 어제는 하기 싫은 일이 오늘은 하고 싶기도 합니다. 따라서 이성이나 의지가 우리의 몸속에 본래부터 존재하고 있다는 것은 우리의 착각이라고 하지 않을 수 없습니다.

그런데 우리는 이렇게 촉에서 생긴 것을 본래부터 존재하고 있다고 생각하여, 육체·감정·이성·의지·의식을 본래부터 가지고 있다고 믿고 있습니다. 그래서 이런 것을 가지고 인간이라고 부르고, 그 사람은 몸이 어떻고, 감정이 어떻고, 이성이나, 의지나 의식이 어떻다고 이야기합니다.

우리가 자신의 존재라고 주장하고 있는 것들은 촉에서 생긴 5온에 지나지 않습니다. 그리고 5온은 촉에 따라서 무상하게 변화하는 허망한 것입니다. 그런데 우리는 5온이 존재하고 있다고 믿기 때문에, 그 5온을 '나'라고 하면서, '내가 세상에 태어나서 죽는다'는 허망한 생각에 빠져있습니다. '나는 지금까지 몇 년을 살았다'라고 생각하지만, 5온 가운데 그동안 존재하고 있는 것은 아무것도 없습니다. 나라고 생각하는 5온은 인연 따라서 촉에서 생겼다가 간 곳이 없이 사라지는 무상한 것들입니다. 그런데 우리는 이 무상한 것을 '나'라고 믿고 있기 때문에, '내가 태어나서, 늙고, 병들어, 죽어간다'는 생각 속에서 온갖 괴로움을 느끼는 것입니다. 그래서 부처님께서는 여러 경전 속에서 다음과 같이 말씀하십니다.

"색(色)은 무상하다. 무상하기 때문에 괴로움을 주는 것이다. 이렇게 괴로움을 주는 것은 '나'가 아니다. '나'가 아닌 것은 '나의 것'도 아니다. 이와 같이 관찰하는 것을 참된 바른 관찰이라고 한다. 이처럼 수(受)·상(想)·행(行)·식(識)도 무상하다."

또 이렇게 말씀하십니다.

"마땅히 색을 무상하다고 관찰해야 한다. 이와 같이 관찰하는 사람이 바르게 관찰한 것이다. 바르게 관찰한 사람은 색을 싫어하게 되고, 싫어하는 사람은 그것을 즐기려는 욕탐이 없어진다. 그것을 즐기려는 욕탐이 없어진 사람을 마음이 해탈했다고 한다. 이처럼 수·상·행·식도 무상하다."

우리가 '나와 세계'를 구성하고 있다고 생각하고 있는 5온은 이렇게 촉에서 생긴 무상한 것입니다. 따라서 촉을 없애야만 해탈이 있고, 열반의 성취가 있습니다. 그리고 해탈과 열반을 성취하기 위해서는 촉이 어떻게 생기고, 촉에서 어떤 것이 생기는지를 바르게 알아야 합니다.

3
—

5온의 질료

촉을 인연으로 연기한 허망한 생각들이 모여서 5온으로 형성됩니다

———

　　　　　　우리가 '나와 세계'를 이루고 있다고 생각하고 있는 5
온은 촉에서 발생한 의식들이 모인 것입니다. 앞에서 말씀드린 바와 같
이, 18계 속에 있는 우리의 의식들은 촉이 발생함으로써 존재로 느껴
집니다. 다시 말하면 18계가 촉을 통해서 색(色)과 식(識)으로 느껴지는
데, 6계(六界)는 이러한 색과 식이 같은 종류끼리 모여서 계역을 이루고
있는 것을 의미합니다.

　　6계는 지(地)·수(受)·화(火)·풍(風)·공(空)·식(識)을 의미합니다. 당
시의 인도에서는 물질은 지·수·화·풍 4대(四大)로 이루어졌다고 생각
했습니다. 따라서 물질은 4대라고 할 수 있습니다. 그리고 물질은 공간

속에 존재합니다. 따라서 공간도 존재한다고 생각하지 않을 수 없습니다. 한편 정신은 의식이라고 할 수 있습니다.

6계(六界)는 부처님 당시의 인도 사람들이 생각하고 있던 존재의 종류들입니다

———

요즈음 사람들은 물질은 160여 종류의 원자로 구성되어 있다고 생각하고 있으므로 부처님께서 현대인을 상대로 말씀하셨다면 6계라고 말씀하시지 않고 160계라고 말씀하셨을 것입니다.

아무튼 6계는 이렇게 사람들이 존재를 구성하는 요소로 생각하고 있는 것들을 의미합니다. 그리고 이 6계는 18계에서 촉이 발생하여 18계를 존재로 느낌으로써 우리가 갖게 된 존재의 세계입니다. 18계가 의식의 세계라면, 6계는 존재의 세계라고 할 수 있습니다. 그리고 촉은 구체적인 경험 속에서 18계라는 의식의 세계를 6계라는 존재의 세계로 드러내는 우리의 마음 상태라고 할 수 있습니다. 촉을 통해 이렇게 의식의 세계가 존재의 세계로 느껴지면, 그 존재에 대하여 고락(苦樂)을 느끼게 되고, 그 존재에 대하여 사유하게 되고, 그 존재를 어떻게 할 것인가를 생각하게 됩니다. 이것을 부처님께서는 촉을 연하여 수(受)·상(想)·사(思)가 함께 생긴다고 하신 것입니다.

5온은 촉을 통해 존재로 느껴진 6계와 촉에서 새롭게 발생한 수·상·사를 질료로 하여 구체적인 존재로 구성된 것입니다. 따라서 6계와 촉에서 생긴 수·상·사는 5온의 질료라고 할 수 있습니다. 이제 촉을 통해 성립한 6계와 수·상·사라는 의식이 어떻게 5온의 질료가 되는지를 살펴봅시다.

6계와 수·상·사가 질료가 되어 5온으로 성립되는 것을 알아보기 위해서는 5온의 순서를 살펴보아야 합니다. 5온은 색(色)·수(受)·상(想)·행(行)·식(識)의 순서로 설해지고 있습니다. 우리는 이러한 5온의 순서를 대수롭지 않게 생각하기 쉽습니다. 5온은 다섯 가지 존재를 의미하기 때문에 순서는 의미가 없을 것이라고 생각하기 쉽습니다. 그러나 5온의 순서에는 매우 큰 의미가 있습니다. 5온의 순서는 6계와 수·상·사라고 하는 5온의 질료가 5온으로 성립되는 과정을 보여주고 있기 때문입니다.

5온의 순서를 보면 식(識)이 맨 뒤에 있습니다. 우리가 지금까지 살펴본 바에 의하면, 식은 12입처를 인연으로 생긴 것입니다. 그러므로 식은 촉을 통해 새롭게 발생한 수·상·사를 의미하는 5온의 수, 상, 행보다 먼저 생긴 것이라고 할 수 있습니다. 따라서 5온이 발생한 순서대로 5온의 순서가 정해졌다고 한다면, 5온의 순서는 색, 식, 수, 상, 행이 되어야 할 것입니다. 그런데 5온에서 식은 맨 뒤에 있습니다.

식은 12입처를 인연으로 발생한 분별심입니다. 촉을 통해서 18계라고 하는 의식의 세계를 6계라고 하는 존재의 세계로 인식하는 것도 사실은 식입니다. 그리고 촉을 통해서 새롭게 발생한 수·상·사라는 의식을 5온의 수, 상, 행이라는 존재로 인식하는 것도 식입니다. 이렇게 식은 우리의 의식현상을 존재로 인식하면서 인식하는 자신까지도 인식하는 존재로 인식하게 됩니다. 식은 다른 것을 대상으로 인식함으로써 대상을 인식하는 자신도 존재라고 인식하게 되는 것입니다. 따라서 식이 자신을 존재로 인식하게 되는 것은 다른 것들을 존재로 인식한 후가 된다고 할 수 있습니다. 5온의 식은 이렇게 식에 의해서 존재로 인식

된 식입니다. 그러므로 식이 존재로 인식되는 것은 맨 마지막이 된다고
할 수 있습니다.

『쌍윳따 니까야』 12.64는 이것을 이야기하고 있습니다.

비구들이여, 태어난 중생을 유지시키고, 태어나려고 하는 중생을 태
어나도록 돕는 네 가지 음식[四食]이 있다. 네 가지는 어떤 것인가? 첫
째는 거칠거나 부드러운 단식(摶食)이고, 둘째는 촉식(觸食)이며, 셋째
는 의사식(意思食)이고, 넷째는 식식(識食)이다.

비구들이여, 만약 단식(摶食) (촉식(觸食), 의사식(意思食), 식식(識食)에
탐욕이 있고, 좋아하는 마음이 있고, 갈애(渴愛; taṇhā)가 있으면, 그곳
에 식(識)이 안주(安住)하여 성장한다. 식(識)이 안주하여 성장할 때,
그때 명색(名色)이 출현한다. 명색(名色)이 출현할 때, 그때 행(行)들이
증가한다. 행(行)들이 증가할 때, 그때 미래에 새로운 존재가 생긴다.
미래에 새로운 존재가 생길 때, 그때 미래에 생(生), 노(老), 사(死)가 있
다. 비구들이여, 미래에 생(生), 노(老), 사(死)가 있을 때, 슬픔이 있고,
근심이 있고, 고뇌가 있다고 나는 이야기한다.

이 경에서 이야기하는 명색(名色)이란 식(識)에 의해서 존재로 인식된
것을 의미합니다. 일반적으로 명색을 정신과 물질을 의미한다고 이야
기하는데, 이것은 매우 잘못된 이해입니다. 명색은 '이름'을 의미하는
'nāma'와 '형태'를 의미하는 'rūpa'의 번역어인데, 문자 그대로 이름과
형태를 의미할 뿐, 결코 정신과 물질을 의미하지 않습니다.

우리가 존재로 인식하는 모든 것은 이름[名]과 형태[色]를 지니고
있습니다. 책상은 책상이라는 이름과 책상의 모습을 가지고 있습니다.

만약 우리의 마음에 책상의 이름이 없다면 우리는 책상을 존재로 인식하지 못할 것입니다. 아프리카의 부시맨과 같이 석기시대의 생활을 하는 책상을 모르는 사람들은 책상을 본다고 해도 그것을 책상으로 인식하지 못할 것입니다. 그 까닭은 이들의 마음속에는 책상이라는 개념, 즉 이름과 이에 상응하는 책상의 모습이 없기 때문입니다.

우리가 존재로 인식하는 것은 이렇게 우리의 마음속에 존재로 인식된 것의 이름과 모습, 즉 명색이 있기 때문입니다. 이 경에서는 우리의 마음에 이러한 명색이 생기는 까닭은 우리가 네 가지 음식에 대하여 이것을 좋아하고 탐내는 마음, 즉 희탐(喜貪)을 가질 때 식이 사라지지 않고 머물면서 커가기 때문이라고 하고 있습니다. 그리고 식이 사라지지 않고 머물면서 커가기 때문에 미래에 새로운 존재가 생긴다고 하고 있습니다. 여기에서 말하는 새로운 존재는 새로운 자기 존재입니다. 이러한 새로운 자기 존재가 생길 때 그 자기 존재가 미래에 태어나서 늙고 병들어 죽어간다는 것입니다.

우리가 생사의 세계에 윤회하는 것은 식이 사라지지 않고 머물면서 커감으로써 거짓된 '나'라고 하는 존재가 계속해서 만들어지기 때문입니다. 식은 이렇게 생사윤회의 근본입니다. 불교에서 윤회의 근본을 식이라고 하는 것은 이런 이유 때문입니다. 그런데 이것을 잘못 이해하면, 식이라는 실체가 본래부터 존재하면서 죽지 않고 생사윤회를 거듭한다고 생각하기 쉽습니다. 불교를 오해하는 것은 이렇게 식을 잘못 이해하기 때문입니다. 이 문제는 다음에 자세하게 살펴보겠습니다.

중생들은 나라고 하는 존재가 세상에 태어나서 죽는다고 생각합니다. 이 경에서는 이런 생각을 지니도록 하는 것은 네 가지 음식이 있기 때문이라고 하고 있습니다. 여기에서 이야기하고 있는 네 가지 음식, 즉 단식(摶食), 촉식(觸食), 의사식(意思食), 식식(識食)은 구체적으로 어떤 것일까요?

단식(摶食)은 원어로는 'kabaliṅkāra-āhāra'인데 'kabaliṅkāra'는 '덩어리로 된'이라는 의미의 형용사이고, 'āhāra'는 '영양분' 또는 '음식'의 의미입니다. 그러니까 단식은 '덩어리로 된 음식'이라는 의미입니다. 우리가 먹는 음식은 모두 덩어리로 되어있습니다. 밥 덩어리, 고깃 덩어리, 이런 것들이 음식입니다. 그러니까 단식은 음식물을 의미한다고 할 수 있습니다. 우리의 몸은 이들 음식물을 섭취함으로써 이루어지고 유지되고 자라납니다. 그런데 우리는 이 몸을 '나'라고 생각합니다. 이 몸이 세상에 태어나서 늙고 병들어 죽는다고 생각하는 것이 중생인 것입니다. 따라서 이 경에서는 단식이 중생을 유지시키고, 새로운 중생이 생기도록 한다고 하고 있는 것입니다.

여기에서 이야기하는 단식(摶食)은 단순하게 음식물을 의미하는 것이 아닙니다. 만약에 음식물을 취하여 중생이 유지된다면, 중생에서 벗어나기 위해서는 음식물을 취하지 않아야 할 것입니다. 우리가 중생에서 벗어나기 위해서는 음식을 먹지 않고 굶어야 할까요? 그렇지 않습니다. 우리가 먹는 음식을 당시의 사람들은 지수화풍(地水火風) 4대가 모여서 이루어진 것이라고 생각했습니다. 연기설의 입장에서 보면 4대(四大)는 물질을 구성하는 요소가 아니라 촉을 통해 존재로 느껴지고 있는 것들입니다. 그러나 중생들은 이것을 알지 못하고 그것이 실재한다고 믿습니다. 그래서 그것들로 이루어진 음식을 먹음으로써 유지되고 있는 몸도 실재하는 것이라고 믿고 있기 때문에 몸을 '나'의 존재라고 생각하는 것입니다. 따라서 단식은 6계 가운데 지, 수, 화, 풍 네 가지 계(界)를 의미한다고 할 수 있습니다.

두 번째 음식인 촉식(觸食)은 'phassa-āhāra'의 한역인데, 'phassa'는 18계를 인연으로 생긴 촉(觸)입니다. 따라서 촉식은 '무엇인가가 있다는 느낌' 즉 촉을 의미합니다.

세 번째 음식인 의사식(意思食)은 'manosañcetana-āhāra'의 번역입니다. manosañcetana'는 마음, 즉 6입처의 의(意)를 의미하는 'mano'와 생각, 사유, 지각, 의도를 의미하는 'sañcetana'가 합쳐진 말입니다. 따라서 의사식은 중생의 마음, 즉 의로 행하는 지각과 사유, 의도를 의미한다고 할 수 있습니다. 전에 살펴본 바와 같이 촉에서 발생한 수·상·사는 지각, 사유, 의도를 의미합니다. 따라서 의사식은 수·상·사를 의미합니다.

네 번째 음식인 식식(識食)은 'viññāṇa-āhāra'인데 'viññāṇa'는 6계의 식(識)을 의미합니다. 따라서 식식은 6계의 식을 의미합니다.

이와 같이 네 가지 음식은 6계의 지·수·화·풍과 촉(觸) 그리고 촉에서 생긴 수(受)·상(想)·사(思)와 6계의 식을 의미합니다. 그렇다면 왜 부처님께서는 이들을 음식이라고 했을까요?

전에 살펴본 바와 같이, 우리가 '나'의 존재라고 생각하고 있는 것은 색, 수, 상, 행, 식, 즉 5온입니다. 우리는 육체, 감정, 이성, 의지, 의식, 다섯 가지를 '나'의 존재라고 생각하고 있는 것입니다. 우리는 이 다섯 가지 자신의 존재가 태어나서 죽을 때까지 변함없이 존재하고 있다고 생각합니다. 그러나 자신의 존재라고 생각하고 있는 5온은 태어나서 죽을 때까지 변함없이 존재하고 있는 것이 아니라, 촉에서 생긴 6계와 수·상·사를 우리가 끊임없이 취하여 자신의 존재라고 생각하고 있는 망상 덩어리입니다. 우리가 몸을 변함없이 존재하고 있다고 생각하는 것은 음식물을 계속 섭취하기 때문입니다. 감정이나 의지도 마찬가지입니다. 촉에서 생긴 수·상·사를 계속하여 취하고 있기 때문에, 그것을 자신의 존재라고 인식하게 된 것입니다. 그리고 이것을 존재로 인식하는 가운데 생기는 식(識)을 끊임없이 취하여, 그것을 몸속에 있는 의식이라고 생각하고 있는 것이 중생입니다. 이렇게 우리가 자신의 존재라고 생각하고 있는 5온은 촉에서 생긴 5온의 질료를 취한 결과 이루어진 것입니다. 나무가 수분이나 자양분을 취하여 존재하고 자라나듯이, 5온은 6계와 수·상·사를 자양분으로 취하여 존재하면서 자라나고 있습니다. 이렇게 6계와 수·상·사는 5온을 존재하게 하고 자라나게 하는 자양분과 같기 때문에 음식이라고 부르는 것입니다.

4

식온(識蘊)의 성립

우리가 중생의 상태에서 벗어나지 못하고 있는 것은 단식(摶食), 촉식 (觸食), 의사식(意思食), 식식(識食)이라는 네 가지 음식을 취하고 있기 때문입니다. 이 네 가지 음식을 탐내어 좋아하면 식(識)이 사라지지 않고 머물면서 커가고, 이렇게 식이 커갈 때 명색(名色)이 나타나며, 명색이 나타날 때, 행(行)이 자라나고, 행이 자라날 때 미래의 자신의 존재가 생기며, 이 미래의 자신의 존재가 늙고 병들어 죽는다고 생각하기 때문에 생사윤회의 괴로움이 계속된다는 것이 이전에 소개한 『쌍윳따 니까야』12. 64의 내용입니다.

앞에서는 네 가지 음식 가운데, 단식은 6계의 지, 수, 화, 풍을 의미하고, 촉식은 18계를 인연으로 생긴 촉을 의미하며, 의사식은 촉에서 발생한 수·상·사를 의미하고, 식식은 6계의 식을 의미한다는 것을 이야기했습니다. 이제 이 네 가지 음식에 대하여, 이것을 즐기고 탐내면 왜 식이 사라지지 않고 머물면서 커 가는 것인지, 식이 커 가면 왜 명색이 나타나게 되는 것인지, 명색이 나타나면 왜 행이 자라나는 것인지, 행이 자라나면 왜 미래의 자신의 존재가 자라나게 되는 것인지, 미래의 자신의 존재가 어떻게 태어나서 늙고 병들어 죽어 가게 되는 것인지를 살펴보겠습니다.

먼저 네 가지 음식을 탐내어 좋아하면 식이 사라지지 않고 머물면서 커간다고 하는 말씀에 어떤 의미가 있는지를 살펴봅시다. 식은 사물을 분별하여 인식하는 분별의식인데 이것은 12입처를 인연으로 생긴 것입니다. 그런데 우리는 이 식이 우리의 몸이나 마음속에 변함없이 존재하고 있다고 믿고 있습니다. 이렇게 우리의 믿음 속에서 사라지지 않고 머무는 것을 부처님께서는 식이 머물고 있다고 말씀하신 것입니다. 이 식은 머물고만 있는 것이 아닙니다. 우리가 살아가는 동안 끊임없이 생기는 이 식은 우리의 마음속에서 성장합니다. 어릴 때는 좁은 세계를 인식하지만, 어른이 되면 폭넓은 인식을 하게 되는 것은 식이 성장하기 때문입니다. 이렇게 우리의 삶을 통해 의식 세계가 성장하는 것을 부처님께서는 식이 커간다고 말씀하신 것입니다.

그렇다면 우리의 의식 세계는 왜 성장하는 것일까요? 그것은 우리가 삶을 통해 끊임없이 새로운 인식을 함으로써, 삶을 통해 얻은 지식이 마음속에 축적되기 때문입니다. 부처님께서는 이렇게 삶을 통해 축적되는 지식을 부정하지는 않습니다. 다만 잘못된 지식이 축적되는 것을 막아야 한다고 하신 것입니다. 이 경에서 부처님께서는 잘못된 지식이 축적된 의식 세계를 식이라고 부르고 있습니다. 그리고 이러한 식이 사라지지 않고 자라나는 것을 이 경에서 이야기하고 있는 것입니다.

우리는 음식을 먹고, 밖에 존재하는 것을 대상으로 느끼고, 생각하고, 그 대상에 대하여 의도를 가지고 행동하면서, 그 대상을 인식하며 살아갑니다. 이러한 삶은 일회적이 아니라 끊임없이 지속됩니다. 날마다 먹고, 느끼고, 생각하고, 행동하고, 인식하는 것이 우리의 삶입니다. 우리는 이러한 삶을 몸과 감정과 이성과 의지와 의식으로 이루어진 나라고 하는 존재가 외부에 존재하는 음식을 몸으로 먹고, 외부에 존재하는 즐겁거나 괴로운 대상을 감정으로 느끼고, 길거나 짧은 대상을 이성으로 판단하고, 좋거나 나쁜 일을 의지로 선택하면서, 외부의 존재를 인식하는 것이라고 생각합니다. 그러나 지금까지 이야기했듯이, 자신의 존재나 외부의 존재는 촉을 통해 느끼고 있는 허망한 것입니다. 이렇게 허망한 것을 참된 존재로 인식하는 것이 중생들의 식입니다. 그러니까 식은 음식을 먹고, 촉을 통해서 외부에 사물이 존재한다고 생각하고, 그 존재에 대하여 느끼고, 생각하고, 의도하고, 인식함으로써 성장하고 있다고 할 수 있습니다. 그런데 우리가 먹는 음식은 우리가 좋아하는 것입니다. 그리고 느끼고, 생각하고, 의도하고, 인식하는 것도 우리에게 그것에 대한 욕구가 있을 때 나타나는 현상입니다. 욕구가 다르면, 느끼고, 생각하고, 의도하고, 인식하는 것도 달라집니다. 그래서 부처님께서는 네 가지 음식에 대하여 좋아하고 탐내면, 식이 사라지지 않고 머물면서 커간다고 말씀하신 것입니다.

이제 식이 자라날 때 명색이 나타난다는 말씀의 의미를 생각해 봅시다. 명색은 이전에 이야기했듯이 존재를 인식하는 이름과 형태를 의미합니다. 우리는 이름과 형태로 사물을 인식합니다. 따라서 명색이 나타난다는 것은 식이 늘어남으로써 사물로 인식하게 될 이름과 형태가 나타나는 것을 의미합니다. 다시 말해서, 식을 자라나게 하는 네 가지 음식이 식의 성장과 함께 이름과 형태를 지니게 된다는 것입니다. 우리가 이름과 형태를 지닌 존재로 인식하는 모든 사물은 이렇게 식의 성장을 통해 나타난 것입니다.

전에 들었던 무지개의 비유를 다시 한번 생각해 봅시다. 무지개를 처음 보았을 때는 무지개를 분별하는 의식이 없습니다. 그러다가 누군가가 그것의 이름이 무지개라는 것을 알려주면, 무지개를 분별하여 인식하는 의식이 새롭게 생깁니다. 즉 식이 늘어납니다. 이렇게 식이 늘어나면, 여러 가지 색이 층을 이루는 반원의 형태에 대하여 '무지개'라는 이름으로 무지개라는 존재를 인식할 수 있게 됩니다. 이와 같이 우리가 인식하는 모든 존재는 이름과 형태, 즉 명색입니다.

이와 같이 식이 머물면서 자라날 때 명색이 나타난다는 말은, 식이 머물면서 자라나기 때문에, 중생들이 이름과 형태로 된 허망한 존재의 세계로 빠져들고 있다는 것을 의미합니다. 여기에서 우리가 주목해야 할 것은, 자신의 존재나 세계의 존재와 같은 존재의 세계를 허구적으로 만드는 주도적인 역할을 하는 것이 식이라는 사실입니다. 즉 5온은 식에 의해 성립된다는 것입니다. 촉을 통해 '있다'고 느껴질 뿐, 아직 구체적인 존재로 인식되고 있지 않은 6계와 수(受)·상(想)·사(思)는 식을 통해 이름과 형태를 지닌 구체적인 존재로 인식되는 것입니다. 그러니까 식이 네 가지 음식에 의해 성장하면서 이들을 이름과 형태를 지닌 인식의 대상으로 인식하는 것입니다.

5온은 이렇게 식에 의해 실재하는 대상으로 인식된 '자신의 존재'와 '세계의 존재'입니다. 식은 이렇게 촉을 통해 형성된 의식을 대상으로 인식하면서, 인식하는 자신까지 대상화합니다. 우리가 '대상을 인식하는 의식이 존재한다'고 하는 것은 식이 대상을 인식하면서, 대상을 인식하는 식(識) 자신도 대상으로 인식하기 때문입니다. 우리는 이러한 의식을 다른 무엇보다 더 확실한 존재로 생각합니다. 만약 인식하는 존재인 의식이 없다면 어떻게 다른 것을 인식할 수 있겠느냐고 생각하는 것입니다. 그래서 식을 죽지 않고 윤회하는 영혼이라고 생각하는 사람도 있게 되는 것입니다. 마치 데카르트가 모든 것을 의심하고 나서, 의심하고 있는 의식은 의문의 여지 없이 존재한다고 생각했던 것처럼 말입니다.

식이 자신을 인식의 대상으로 인식할 수 있는 것은 다른 대상을 인식하기 때문입니다. 인식의 대상이 없다면, 그것을 인식하는 의식은 있을 수 없습니다. 식이 존재로 인식되기 위해서는 반드시 인식되는 대상이 먼저 있어야 합니다. 이렇게 대상을 인식한 식이 자신을 대상으로 인식함으로써 성립한 것이 5온의 식온(識蘊)입니다. 따라서 5온이 성립한 순서로 본다면 식온이 맨 마지막이 되는 것입니다. 5온의 순서는 이렇게 5온이 성립하는 순서를 보여줍니다.

지금까지 5온이 성립되는 과정을 살펴보았습니다만, 5온의 성립을 완전히 살펴본 것은 아닙니다. 지금까지는 5온의 순서 가운데 식이 왜 맨 마지막에 성립하게 되는가를 살펴본 것입니다. 5온이 어떻게 성립하는가를 바르게 아는 것은 12연기의 이해와 이에 따른 불교의 수행에 바탕이 됩니다. 5온에 대한 바른 이해가 없이는 12연기도 바르게 이해할 수 없고, 수행도 바르게 할 수가 없기 때문입니다.

5

—

5온의 성립 순서

5온의 순서는 5온이 성립하는 순서를 보여줍니다

———

먼저 색이 맨 앞에 있는 이유를 살펴보도록 하겠습니다. 우리의 삶을 관찰해보면, 우리는 보고, 듣고, 냄새 맡고, 맛보고, 만지면서 색깔과 모습, 소리, 향기, 맛, 촉감을 지각합니다. 이러한 지각이 생기면, 보는 것은 나의 눈이고, 보이는 것은 외부의 색이며, 듣는 것은 나의 귀이고, 들리는 것은 외부의 소리이며, 만지는 것은 나의 몸이고, 만져지는 것은 외부의 사물이라고 생각하게 됩니다. 이렇게 생각하면서 눈, 귀, 코, 혀, 몸으로 외부의 사물을 인식하는 것은 나의 마음이고, 이 마음으로 인식되는 것은 외부의 사물이라고 생각합니다. 그리고 눈, 귀, 코, 혀, 몸은 4대(四大)로 이루어지고 형태를 지닌 나의 육체이고, 색깔, 소리, 냄새, 맛, 촉감은 4대로 이루어지고 형태를 지닌 외부의 사물이라고 생각합니다. 그러니까 12입처 가운데, 안·이·비·설·신은 나의 몸을 이루고 있는 존재로 인식되고, 색·성·향·미·촉은 외부의 사물을 이루고 있는 존재로 인식되는 것입니다. 이렇게 나의 몸과 외부의 사물로 인식된 것이 5온(五蘊)의 색(色)입니다. 이와 같이 맨 처음 존재로 인식된 것은 색온(色蘊)이므로 색온이 5온의 맨 앞에 있습니다.

우리의 마음이 이렇게 나의 몸이 공간 속에서 외부의 사물을 지각하고 있다고 생각함으로써, 이 물질에 대하여 자신의 몸에 이로운 것은 즐겁고 아름답게 느끼고, 해로운 것은 괴롭고 보기 싫다고 느끼게 됩니다. 그리고 이것을 다른 것과 비교하여 사유하고, 이것에 대하여 의도를 갖게 됩니다. 이것을 경전에서 촉에서 수(受)·상(想)·사(思)가 생긴다고 한 것입니다.

느낌[受]과 사유[想]와 의도[思]는 이렇게 외부에 사물이 존재한다는 느낌, 즉 촉에서 함께 생기는 것이기는 하지만, 구체적인 내용을 보면 그렇지만은 않습니다. 사유와 의도의 내용을 살펴보면, 사유는 단순히 외부의 존재에 대한 사유가 아니라 촉에서 생긴 느낌을 포함한 사유입니다. 그리고 의도도 사유한 내용을 토대로 하고 있습니다.

예를 들어 사과가 있다고 느꼈다고 합시다. 이렇게 사과가 있다는 느낌은 촉(觸)입니다. 사과가 있다고 느끼기 때문에, 이 사과는 빛도 좋고, 크기도 좋다고 느낀다면 이것은 촉에서 수(受)가 생긴 것입니다. 이렇게 사과가 좋다고 느끼면, 이 사과의 값이 다른 사과에 비해 값이 싼 것인지 비싼 것인지를 생각하게 될 것입니다. 값과 품질을 다른 사과와 비교해 보는 것이지요. 그래서 값은 다른 사과보다 비싸지만, 품질이 좋으므로 결코 비싼 것이 아니라고 판단한다면 이것은 느낌[受]을 인연으로 해서 생긴 사유[想]라고 할 수 있습니다. 따라서 상(想)은 수(受)를 인연으로 해서 생긴다고 할 수 있습니다.

우리는 이러한 판단을 토대로 이 사과를 살 것인가 말 것인가를 결정하게 될 것입니다. 또 이 사과를 내가 먹을 것인가 다른 사람에게 선물할 것인가도 결정하게 될 것입니다. 이렇게 사과에 대한 의도[思]는 사과에 대한 사유를 토대로 이루어집니다. 따라서 의도, 즉 사(思)는 상(想)을 인연으로 생긴다고 할 수 있습니다.

이와 같이 우리는 어떤 것이 존재한다고 인식되면, 그 존재에 대하여 느낌이 생기고, 그 느낌을 바탕으로 사유하게 되고, 사유를 바탕으로 의도를 갖게 됩니다. 우리는 어떤 사물을 보면 느끼게 되고, 느낌을 바탕으로 생각하게 되고, 생각을 바탕으로 의도를 갖게 되는 것입니다. 따라서 촉(觸)에서 수(受)가 생기면 수를 인연으로 상(想)이 생기고, 상이 생기면 상을 인연으로 사(思)가 생긴다고 할 수 있습니다. 『잡아함경』214에서는 이것을 다음과 같이 이야기합니다.

안(眼)과 색(色)을 인연으로 안식(眼識)이 생긴다. 안은 무상(無常)하고, 유위(有爲)이며, 마음을 인연으로 생긴 것이다. 색과 안식도 무상하고, 유위이며, 마음을 인연으로 생긴 것이다. 이 세 가지의 화합이 촉(觸)이다. 촉이 생기면 느끼고[受], 느끼면 사유하고[想], 사유하면 의도한다[思].

나는 이 경에서 수(受)·상(想)·사(思)를 느끼고, 사유하고, 의도한다고 번역했습니다. 촉(觸)에서 수·상·사가 발생하지만, 이들은 서로 무관하게 생기는 것이 아니라, 먼저 느낌이 생기고, 느낌이 생기면 사유가 생

기고, 사유가 생기면 의도가 생긴다는 것이 이 경의 내용입니다. 5온의
수·상·행은 이렇게 차례로 발생한 수·상·사가 존재로 인식된 것입니
다. 따라서 수·상·행으로 되어있는 5온의 순서는 촉에서 이들이 발생
한 순서에 따른 것이라고 할 수 있습니다. 이와 같이 색·수·상·행·식의
순서는 그것이 발생하여 성립하는 순서를 보여주고 있습니다.

지금까지 우리는 5온의 순서를 통해 5온이 발생하는 순서를 살펴
보았습니다. 이제 5온의 질료가 되는 6계(六界)와 수·상·사가 어떻게 5
온으로 구성되는지를 보다 구체적으로 살펴보겠습니다.

이전에 우리는 5온의 질료가 5온으로 구성되는 것은 우리의 분별
심인 식(識)이 사라지지 않고 머물면서 증장하기 때문이라는 것을 살펴
보았습니다. 왜 식이 머물면서 증장하면 5온의 질료가 5온으로 만들어
지게 되는 것일까요? 『쌍윳따 니까야』 12.64에서 5온이 구성되는 이
유를 다음과 같은 비유로 설명하고 있습니다.

"비구들이여, 태어난 중생을 유지시키고, 태어나려고 하는 중생을 태
어나도록 돕는 네 가지 음식[四食]이 있다. 네 가지는 어떤 것인가? 첫
째는 거칠거나 부드러운 단식(摶食)이고, 둘째는 촉식(觸食)이며, 셋째
는 의사식(意思食)이고, 넷째는 식식(識食)이다.

비구들이여, 만약 단식, 촉식, 의사식, 식식에 탐욕이 있고, 좋아
하는 마음이 있고, 갈애(渴愛)가 있으면, 그곳에 식(識)이 안주(安住)하
여 성장한다. 식이 안주하여 성장할 때, 그때 명색(名色)이 출현한다.
명색이 출현할 때, 그때 행들이 증가한다. 행들이 증가할 때, 그때 미
래에 새로운 존재가 생긴다. 미래에 새로운 존재가 생길 때, 그때 미
래에 생(生), 노(老), 사(死)가 있다. 비구들이여, 미래에 생, 노, 사가 있

을 때, 슬픔이 함께하고, 근심이 함께하고, 고뇌가 함께한다고 나는 이야기한다.

　　비구들이여, 비유하면, 염색공이나 화가가 검은 옻칠이나 노란 울금이나 푸른 남색이나 붉은색 물감으로 잘 닦은 널빤지 벽이나 흰 천에 사지(四肢)가 온전한 여인의 모습이나 사람의 모습을 그리는 것과 같다."

『화엄경』의 "마음은 화가와 같다(心如工畵師)"는 말씀은 이 경의 말씀을 이야기한 것입니다. 식(識)이 어떻게 5온을 만들어내는지를 알기 위해서는 이 경에 나오는 비유를 잘 생각해보아야 합니다. 이 경에는 화가와 물감과 그림을 그릴 널빤지와 화가가 그리는 사람의 모습이 비유로 등장합니다. 이 비유에서 화가는 식을 의미하고, 물감은 5온의 질료가 되는 네 가지 음식을 의미합니다. 그리고 그림을 그릴 판자는 네 가지 음식에 대한 탐욕을 의미하고, 화가가 그리는 사람의 모습은 5온을 의미합니다. 화가가 사람의 모습을 그리기 위해서는 물감을 모아 판자에 그림을 그려야 합니다. 그러나 판자가 없으면, 화가는 그림을 그릴 수가 없습니다. 마찬가지로 식이 5온의 질료를 모아서 5온을 구성하려고 해도 욕탐이 없으면 식이 5온을 구성할 수가 없다는 것이 이 경의 비유입니다.

　　식은 사물을 분별하는 마음입니다. 만약 이러한 마음이 없다면 우리는 살아갈 수가 없습니다. 산과 강을 인식하고, 사람과 동물을 구별하는 것이 잘못된 것은 아닙니다. 문제는 이러한 인식활동을 하는 마음이라는 실체가 우리의 몸 안에 머무는 것으로 잘못 생각하는 데 있습니다. 전에도 살펴보았듯이, 식은 12입처를 인연으로 생겼다가 인연이 사라지면 남김없이 사라지는 허망한 것입니다. 그런데 우리는 식이 태어나서 죽을 때까지 우리의 몸속에 머물고 있다고 믿고 있습니다. 이렇게 머물고 있다고 생각하고 있는 식에 의해 허망한 것들이 모여 5온으로 구성됩니다.

우리가 인식하는 존재는 모두 욕탐에 상응하는 것들입니다. 예를 들면, 책상이라는 존재는 책을 놓고 보려는 욕구가 있기 때문에 책상이라는 이름을 만들어서, 그것을 잊지 않고 기억하고 있다가, 그 욕구에 상응하는 것을 보면, 식이 책상으로 분별한 것입니다. 이렇게 식은 욕구에 의지하여 머물면서, 사물을 분별하여 존재로 인식합니다. 외부의 존재만 그런 것이 아니라, 우리가 '자신의 존재'라고 생각하고 있는 것도 마찬가지입니다. 그래서 부처님께서는 전에 살펴본『잡아함경』308에서 사람들이 '자신의 존재'라고 생각하고 있는 것은 모두가 5온이라고 하시고 나서, 다음과 같이 말씀하십니다.

"5온을 사람이라고 하면서 이들 법(法)에서 사람이란 생각, 중생이라는 생각, 어른이라는 생각, 어린이라는 생각 등을 하여 다음과 같이 말한다. '내가 눈으로 색을 보고, 내가 귀로 소리를 듣고, 내가 마음으로 법을 인식한다.' 또 '이 존자는 이름은 이러하고, 성은 이러한데 이렇게 살다가 이렇게 죽었다'고 말한다.

비구들이여 이것은 생각이고, 이것은 기억이며, 이것은 언설(言說)이다. 이 모든 법은 다 무상(無常)하며, 유위(有爲)이며, 의지(意志)의 소원(所願)을 인연으로 생긴 것이다. 만약 무상하고, 유위이며, 의지의 소원을 인연으로 생긴 것이라면, 그것은 괴로움이다. 저 괴로움은 다시 생기고, 머문다. 괴로움은 없어졌다가 다시 자주 나타나나니, 일체는 모두 괴로움이다. 만약 저 괴로움을 남김없이 끊고, 다 토해내고, 욕탐을 떠나고, 없애고, 쉬어서 다른 괴로움이 다시는 상속하지 않게 하고, 나타나지 않게 하면, 이것이 적멸(寂滅)이며, 이것이 뛰어나고 미묘한 것이다. 이것을 남아있는 일체의 괴로움을 버렸다고 하고, 일체의 애(愛)를 다 없앴다고 하고, 욕탐이 없다고 하고, 멸진이라고 하고, 열반이라고 한다. 만약 멸진, 열반 등의 제 법에 마음이 따라 들어가서 해탈에 머물러 퇴전하지 않으면, 저 욕탐에 묶여서 일어난 '나'라는 허망한 것이 있지 않을 것이다. 비구여 이렇게 알고 이렇게 보는 것이 바로 법을 보는 것이다."

이와 같이 부처님께서는 우리가 태어나서 죽는 존재라고 생각하는 '자아(自我)'는 5온이며, 이것은 생각으로 존재하고, 기억으로 존재하고, 언어의 형태로만 존재하는 허망한 것이라고 말씀하십니다. 그리고 이것을 없애기 위해서는 인식활동을 그쳐야 하는 것이 아니라, 욕탐을 멀리해야 한다고 하셨습니다. 그렇습니다. 식(識)이 5온을 만든다고 해서 인식활동을 멈출 수는 없습니다. 우리가 5온의 실상을 알아서 이것을 없애려고 하는 것은 죽기 위해서가 아니라 참되게 살기 위해서입니다. 식은 우리의 마음에서 욕탐만 없어지면 그대로 바른 마음이 됩니다.

6

왜 5온을 버려야 하는가

불교를 바르게 이해하기 위해서는, 부처님께서는 어떤 문제로 출가하셨고, 무엇을 깨달았기에 그 문제를 해결할 수 있었는가를 먼저 생각해 보아야 합니다. 카필라국의 태자 싯다르타는 출가를 허락하지 않는 아버지 정반왕에게 한 가지 제안을 합니다. 만약 정반왕이 싯다르타의 소원을 이루어 준다면 출가하지 않겠다는 것이었습니다. 정반왕은 그 소원이 무엇인가를 물었습니다. 싯다르타는 자신의 소원은 죽음에서 벗어나는 것이라고 대답했습니다. 정반왕은 그것은 누구도 이룰 수 없는 소원이라고 싯다르타를 설득했습니다. 그러나 싯다르타는 죽음에서 벗어나는 길이 있을 것이라고 확신하고 출가합니다.

이러한 출가 동기를 우리는 어떻게 이해해야 할까요? 정반왕이 누구도 벗어날 수 없다고 생각한 죽음과 싯다르타가 벗어날 수 있다고 생각한 죽음은 같은 의미일까요? 정반왕이 생각한 죽음은 우리의 육체가 생명을 유지하지 못하게 되는 것을 의미합니다. 만약 싯다르타가 생각한 죽음이 정반왕의 생각과 같은 것이었다면, 싯다르타는 결코 죽음에서 벗어난 것이 아닙니다. 부처님의 육신도 80세를 일기로 수명을 마쳤기 때문입니다. 정반왕의 생각으로 본다면 부처님도 죽은 것입니다. 그러나 부처님께서는 스스로 죽음에서 벗어났다고 주장했습니다. 따라서 부처님의 출가 동기가 죽음에서 벗어나는 것이었다고 해서 부처님께서 몸이 죽지 않고 영원히 사는 길을 찾아 출가했다고 할 수는 없습니다.

이 세상에 몸이 죽지 않고 영원히 살 수 있는 사람은 아무도 없습니다. 총명한 싯다르타가 그것을 모르고 죽지 않기를 바랐을 리가 없습니다.

부처님께서 생각하신 죽음의 의미는 우리의 생각과는 다릅니다

부처님께서 생각하신 죽음의 의미를 이해하기 위해서는 부처님께서 출가를 결심하게 된 몇 가지 사건을 살펴보는 것이 좋을 것 같습니다. 부처님께서 인생의 문제를 깊이 생각한 것은 어린 시절부터라고 합니다. 7·8세 무렵, 부처님께서는 춘경제(春耕祭)라는 행사에 동참하게 됩니다. 벼농사를 주업으로 하는 카필라국에서는 봄에 왕이 직접 쟁기질을 하는 것으로 한 해의 농사일이 시작됩니다. 어린 싯다르타는 춘경제에서 농부들이 땀을 흘리며 노동하는 것을 보고, 살기 위해서 겪어야 하는 사람들의 괴로움을 보았습니다. 아울러 자신과 자신의 주변 사람들은 농부들이 땀 흘려 생산한 곡식을 편히 먹고 있다

는 것을 알았습니다. 왜 농부는 땀 흘려 농사를 짓는데, 귀족들은 일도 하지 않고 편히 먹으면서 이들을 지배하고 있는가? 이 세상에는 왜 이러한 불평등한 착취가 있는가? 그는 이렇게 부조리한 사회구조의 문제를 생각하게 됩니다.

그는 또 쟁기에 갈려서 피를 흘리며 나뒹구는 벌레들을 보고 사람이 살기 위해서 저 벌레는 죽어도 좋은 것인가를 생각했고, 쟁기에 갈려 나뒹구는 벌레들을 새들이 날아와 쪼아 먹고, 이 새들을 매가 잡아 먹는 것을 보고, 살기 위해 다른 생명을 죽여야 하는 모순된 삶의 모습에 가슴 아파합니다.

이와 같이 싯다르타는 어린 시절에 인생의 문제, 사회문제, 자연 세계에서 살아가는 모든 존재의 삶의 문제에 눈을 떴습니다. 그리고 그는 이 모든 문제가 삶과 연관되어 있다는 것을 깨닫게 됩니다. 살기 위해서 괴로운 노동을 해야 하고, 자신이 편히 살기 위해서 힘과 권력으로 남을 착취하고 억압하며, 자신이 살기 위하여 남을 죽이지 않으면 안 되는 것, 이것이 싯다르타의 눈에 비친 세계의 모습이었습니다.

불경에는 싯다르타가 청년이 되어 성 밖에 나가서 늙은 사람, 병든 사람, 죽은 사람, 수행자를 차례로 보고, 생로병사(生老病死)의 괴로움을 느껴 출가를 결심했다고 되어있습니다. 이것을 사문유관(四門遊觀)이라고 합니다. 그러나 나는 사문유관을 실제의 사건으로 보지 않습니다. 어린 시절에 이미 인생과 사회와 자연의 문제를 생각한 싯다르타가 청년이 되어서야 사람이 늙고 병들어 죽어간다는 사실을 알았다고는 생각되지 않기 때문입니다.

사문유관은 부처님의 출가 동기를 상징적으로 표현한 것입니다. 늙고 병들어 죽어간다는 것은 삶이 지닌 모순입니다. 우리는 살기 위해서 힘든 노동을 하고, 남을 착취하기도 하고, 다른 생명과 투쟁하고, 때로는 다른 생명을 죽이기도 하지만, 결국은 늙고 병들어 죽어야 합니다. 우리는 어쩌면 죽기 위해 사는 것인지도 모를 일입니다.

우리는 죽기 위해 사는 존재인가? 우리의 삶은 죽음이 종착역인가? 결국은 죽어야 하는 인생이 과연 힘든 노동과 투쟁을 하면서 살아야 할 만한 가치가 있는 것인가? 싯다르타의 눈에는 사는 것도 괴로움으로 비치고, 죽는 것도 괴로움으로 비쳤을 것입니다.

이런 문제로 고뇌하던 싯다르타는 청년이 되어가면서, 이 문제는 자신의 삶뿐만 아니라 살아있는 모든 것들의 삶을 위해서 반드시 해결해야 할 문제라는 것을 깨달았습니다. 문(門)이란 안과 밖을 연결하는 통로입니다. 그러니까 문밖으로 나간다는 것은 자신의 내면세계에서 외부의 세계로 나간다는 것을 의미하고, 문을 통해 밖으로 나갔다는 것은 외부의 세계에 나감으로써 내면의 세계와 외부의 세계가 하나로 합일되었다는 것을 의미합니다.

어린 시절부터 삶의 모순에 깊은 회의를 해오던 싯다르타는 청년시절에 이 문제가 자신의 개인적인 문제가 아니라 사회와 자연과 온 우주의 문제라는 것을 깨달았고, 이것을 불경에서는 사문유관으로 표현한 것입니다. 즉 부처님의 출가 동기는 개인적인 인생 문제의 해결에 있었던 것이 아니라, 사회와 자연, 그리고 온 우주의 문제를 해결하는 데 있었다는 것을 사문유관은 비유적으로 표현하고 있는 것입니다.

부처님의 출가 동기는 이렇게 단순히 개인적인 영생(永生)에 있었던 것이 아닙니다. 부처님께서 해결하고자 한 죽음의 문제는 살아있는 모든 존재의 삶의 문제입니다.

부처님께서는 개인이 죽지 않고 영원히 사는 법을 깨달은 것이 아니라, 모든 생명이 모순과 투쟁의 삶에서 벗어나 함께 행복한 삶을 사는 법을 깨달았습니다

———

따라서 우리가 불교를 공부하는 목적도, 자신이 죽지 않고 영원히 사는 데 두어서는 안 되고, 살아있는 모든 생명이 함께 바르고 행복한 삶을 살아가도록 하는 데 두어야 합니다. 우리가 바르고 행복한 삶을 살아가기 위해서는 무엇보다도 삶의 주체인 나 자신과 내가 살아가고 있는 세계의 진정한 모습을 먼저 알아야 합니다. 내가 어떤 존재인지, 내가 살고 있는 세계가 어떤 것인지도 모르고 살아간다면, 결코 바르고 행복한 삶을 살 수 없습니다.

우리는 많은 것을 알고 있지만, 나 자신에 대해서는 알지 못하고 있습니다. 이렇게 나 자신에 대해서는 알지 못하고 살아가면서도, 무엇을 위해 사느냐고 물으면 "나 자신을 위해서 살아간다"고 이야기합니다. 우리가 우리의 삶의 목적을 나 자신이라고 생각하면서도, 나 자신에 대해서는 알지 못하고 있다는 것은 삶의 목적을 모르고 살아가고 있다는 것을 의미합니다. 우리의 삶은 이렇게 맹목적입니다.

어떤 사람들은 우리의 삶이 맹목적이라는 데 동의하지 못할지도 모릅니다. 사람마다 인생의 목적이 있다는 것입니다. 대통령이 되려는 목적으로 사는 사람도 있고, 부자가 되려는 목적으로 사는 사람도 있고, 학자나 과학자가 되려는 목적으로 사는 사람도 있다는 것입니다.

과연 이런 것들이 인생의 진정한 목적일까요? 대통령이 되려는 목적으로 살아온 사람은 대통령이 되고 나면, 나머지 삶은 목적이 없는 삶이 될 것입니다. 이와 같이 이런 목적들은 성취되면 그 순간 사라집니다. 우리가 꿈꾸는 인생의 목적은 이렇게 성취되는 순간 사라지는 허망한 것입니다. 이 얼마나 큰 모순입니까? 이런 인생의 목적을 가지고 살아가는 삶은 목적을 성취하지 못해도 허망한 삶이 되고, 목적을 성취해도 허망한 삶이 됩니다. 그리고 결국은 죽음을 통해서 삶도 목적도 상실하게 됩니다. 이것이 모순과 괴로움으로 가득 찬 우리의 인생입니다. 싯다르타가 벗어나고자 한 죽음은 바로 이런 것이었습니다. 나 자신과 내가 살아가고 있는 세계의 모습을 모르는 인생은 살아있어도 죽은 것과 다름없다는 것임을 싯다르타는 깨달은 것입니다.

부처님의 사유는 이러한 죽음의 문제를 해결하기 위하여 나 자신과 내가 살아가고 있는 세계는 어떤 것인가를 묻는 데서 출발합니다. 그리하여 깨닫게 된 것은, 우리가 지금까지 막연하게 나와 세계라고 생각하고 있는 것들이 사실은 진실이 아니라는 것이었습니다.

우리는 자신의 존재가 세계 속에 태어나서 살아간다고 생각합니다. 우리의 모순된 삶은 이러한 생각에서 비롯됩니다. 만약 우리의 생각이 사실이라면, 우리의 모순된 삶은 피할 수 없는 숙명입니다. 그러나 우리의 생각이 잘못이라면, 우리는 모순된 삶에서 벗어날 수 있을 것입니다.

부처님께서는 자신의 존재가 세계와 별개의 존재로 살아가는 것이 아니라, 삶을 통해 나와 세계가 하나로 통일되어 있다는 것을 깨달으셨습니다

───────

나와 세계가 먼저 존재하고 그 속에 나의 삶이 있는 것이 아니라, 삶을 통해 나와 세계가 그 결과로 나타납니다. 나와 세계의 존재에 앞서 나의 삶이 있는 것입니다. 앞에서 살펴본 "업보(業報)는 있으나 작자(作者)는 없다"는 「제일의공경」의 말씀은 이것을 의미합니다.

　불교의 모든 교리도 마찬가지입니다만, 5온의 의미를 이해하기 위해서는 먼저 이러한 사실을 알아야 합니다. 부처님께서는 모순된 삶을 극복하기 위하여 나와 세계의 참모습을 알려고 했습니다. 깨닫고 보니 나와 세계에 대한 우리의 생각이 잘못된 것이었습니다. 그래서 그 잘못된 생각을 버리고 바르게 알도록 하기 위하여 우리에게 법을 설하셨습니다.

　부처님께서는 먼저 중생들의 생각을 이야기합니다. 그리고 왜 그런 생각을 하게 되는지를 알려줍니다. 우리는 이러한 부처님의 말씀을 통해 스스로 우리의 생각이 잘못된 것임을 깨달아야 합니다. 부처님께서는 우리가 잘못된 생각에서 벗어나고자 할 때, 그 잘못된 생각을 근본적으로 없애는 방법을 가르쳐 줍니다. 이것이 4성제(四聖諦)라고 하는 불교의 진리입니다.

　5온도 마찬가지입니다. 5온은 우리가 생각하고 있는 자신의 존재와 세계의 모습입니다. 우리가 왜 이러한 생각을 하게 되었는지를 설명해 주는 교리가 지금까지 살펴본 12입처, 18계, 촉, 6계, 네 가지 음식[四食] 등의 교리입니다. 우리가 실재하고 있다고 생각하고 있는 것은 5온인데, 이것은 12입처라고 하는 허망한 생각에서 연기한 것일 뿐 실재하는 것이 아니라는 부처님의 말씀을 나는 지금까지 여러분에게 전달했습니다. 이제 우리는 지금까지 지녀온 생각을 버려야 할 때입니다. 부처님께서 5온을 싫어하고 떠나라고 하시는 것은 우리의 잘못된 생각을 버리라는 말씀입니다.

　우리가 5온의 의미를 살펴보고자 하는 것도 우리의 잘못된 생각을 버리기 위해서입니다. 5온의 실상을 알게 된다면, 우리는 5온을 싫어하고, 버리게 될 것입니다.

7

—

5온의 참모습[實相]

5온은 우리가 생각하고 있는 나와 세계를 이루고 있는 존재입니다. 우리는 눈, 귀, 코, 혀, 몸으로 이루어진 육신(肉身)을 가지고 있고, 세계에는 눈에 보이고, 귀에 들리고, 몸에 만져지는 사물들이 있습니다. 이것이 5온의 색(色)입니다. 우리는 몸속에 고락(苦樂)을 느끼는 감정, 비교하고 사유하는 이성, 의욕하고 행동하는 의지, 인식하는 의식이 있고, 밖에는 고락의 감정을 일으키는 사물, 사유의 대상, 의지의 대상, 인식의 대상이 실재한다고 생각합니다. 이들이 5온의 수(受)·상(想)·행(行)·식(識)입니다. 이와 같이 우리는 나와 세계를 이루고 있는 5온이 시간과 공간 속에 실재하고 있다고 생각합니다.

그러나 이것은 중생들의 착각입니다. 부처님께서는 『잡아함경』46에서 우리가 몸이라고 생각하고 있는 색의 참모습을 다음과 같이 말씀하십니다.

"비구들이여 그들은 무엇을 색(色)이라고 하는 것일까? 비구들이여,
거리낀다. 그러면 거기에서 색이라는 말이 사용된다. 무엇이 거리끼
는가? 차가움이 거리끼고, 뜨거움이 거리끼고, … 촉감이 거리낀다.
이와 같이 거리끼면 거기에서 색이라는 말이 사용된다."

우리가 개별적으로 존재한다고 생각하는 나의 몸과 외부의 세계는
모두가 거리낌이 있을 때 사용되고 있는 언어일 뿐입니다

———

　　　　　　　이러한 부처님의 말씀은 어떤 의미일까요? 이 경에
서 거리낀다고 하는 것은 보고, 듣고, 냄새 맡고, 맛보고 만지는 것을 의
미합니다. 본다는 것은 여러 가지 색이 거리끼는 것이고, 듣는다는 것
은 소리가 거리끼는 것이고, 만진다는 것은 촉감이 거리끼는 것을 의미
하기 때문입니다. 따라서 거리낄 때 색이라는 말이 사용된다고 하는 것
은, 보고, 듣고, 냄새 맡고, 맛보고, 만질 때 물질이라는 말이 사용된다
는 의미입니다. 그러니까 우리가 물질이라고 생각하고 있는 눈과 빛은
볼 때 사용되는 말이고, 귀와 소리는 들을 때 사용되는 말이며, 코와 냄
새는 냄새 맡을 때 사용되는 언어이지, 실재하는 물질은 아니라는 것입
니다. 우리는 지금까지 우리의 삶에서 경험된 내용이 어떤 과정을 통해
5온이라는 존재로 인식되는지를 살펴보았는데, 이 경에서는 그것을
말씀하시는 것입니다.
　　다른 온(蘊)들도 마찬가지입니다. 부처님께서는 『잡아함경』 46에

서 우리가 감정[受], 이성[想], 의지[行], 의식[識]이라고 부르는 것에 대하여 그것들의 실상을 다음과 같이 말씀하십니다.

"비구들이여 그들은 무엇을 수(受)라고 하는 것일까? 비구들이여, 느낀다. 그러면 거기에서 수라는 말이 사용된다. 무엇을 느끼는가? 괴롭다고 느끼고, 즐겁다고 느끼고, 괴롭지도 즐겁지도 않다고 느낀다. 이와 같이 느끼면 거기에서 수라는 말이 사용된다.

비구들이여 그들은 무엇을 상(想)이라고 하는 것일까? 비구들이여, 생각한다. 그러면 거기에서 상이라는 말이 사용된다. 어떻게 생각하는가? 적다고 생각하고, 많다고 생각하고, 한량없이 있다고 생각하고, 아무것도 없다고 생각한다. 이와 같이 생각하면 거기에서 상이라는 말이 사용된다.

비구들이여, 그들은 무엇을 행(行)이라고 하는 것일까? 비구들이여, 유위(有爲)를 조작한다. 그러면 거기에서 행이라는 말이 사용된다. 어떤 유위를 조작하는가? 형태를 지닌 성질[色性]을 가지고 색(色)이라는 유위를 조작하고, 느끼는 성질[受性]을 가지고 수라는 유위를 조작하고, 사유하는 성질[想性]을 가지고 상이라는 유위를 조작하고, 유위를 조작하는 성질[行性]을 가지고 행이라는 유위를 조작하고, 분별하여 인식하는 성질[識性]을 가지고 식(識)이라는 유위를 조작한다. 비구들이여, 이와 같이 유위를 조작하면, 거기에서 행이라는 말이 사용된다.

비구들이여, 그들은 무엇을 식이라고 하는 것일까? 비구들이여, 인식한다. 그러면 거기에서 식이라는 말이 사용된다. 어떻게 인식하는가? 모습을 인식하고, 소리를 인식하고, 향기를 인식하고, 맛을 인식하고, 촉감을 인식하고 법을 인식한다. 이와 같이 인식하면, 거기에서 식이라는 말이 사용된다."

삶 속에서 고락(苦樂)을 느끼는 것은 너무나 당연한 일입니다. 그러나
느끼는 삶 속에는 본래 나와 세계가 따로 존재하지 않습니다. 그런데
우리는 탐욕에 의해 집기한 12입처와 허망한 분별심인 6식(六識)으로
보고, 듣고, 만지기 때문에 촉이 발생하여, 느끼는 나와 느껴지는 세계
가 개별적으로 존재하고 있다고 생각합니다. 그래서 즐거운 것은 취하
려 하고, 괴로운 것은 버리려 합니다.

　우리는 똥·오줌은 더럽다고 싫어합니다. 그러나 벼나 나무는 이
똥·오줌을 먹고 자라나서 쌀과 과일을 우리에게 제공합니다. 더러운
똥이 없으면 맛있는 음식이 있을 수 없습니다. 그런데 우리는 이것이
더럽다고 물로 씻어서 강에 버립니다. 땅에 뿌리면 소중한 거름이 되는
것을 강에 버리니 오물이 됩니다.

　오늘날 우리가 즐거움을 추구하면서도 갈수록 괴로운 세계를 만
들고 있는 것은 진정으로 가치 있는 것을 소중하게 느끼지 못하고, 눈
에 비치고, 귀에 들리는 감각적인 즐거움을 소중한 것으로 생각하기 때
문입니다. 부처님께서 없애야 한다고 하는 수(受)는 이렇게 감각적인
욕망을 가지고 느끼는 감정입니다. 우리가 욕망을 없애고 참된 지혜를
가지고 느낀다면, 우리는 감각적인 즐거움을 위하여 소중한 공기나, 물
이나, 땅을 오염시키는 어리석은 행동을 하지는 않을 것입니다. 우리의
삶에 진정한 가치가 있는 것을 소중하고 아름답게 느끼기 위하여, 우리
는 허망한 느낌인 수온(受蘊)을 없애야 합니다.

　우리가 살아가면서 사유한다는 것은 너무나 당연한 일입니다. 그
리고 사유하는 삶 속에는 본래 나와 세계가 따로 존재하지 않습니다.

그런데 우리는 탐욕에 의해 집기(集起)한 12입처와 허망한 분별심인 6식으로 살아가기 때문에 촉(觸)이 발생하여, 사유하는 나와 사유되는 세계가 개별적으로 존재하고 있다고 생각하게 됩니다. 그래서 갖가지 사견을 일으켜 사상적으로 대립합니다. 부처님께서는 이렇게 나와 세계를 구별하는 사유를 무명(無明)이라고 하셨습니다.

반야(般若), 즉 지혜는 이러한 잘못된 사유가 사라져, 모든 것은 연기하기 때문에 공(空)이며 무아(無我)라는 것을 깨닫는 사유입니다. 진정한 사유를 통해 연기법의 진리를 발견하는 것이 반야입니다. 반야도 사유 작용입니다. 우리의 마음이 탐욕에 물들지 않고 사유한다면, 모든 사물에서 하나의 공통점을 찾게 될 것입니다. 그것은 모든 것은 인연 따라 나타났다가 인연 따라 사라진다는 것입니다. 따라서 모든 것은 연기하고 있을 뿐, 실체가 없다는 확실한 인식이 있게 될 것입니다. 반야는 이와 같이 탐욕이 사라진 청정한 마음으로 모든 것이 연기하여 실체가 없음을, 즉 공성(空性)을 깨닫는 사유입니다.

우리는 의지라는 존재가 우리의 내부에 존재하면서 의지작용을 일으키는 것으로 생각합니다. 그러나 우리가 자신의 존재라고 알고 있는 의지는 유위를 조작할 때 사용되는 언어에 지나지 않습니다. 우리는 유위를 조작하는 삶을 살아가면서 유위를 조작하는 존재가 있다고 생각하는데, 부처님은 그것을 행(行)이라고 부르고 있습니다.

그렇다면 유위를 조작한다는 것은 구체적으로 어떤 것을 의미하는 것일까요? 이전에 언급했듯이 '유위(有爲)'는 '행'에 의해 조작된 것을 의미하고, '행'은 '유위'를 조작하는 작용을 의미합니다. 행과 유위는 이렇게 조작하는 것과 조작된 것의 관계에 있습니다. 우리가 존재로 인식하는 모든 것은 이름[名]과 형태[色]를 가지고 있습니다. 책상은 책상이라는 이름과 책상의 모습을 가지고 있습니다. 이렇게 이름과 형태를 가진 책상을 명색(名色)이라고 하며, 이것이 곧 유위입니다. 행이 유위를 조작한다는 것은 행이 명색을 조작해낸다는 의미입니다.

이전에 살펴본 네 가지 음식을 이야기하고 있는 경전의 내용을 다시 한번 상기해 봅시다. 우리가 중생의 상태를 벗어나지 못하고 살아가는 것은 단식, 촉식, 의사식, 식식이라는 네 가지 음식이 있기 때문이라고 합니다. "이 네 가지 음식을 탐내어 좋아하면, 식(識)이 사라지지 않고 머물면서 커가고, 이렇게 식이 안주하여 성장할 때, 그때 명색이 출현한다. 명색이 출현할 때, 그때 행들이 증가한다. 행들이 증가할 때, 그때 미래에 새로운 존재가 생긴다. 미래에 새로운 존재가 생길 때, 그때 미래에 생(生)·노(老)·사(死)가 있다. 미래에 생·노·사가 있을 때, 슬픔이 함께하고, 근심이 함께하고, 고뇌가 함께한다"는 것이 전에 살펴본 『쌍윳따 니까야』의 내용입니다.

여기에서 식이 성장할 때 명색이 출현한다는 말씀의 의미를 생각해 봅시다. 명색은 우리가 인식하는 사물의 이름과 형태입니다. 따라서 식이 머물면서 자라날 때 명색이 나타난다는 말은, 식이 머물면서 자라나기 때문에 중생들이 이름과 형태로 된 허망한 존재의 세계를 인식하게 된다는 것을 의미합니다. 촉을 통해 '있다'고 느껴질 뿐, 아직 구체적인 존재로 인식되고 있지 않은 6계와 수(受)·상(想)·사(思), 즉 네 가지 음식이 질료가 되어 이름과 형태를 지닌 유위(有爲)가 만들어지면, 식이 이 유위를 대상으로 이름과 형태를 지닌 존재, 즉 명색으로 인식하는 것입니다.

이때 식의 인식 대상이 되는 유위를 만드는 정신작용이 행입니다. 즉 단식, 촉식, 의사식, 식식이라는 네 가지 음식을 탐내고 좋아하는 것이 바로 행입니다. 행에 의해 네 가지 음식이 유위로 조작되면, 식이 이것을 이름과 형태를 지닌 존재로 인식함으로써 새로운 존재를 인식할 수 있게 됩니다. 그래서 우리는 명색의 세계, 즉 존재로 인식되는 세계에 빠져들게 되고, 이러한 유위의 세계에 살면서 끊임없이 새로운 욕구를 일으킴으로써 행이 증장(增長)하여 미래의 새로운 자신의 존재를 만들어가게 됩니다.

행은 이렇게 욕탐을 가지고 허구적으로 미래의 새로운 자신의 존재를 만들어 가는 삶을 의미합니다. 그러니까 행은 업(業)을 의미합니다. 따라서 행이 자라면 미래의 자신의 존재가 자라난다는 말은 존재의 실상을 모르는 무명의 상태에서 업을 통해 끊임없이 새로운 자기와 자기의 세계를 허구적으로 만들어 허망한 생사의 세계에서 윤회를 거듭한다는 의미입니다.

행은 이렇게 자기의 존재와 세계의 존재, 즉 유위를 만드는 마음의 작용을 의미합니다. 우리가 존재라고 알고 있는 모든 것은 행에 의해 조작된 유위입니다. 앞에서 살펴보았듯이, 유위를 조작해 내는 행은 우리의 마음속에 본래부터 있는 것은 아닙니다. 이것은 촉에서 생긴 것입니다. 그런데 중생들은 유위를 조작하는 삶을 살아가면서 유위를 조작하는 행이 존재하고 있다고 믿고 있습니다. 이렇게 중생들에 의해 유위를 조작하는 존재로 인식된 것이 5온의 행온(行蘊)입니다.

보고, 듣고, 만지는 삶 속에는 본래 나와 세계가 따로 존재하지 않습니다. 그런데 우리는 탐욕에 의해 집기(集起)한 12입처라는 허망한 생각으로 보고, 듣고, 만지기 때문에 나와 세계를 분별하는 식(識)이 생겨서 '나'라고 하는 언어와 '세계'라고 하는 언어, 즉 이름을 만들어 놓고, 나와 세계가 개별적으로 존재하고 있다고 분별합니다. 이렇게 식에 의해 이름이 붙여진 것이 명색입니다. 12연기에서 식을 연하여 명색이 있다고 하는 것은 이것을 이야기한 것입니다.

식이 보고 듣는 삶을 나와 세계로 분별하기 때문에, 색도 나를 이루는 색과 세계를 이루는 색으로 나누어집니다. 그러니까 색온(色蘊)에는 나를 이루는 색온과 세계를 이루는 색온이 있습니다. 눈, 귀, 코, 혀, 몸은 나를 이루는 색이고, 빛, 소리, 향기, 맛, 촉감은 세계를 이루는 색입니다.

다른 5온도 마찬가지입니다. 우리의 삶은 보고, 듣고, 만지는 것이 전부는 아닙니다. 보거나 들으면, 느끼게 되고, 느끼면 생각하게 되고, 생각하면 의도하게 되고, 의도한 것을 인연으로 인식하게 됩니다. 이렇게 느끼고, 생각하고, 의도하고 인식하는 삶 가운데서 느끼고 인식하는 것과 느껴지고 인식되는 것을 식이 분별합니다. 그리하여 느끼고 인식하는 것은 '자아'이고, 느껴지고 인식되는 것은 '세계'라고 구별하여, '자아'와 '세계'라는 이름을 붙여놓고, 이들이 개별적으로 존재한다고 인식합니다. 이와 같이 5온에는 나를 이루고 있는 5온과 세계를 이루고 있는 5온이 있습니다. 부처님께서는 이러한 두 가지 5온을 구별하기 위하여, 나를 이루고 있는 5온을 5취온(五取蘊)이라고 부릅니다. 5취온은 우리가 자신의 존재로 취하고 있는 5온이라는 의미입니다.

우리가 생각하고 있는 나와 세계는 5온의 구조로 되어 있습니다

———

이것은 5온이라는 존재가 있어서 나와 세계를 이루고 있기 때문에 그런 것이 아니라, 연기법의 진리에 무지한 상태에서 살아가는 가운데 식(識)이라고 하는 분별심이 생겨서, 본래는 개별적으로 존재하지 않는 나와 세계를 분별하여 인식하기 때문에 그런 것입니다. 보고, 느끼고, 생각하고, 의도하고 인식하는 삶을, 보는 존재와 보이는 존재, 느끼는 존재와 느껴지는 존재, 의도하는 존재와 의도되는 존재, 인식하는 존재와 인식되는 존재로 분별하여, 전자를 나라고 생각하고, 후자를 세계라고 생각하기 때문에, 나와 세계는 항상 동일한 구조를 가질 수밖에 없습니다.

본래는 나와 세계가 개별적으로 존재하지 않습니다. 나는 무아(無我)이고, 세계는 공(空)입니다. 불교에서 무아와 공을 주장한다고 해서, 나와 세계가 전혀 없다고 주장하는 것은 아닙니다. 만약 나와 세계가 존재한다고 주장한다면, 그것은 유견(有見)이고, 상견(常見)입니다. 나와 세계가 전혀 없다고 주장한다면, 그것은 무견(無見)이고 단견(斷見)입니다. 부처님께서는 이러한 두 견해를 모두 사견(邪見)이라고 하셨습니다.

나와 세계는 삶을 통해 무상하게 나타난 것이지, 동일한 모습으로 존재하고 있는 것이 아닙니다.

모든 존재는 삶의 흔적입니다

———

나의 존재와 나의 세계는 나의 삶의 자취입니다. 이렇게 삶의 자취가 모여 존재화한 것을 유위(有爲)라고 하고, 존재화하기 이전의 본래적인 삶을 무위(無爲)라고 합니다. 그리고 생사윤회(生死輪廻)는 식(識)에 의해 분별된 유위의 세계에서 나타난 착각입니다.

부처님께서는 유위와 무위에 대하여 『잡아함경』293에서 다음과 같이 말씀하십니다.

유위(有爲)는 생기고, 머물고, 변하여 없어진다. 무위(無爲)는 생기지
않고, 머물지 않고, 변하지 않고, 없어지지 않는다.

이 경에서 유위는 생멸이 있고, 무위는 생멸이 없다고 한다고 해서, 생
멸하는 유위와 불생불멸하는 무위가 별개의 사물이라고 생각해서는
안 됩니다. 유위는 허망한 분별심인 식에 의해 존재로 인식된 것을 의
미하고, 무위는 식의 분별작용이 사라진 상태에서 인식된 나와 세계의
참모습을 의미합니다.
　나무로 된 책상을 예로 들어봅시다. 우리가 인식하는 책상은 생겨
서 머물다가 변해서 없어집니다. 이것이 유위입니다. 그런데 사실은 생
겨서 없어지는 책상은 존재하지 않습니다. 책상은 책을 놓고 보기에 적
합한 나무에 붙여진 이름입니다. 나무가 책을 놓고 보기에 적합하게 조
립되면, 우리는 책상이 새로 생겼다고 이야기합니다. 이 나무가 책을
놓고 볼 수 있는 상태를 유지하는 동안을 우리는 책상이 존재하고 있
다고 말합니다. 나무의 형태가 처음의 상태와 달라지면, 책상이 변했다
고 이야기하고, 너무 변해서 책을 놓고 볼 수 없이 되거나 분해되면, 책
상이 없어졌다고 이야기합니다. 이렇게 우리는 책상이 생겨서 없어졌
다고 이야기하지만, 실제로 나무는 생겨서 없어진 적이 없습니다. 다만
식이 책상이라는 이름을 가지고 나무의 형태가 달라진 것을 인식함으
로써, 책상이 생겼다가 없어진 것으로 착각한 것일 뿐입니다.
　우리의 생사(生死)도 마찬가지입니다. 보고, 느끼고, 사유하고, 의
도하고, 인식하는 삶을 식(識)이 5온(五蘊)이라는 이름으로 분별하여, 5

온을 자신의 존재라고 생각함으로써, 내가 세상에 태어나서 죽는다고 착각하고 있는 것입니다.

이와 같이 유위는 본래 생멸이 없는 것을 분별심이 허망하게 분별을 함으로써 나타난 착각입니다. 유위가 본래 없는 것이라면, 무위도 본래 있는 것이라고 할 수 없을 것입니다. 이러한 유위와 무위의 모습을 용수 보살은 『중론』의 「관삼상품(觀三相品)」에서 다음과 같이 이야기합니다.

생기고[生], 머물고[住], 없어지는 것[滅]은
성립되지 않으므로 유위는 없다네.
유위가 성립하지 않는데, 어떻게 무위가 성립하겠는가.
환상 같고, 꿈같고, 신기루 같아라.
생겨서 머물다 사라지는 유위는 이와 같아라.

生住滅不成 故無有有爲 有爲法無故 何得有無爲

如幻亦如夢 如乾達婆城 所說生住滅 其相亦如是

우리는 이렇게 꿈같고, 신기루 같은 환상 속에서 생사의 괴로움을 느끼며 살고 있습니다. 불교는 5온을 멸하여 이러한 허망한 꿈에서 깨어나는 종교입니다.

8
—

5온의 종합적 이해

지금까지 5온의 의미를 개별적으로 살펴보았습니다. 이제 지금까지의 이해를 바탕으로 5온을 전체적인 구조 속에서 살펴보겠습니다.

색(色)·수(受)·상(想)·행(行)·식(識)을 왜 온(蘊)이라고 부를까요?. 온은 빨리어로는 'khandha'인데, 덩어리, 모임, 구성요소의 의미가 있습니다. 한자로 온이라고 번역한 것은 덩어리의 의미를 취한 것입니다. 이것을 음(陰)으로 한역하여, 5음(五陰)이라고 부르기도 합니다. 따라서 5온이나 5음은 동일한 말입니다.

'khandha'를 온으로 번역한 것은 5온의 의미를 잘 표현한 것이라고 할 수 있습니다. 왜냐하면 5온은 12입처에서 생긴 허망한 의식들이 욕탐에 의해 모여서 이루어진 망상 덩어리이기 때문입니다. 따라서 온은 '망상 덩어리'라고 할 수 있습니다. 그런데 왜 이러한 'khandha'를 어떤 분들은 '음'이라고 한역했을까요? '음'이라는 번역에도 깊은 뜻이 있는 것 같습니다. '음'은 그림자라는 의미입니다. 그림자는 실체가 아닙니다. 우리는 지금까지 5온의 의미를 살펴보면서 5온은 삶의 자취이며, 삶의 그림자라는 것을 알았습니다. 아마 'khandha'를 '음'으로 번역한 분들은 이러한 의미를 살리고 싶었던 것 같습니다.

5온은 이렇게 삶을 통해 나타난 무상한 의식들이 모여서 덩어리를 이루고 있는 '망상 덩어리'이며, '삶의 그림자'입니다. 보고, 듣고, 맛보고, 만진 삶의 그림자가 모여서 색온(色蘊)을 이루고, 즐거움을 느끼고, 괴로움을 느낀 삶의 그림자가 모여서 수온(受蘊)을 이루고, 비교하고 사유한 삶의 그림자가 모여서 상온(想蘊)을 이루고, 욕구를 가지고 의도한 삶의 그림자가 모여서 행온(行蘊)을 이루고, 사물을 분별하여 인식한 삶의 그림자가 모여서 식온(識蘊)을 이루고 있는 것입니다.

5온은 우리가 과거에 경험을 토대로 미래의 자신을 만들어가는 과정에서 생긴 의식이 존재화한 것입니다

———

우리는 보고, 듣고, 만진 경험을 통해, 외부에 사물이 대상으로 존재하고, 그것을 지각하는 감관을 지닌 육체가 존재하고 있다고 믿고 있습니다. 그리고 과거로부터 느끼고, 사유하고, 의도하고, 인식한 경험을 통해, 외부에 그러한 감정과 사유를 일으키는 사물이 존재하고, 그것에 대하여 느끼고, 사유하고, 의도하고, 인식하는 감정, 이성, 의지, 의식이 몸 안에 존재하고 있다고 믿고 있습니다. 이렇게 우리가 공간 속에 대립하여 존재하고 있다고 믿고 있는 사물과 자신의 존재는 경험을 통해 생긴 의식들의 덩어리에 지나지 않습니다.

예를 들어, 한 권의 책을 작년에 보고 오늘 볼 경우, 우리는 두 개의 지각을 갖게 됩니다. 이때 우리는 동일한 책을 두 번 보았다고 말합니다. 내년에 다시 이 책을 보게 된다면 우리는 동일한 책을 다시 보았다고 이야기할 것입니다. 그리고 작년에는 새 책이었는데, 오늘 보니 아주 낡았다고 이야기하고, 내년에 보아서 책이 찢어져서 휴지가 되어있다면, 그때는 책이 휴지가 되어버렸다고, 다시 말해서 책이 없어지고 말았다고 이야기할 것입니다.

이와 같이 우리는 어제 본 책을 통해 얻은 지각의 내용과 오늘 본 지각의 내용과 내일 보게 될 지각의 내용이 분명히 시간적으로 분리되어 있고, 그 내용도 동일한 것이 아님에도 불구하고, 객관적 대상은 분리가 없는 동일한 것이라고 여기게 됩니다. 그래서 동일한 책이 새것이었다가, 낡아서 휴지가 되어 없어졌다고 생각합니다. 여기에서 우리는 외부의 사물은 삶을 통해 체험된 내용이 의식에 의해 통일적으로 구성되어 존재로 객관화된 것이며, 이렇게 객관화된 대상은 단순히 체험된 지각내용의 합계가 아니라 동일한 존재라는 새로운 내용이 되어있음을 알 수 있습니다. 우리는 이렇게 체험된 내용을 동일한 존재로 구성하기 때문에, 책이 낡아서 없어졌다는 판단을 하게 되는 것입니다.

이러한 의식의 통일적 구성은 외부의 대상에 대해서만 이루어지는 것이 아닙니다. 우리는 과거에 사물을 본 눈과 현재 사물을 보고 있는 눈과 미래에 사물을 보게 될 눈에 대해서도 동일한 눈으로 과거에 보았고, 현재 보고 있으며, 미래에도 보게 되리라고 생각합니다. 과거에 본 것도 '나'이고, 현재 보고 있는 것도 '나'이며, 미래에 보게 될 것도 '나'라고 생각하는 것입니다. 그러나 과거의 보는 '나'와 현재의 보는

'나'와 미래의 보는 '나'는 결코 '동일한 나'가 아닙니다. 그런데도 이것을 '동일한 나'라고 생각하는 것은 체험하는 의식도 통일적으로 구성되어 존재로 객관화되고 있다는 것을 말해줍니다. 그리고 이러한 객관화를 통해 통일적으로 구성된 존재로서의 자아도 과거의 나와 현재의 나 그리고 미래의 나가 단순히 합해진 것이 아니라 '불변하고 동일하게 존재하는 자아'가 됩니다.

그 결과 우리는 불변하고 동일한 존재인 내가 나의 동일한 몸, 감정, 이성, 의지, 의식을 가지고, 동일하게 존재하는 외부의 대상에 대하여 보고, 느끼고, 사유하고, 의도하고, 인식한다고 믿게 됩니다. 이런 신념을 고집하는 것이 중생입니다. 그리고 5온은 이러한 신념으로 살아가는 중생들에 의해 체험된 내용이 통일적으로 구성되어 존재화한 것이기 때문에, 그 본질은 과거, 현재, 미래에 체험되고, 체험하고, 체험될 내용이 하나로 뭉쳐진 허망한 의식의 덩어리라고 할 수 있습니다.

부처님께서는 이러한 5온의 모습을 다음과 같이 말씀하십니다.

"과거의 색(色)은 무상하다. 그런데 하물며 현재의 색이 무상하지 않겠는가. 이와 같이 보는 성제자(聖弟子)는 과거의 색을 돌아보지 않고, 미래의 색을 바라지 않으며, 현재의 색을 싫어하고, 떠나고, 바르게 없애고자 할 것이다. 이와 같이 과거 미래의 수, 상, 행, 식도 무상하거늘 하물며 현재의 수, 상, 행, 식이 무상하지 않겠는가. 5온이 괴로움이고, 공(空)이고, 무아(無我)임도 마찬가지이니라."

부처님께서는 이와 같이 중생들에 의해 과거, 현재, 미래에 걸쳐 불변하는 동일한 존재로 인식된 5온에 대하여, 그것이 무상한 체험내용임을 지적하십니다.

그런데 이러한 부처님의 말씀을 듣고도 여전히 "체험된 내용을 모아서 통일적으로 구성하고 있는 의식은 존재하지 않겠는가?"라는 의심이 남을 것입니다. 부처님 당시에도 그런 의문을 가진 제자가 있었습니다. 전에 이야기한 네 가지 음식이 있어서 중생이 되도록 돕고, 중생을 세상에 머물면서 자라게 한다는 법문을 들은 팍구나(Phagguna)라는 비구는 부처님에게 이 네 가지 음식은 누가 먹느냐고 물었습니다. 이러한 물음에 부처님께서는 『잡아함경』 372에서 다음과 같이 대답하십니다.

"나는 식(識)을 먹는 자가 있다고 말하지 않았다. 내가 만약 식을 먹는 자가 있다고 말했다면 너는 마땅히 그렇게 물어야 할 것이다. 그러나 나는 식이 음식이라고 말했으므로, 너는 마땅히 '어떤 인연으로 식이라는 음식이 있게 됩니까?'라고 물어야 한다. 그러면 나는 미래를 초래하여 미래의 생(生)을 상속하는 유(有)가 있기 때문에 6입처가 있고, 6입처를 인연으로 촉이 있다고 대답할 것이다."

팍구나가 다시 물었다.

"누가 접촉합니까?"

부처님께서 팍구나에게 대답하셨다.

"나는 접촉하는 자가 있다고 말하지 않았다. 나는 촉이 있다고 말했다. 그러므로 너는 '어떤 인연에서 촉이 생깁니까?'라고 물어야 한다. 그러면 나는 '6입처를 인연으로 촉이 생긴다'라고 대답할 것이다."

이 경에서 팍구나는 동일하게 존재하는 자아를 생각하고 있습니다. 따라서 네 가지 음식을 이야기했을 때, 이 음식을 먹는 존재로서의 자아가 어떤 것인가를 물었던 것입니다. 또 촉이 있다는 부처님의 말씀을 듣고, 외부의 사물을 접촉하여 인식하는 존재로서의 자아는 무엇인가를 묻고 있습니다.

우리는 누구나 팍구나와 마찬가지로 내가 음식을 먹고 살고 있고, 내가 외부의 사물을 접촉하여 그것을 인식한다고 생각합니다. 부처님께서는 우리가 동일한 자아라고 생각하고 있는 것은 촉을 통해 생긴 허망한 의식들이 존재로 객관화한 것이지 실재하는 존재가 아니라는 것을 설명하기 위하여 네 가지 음식을 말씀하신 것입니다. 그래서 부처님께서는 누가 먹는가를 묻지 말고 음식을 먹는 존재, 즉 '동일한 자아'라는 생각을 만들고 있는 네 가지 음식이 어떻게 생긴 것인가를 묻도록 하신 것입니다. 그리고 미래에도 동일한 자아가 존재하여 다음 생을 받는다고 생각하기 때문에 허망한 6입처가 있고, 6입처를 인연으로 촉이 생겨서, 촉을 인연으로 네 가지 음식이 있게 된다고 대답하신 것입니다.

이렇게 부처님께서는 과거, 현재, 미래에 동일하게 존재하는 '자아가 있다'는 팍구나의 잘못된 생각을 없애주기 위하여 그러한 잘못된 생각이 있을 때 6입처가 사라지지 않고, 6입처를 인연으로 촉이 발생하며, 촉에서 연기한 네 가지 음식을 끊임없이 '자아'로 취하기 때문에 생사의 허망한 생각이 이어진다고 말씀하셨습니다. 그러나 팍구나는 여전히 그 생각을 버리지 못하고, 누가 외부의 사물을 접촉하느냐고 다시 묻고 있습니다. 이렇게 팍구나와 같이 '자아'란 체험이 통일적으로 구성된 것임을 깨닫지 못하면 부처님의 설법은 왜곡될 수밖에 없습니다.

"체험된 내용을 모아서, 통일적으로 구성하고 있는 의식은 존재해야 하지 않겠는가?" 하는 의심은, 음식이 있으면 그것을 먹는 존재가 있어야 하지 않은가를 묻는 것과 다름이 없습니다. 존재를 구성하는 의식은 동일한 모습으로 존재하는 것이 아니라, 체험을 통해 어떤 내용이 지각되면, 그 지각된 내용을 인연으로 생긴 것입니다. 즉 과거에 존재를 통일적으로 구성한 의식과 현재 존재를 통일적으로 구성하는 의식과 미래에 존재를 통일적으로 구성할 의식은 동일한 의식이 아니지만, 이것을 통일적으로 구성하여 존재로 객관화함으로써, 존재를 구성하는 의식도 존재한다고 생각하게 됩니다.

부처님께서는 이렇게 체험된 내용을 가지고 나 자신과 세계의 존재를 통일적으로 구성하는 것을 유위를 조작한다고 하셨습니다. 그리고 이렇게 유위를 조작하는 작용이 존재화한 것이 5온의 행(行)입니다.

이러한 행의 작용을 설명하고 있는 것이 행의 의미를 살펴볼 때 소개했던 『잡아함경』46입니다. 이 경을 다시 살펴봅시다.

"비구들이여, 그들은 무엇을 행(行)이라고 하는 것일까? 비구들이여, 유위를 조작한다. 그러면 거기에서 행이라는 말이 사용된다. 어떤 유위를 조작하는가? 형태적인 성질을 가지고 색(色)이라는 유위를 조작하고, 느끼는 성질을 가지고 수(受)라는 유위를 조작하고, 사유하는 성질을 가지고 상(想)이라는 유위를 조작하고, 유위를 조작하는 성질을 가지고 행이라는 유위를 조작하고, 분별하는 성질을 가지고 식(識)이라는 유위를 조작한다. 비구들이여, 이와 같이 유위를 조작하면 거기에서 행이라는 말이 사용된다."

행은 이렇게 같은 성질이라고 생각되는 것을 모아서 통일적으로 구성하여 5온을 조작하는 작용입니다. 그리고 다른 것만 조작하는 것이 아니라 5온을 조작하는 자신까지도 유위로 조작하는 것이 행입니다.

체험의 내용은 이렇게 행에 의해 통일적인 존재로 구성되어 객관화합니다. 그러면 식이 이것을 대상으로 인식하게 되는데, 5온은 이렇게 행에 의해 존재로 구성되고, 식에 의해 객관적 존재로 대상화됨으로써 성립됩니다.

5온과 연기설의 관계

1

—

5온으로 살아가는 중생의 삶

지금까지 5온에 대하여 살펴보았습니다. 이제 5온과 12연기(十二緣起)
의 관계를 살펴보도록 하겠습니다.

5온과 12연기는 밀접한 관계에 있습니다

———

　　　　　이들의 관계를 이해하기 위해서는 먼저 네 가지 음식
을 통해 식(識)이 증장(增長)한다는 식의 증장을 살펴볼 필요가 있습니
다. 이전에는 5온이 구성되는 측면에서 살펴보았기 때문에 식이 증장
하는 측면은 간단히 언급했습니다만, 이번에는 식의 증장의 측면에 중
점을 두고, 이를 면밀히 살펴보도록 하겠습니다.

『쌍윳따 니까야』12.64에서 식의 증장을 다음과 같이 이야기합니다.

"비구들이여, 태어난 중생을 유지시키고, 태어나려고 하는 중생을 태어나도록 돕는 네 가지 음식이 있다. 네 가지는 어떤 것인가? 첫째는 거칠거나 부드러운 단식(摶食)이고, 둘째는 촉식(觸食)이며, 셋째는 의사식(意思食)이고, 넷째는 식식(識食)이다.

　　비구들이여, 만약 단식, 촉식, 의사식, 식식에 탐욕이 있고, 좋아하는 마음이 있고, 갈애(渴愛)가 있으면, 그곳에 식(識)이 안주하여 성장한다. 식이 안주하여 성장할 때, 그때 명색(名色)이 출현한다. 명색이 출현할 때, 그때 행(行)들이 증가한다. 행들이 증가할 때, 그때 미래에 새로운 존재가 생긴다. 미래에 새로운 존재가 생길 때, 그때 미래에 생(生), 노(老), 사(死)가 있다. 비구들이여, 미래에 생, 노, 사가 있을 때, 슬픔이 함께하고, 근심이 함께하고, 고뇌가 함께한다고 나는 이야기한다.

　　비구들이여, 비유하면, 염색공이나 화가가 검은 옻칠이나 노란 울금이나 푸른 남색이나 붉은색 물감으로 잘 닦은 널빤지 벽이나 흰 천에 사지(四肢)가 온전한 여인의 모습이나 사람의 모습을 그리는 것과 같다."

이 경의 내용을 지금까지의 이해를 바탕으로 해석해 봅시다. 우리는 지금까지 12입처에서 5온이 성립되는 과정을 살펴보았습니다. 욕탐에 묶여있는 마음인 12입처에서 6식(六識)이라는 분별심이 발생하면, 우리의 마음은 분별된 의식 상태인 18계(十八界)가 되고, 이러한 18계의 상태에서 보고, 듣고, 맛보고, 만지고, 생각하게 되면, 외부에 보이고, 들리는 것이 있다고 느끼는 6촉(六觸)이 발생합니다.

6촉은 몸 안에는 사물을 인식하는 식이 있고, 외부에는 공간 속에 4대(四大)로 된 사물이 있다고 느끼는 의식 상태입니다. 이러한 촉에 의해서 18계라는 의식의 세계는 6계(六界)라는 존재의 세계로 인식됩니다. 외부의 사물로 느껴지는 색(色)·성(聲)·향(香)·미(味)·촉(觸)과 그것을 지각하는 자신의 몸으로 느껴진 안(眼)·이(耳)·비(鼻)·설(舌)·신(身)을 4대로 된 존재로 인식함으로써 지계(地界)·수계(水界)·화계(火界)·풍계(風界) 4계(四界)가 성립하고, 이러한 사물들이 공간 속에 존재한다고 생각함으로써 공계(空界)가 성립하며, 그것을 느끼는 식(識)이 몸 안에 있다고 생각함으로써 식계(識界)가 성립하여, 6계가 됩니다. 이렇게 18계를 6계로 느끼는 촉을 무명에서 비롯된 촉이라는 의미에서 무명촉(無明觸)이라고 합니다.

외부에 사물이 있다고 인식하면, 그 사물에 대하여 감정적인 느낌[受]과 이성적인 사유[想]와 의지적인 의도[思]가 생깁니다. 이미 언급했듯이, 네 가지 음식은 촉에서 생긴 6계와 수(受)·상(想)·사(思)를 의미합니다. 단식(摶食)은 6계의 지수화풍 4계(四界)를 의미하고, 촉식(觸食)은 '외부에 무엇인가가 있다'는 느낌, 즉 촉(觸)을 의미하며, 의사식(意思食)은 촉에서 발생한 감정적인 느낌인 수(受), 이성적인 사유인 상(想), 의도적인 의지인 사(思)를 의미하고, 식식(識食)은 식(識)을 의미합니다.

중생들은 촉에서 비롯된 이들 네 가지 음식을 취하여 자기의 존재와 세계의 존재를 조작해 냅니다. 우리는 이미 이러한 유위의 존재를 조작하는 것이 행(行)이라는 것을 살펴본 바 있습니다. 그리고 이렇게 조작된 유위가 5온입니다. 따라서 이 경에서는 5온을 자기 존재라고 생각하는 중생들은 촉에서 생긴 네 가지 음식을 취함으로써 중생의 상태에서 벗어나지 못하고 유위의 세계에 머물면서 자라나고 있다고 이야기하고 있습니다.

이렇게 중생들이 중생의 상태에서 벗어나지 못하고 중생의 상태를 키워가는 까닭은 촉에서 생긴 무상한 의식들을 동일성을 지닌 존재로 착각하여, 이들을 좋아하고 탐내기 때문입니다. 즉 마음에 욕탐을 가지고 이들을 취하여 그 욕탐을 만족시키려 하기 때문에, 허망한 의식이 음식처럼 취해지고 있는 것입니다. 그래서 부처님께서는 이들을 네 가지 음식이라고 말씀하신 것입니다. 이렇게 허망한 의식이 음식처럼 취해져서 행에 의해 존재로 조작되면, 식은 이것을 분별함으로써 증장합니다. 네 가지 음식에 희탐(喜貪)이 있으면 식이 증장한다는 것은 이것을 의미합니다.

이러한 식의 증장에서 우리가 주목해야 할 것은, "식이 증장하기 때문에 명색이 출현하고, 명색이 출현하기 때문에 행들이 증가한다"는 말씀입니다. 식이 인식의 대상으로 삼는 것이 명색입니다. 그리고 명색을 조작해내는 것이 행입니다. 따라서 행이 명색을 조작하면, 식이 이것을 인식한다고 해야 하는데, 이 경에서는 오히려 식이 증장하면 명색이 출현하고, 명색이 출현하면 행들이 증가한다고 하고 있습니다.

행이 새롭게 유위를 조작하면, 식은 이것을 새로운 이름과 형태로 분별합니다. 이렇게 분별함으로써, 식은 이름과 형태를 지닌 사물이 외부에 실재한다는 인식을 하게 됩니다. 이와 같이 식이 새로운 명색으로 지각내용을 분별하게 되는 것을 식이 증장한다고 하고, 명색으로 분별한 존재가 외부에 실재한다고 인식하는 것을 명색이 출현한다고 이야기한 것입니다.

그렇다면, 명색이 출현하면 행들이 증가한다는 것은 어떤 의미일까요? 행의 근본은 촉에서 생긴 수·상·사 가운데 의지적인 의도를 의미하는 사(思)입니다. 행은 외부에 사물이 있다고 느낄 때 나타나는 의지작용입니다. 식의 증장을 통해서 외부에 새로운 존재가 있다고 인식되면, 이 새로운 존재에 대하여 다시 새로운 욕구, 즉 행이 생겨서 새로운 유위를 조작하게 됩니다. 이것을 행들이 증가한다고 하는 것입니다.

이렇게 행이 증가하면, 행에 의해 새로운 유위가 조작되고, 새롭게 조작된 유위를 존재로 취하게 됩니다. 이것을 부처님께서는 행이 증가할 때 미래에 새로운 존재가 생긴다고 말씀하십니다.

하나의 예를 살펴봅시다. 책상이 세상에 존재하게 된 것은 책을 놓고 보려는 욕구가 있었기 때문입니다. 이 욕구는 책이 존재하기 때문에 생긴 것입니다. 책이 없다면 책을 편히 볼 생각은 생기지 않을 것입니다. 따라서 책을 놓고 보려는 욕구, 즉 행은 책을 존재한다고 느낀 촉과 책을 인식할 수 있게 된 식의 증장에 의해 생긴 것입니다. 이렇게 행의 증장을 통해 책상이 세상에 존재하게 되는데 그 과정을 살펴보도록 합시다.

책상을 처음 만든 사람은 책을 놓고 보려는 욕구가 있었을 것입니다. 그는 먼저 여러 형태의 나무를 책상의 재료로 준비할 것입니다. 그러나 그는 모든 나무를 재료로 취하지는 않습니다. 책상을 만드는데 쓸모가 없다고 생각되는 나무는 버리고, 쓸모 있는 것만을 취할 것입니다. 그리고 모인 재료로 다리 모양을 만들고, 서랍 모양을 만들고, 넓고 평평한 모양을 만들었을 것입니다. 그리고 이것들을 책을 놓고 보기에 적당한 모양으로 조립했을 것입니다. 이렇게 조립을 하여 책을 놓고 보기에 적합한 모양이 이루어졌을 것입니다. 그는 이 모양이 자신이 알고 있는 상(床)과 비슷하게 생겼기 때문에, 책을 놓고 보는 상이라는 의미에서 책상이라는 이름을 붙였을 것입니다. 그리고 '이것은 밥상이나 침상과는 다른 책상이다'라고 인식하게 되었을 것입니다.

이와 같이 책상을 만드는 과정에서 새롭게 5온이 성립합니다. 먼저 책상을 만들려는 욕구를 가지고 나무를 볼 때, 보는 눈과 보이는 나무가 존재한다는 생각이 색(色)입니다. 나무를 보고 이것은 책상을 만들기에 좋고, 저것은 나쁘다고 느낄 때, 느끼는 감정이 수(受)입니다. 어떤 나무가 더 쓸모가 있는지를 비교하여 쓸모없는 것은 버리고, 쓸모 있는 것만을 모아 적절하다고 생각될 때까지 다듬는 일을 할 때, 비교하고 추상하여 총괄하는 이성이 상(想)입니다. 적절하게 다듬어진 재료를 조립하여 책을 놓고 보려는 욕구를 충족시키는 모양을 만들 때, 욕구를 가지고 책상을 만드는 의지가 행(行)입니다. 그리고 이것에 이름을 붙여 인식할 때 인식하는 의식이 식(識)입니다.

5온은 이와 같이 우리의 삶의 흔적이 모여 존재화한 것입니다. 이렇게 존재화한 5온은 삶을 통해 새로운 모습으로 구성됩니다. 책상을 새롭게 만든 사람의 경우, 책상을 만드는 과정을 통해 책상을 만들기 전과는 다른 새로운 의식을 갖게 됩니다. 그는 책을 놓고 보려는 욕구를 가지고 있기 때문에 전에는 쓸모없이 느낀 나무가 책상을 만드는 데는 쓸모가 있게 느껴졌을 것입니다. 이렇게 새로운 느낌이 생깁니다. 책을 놓고 보려는 욕구를 가지고 사유하기 때문에 사유의 내용도 새로운 것일 것입니다. 책상을 만드는 의도는 전에 있던 의도와는 다른 새로운 것입니다. 새로운 의도에 의해 만들어진 책상을 인식하면서, 식은 이제 책상을 인식할 수 있는 식으로 증장했을 것입니다.

이와 같이 식의 증장은 단순히 식의 증장만을 의미하는 것이 아니라 새로운 5온의 성립을 의미합니다. 식이 증장하면 새로운 명색의 세계에 들어가게 되고, 새로운 명색의 세계에 들어가게 되면 그 명색을 대상으로 새로운 욕구가 생겨서 새로운 행의 작용이 일어나며, 새로운 행의 작용에 의해 미래의 자신의 존재로 취해질 새로운 5온이 성립하게 되는 것입니다.

이러한 식의 증장은 중생의 윤회를 의미합니다

———

식에 의해 5온이 성립하면, 이 식은 그 5온에 의한 삶을 통해 새로운 5온을 성립시키고, 새로운 5온이 성립하면, 식은 다시 새로운 5온에 의한 삶을 통해 증장하여 다시 새로운 5온을 성립시킵니다. 과거의 식에 의해 성립한 5온은 전생의 중생의 존재이고, 새롭게 증장한 현재의 식에 의해 성립한 5온은 현재의 중생의 존재이며, 현재의 삶을 통해 증장한 미래의 식에 의해 성립한 5온은 미래의 중생의 존재가 되는 것입니다. 이렇게 식의 증장에 의해 중생들은 과거의 나, 현재의 나, 미래의 나를 끊임없이 만들어가면서 생사의 괴로움을 느끼고 있는 것입니다.

식의 증장을 통해 끊임없이 새로운 5온이 구성되는 것을
보여주는 것이 12연기입니다

———

12연기의 무명(無明)과 행(行)은 과거의 5온에 의한 삶을 의미합니다. 과거의 5온에 의한 삶을 통해 식(識)이 증장하면, 새로운 5온이 형성됩니다. 이것이 12연기의 식과 명색입니다. 따라서 12

연기의 식과 명색은 현재의 5온을 의미합니다.

이렇게 새롭게 형성된 식과 명색에 바탕을 두고, 보고, 듣고, 만지고 생각하면서 보고, 듣고 생각하는 것을 나라고 생각하는 의식이 12연기의 6입처입니다. 6입처가 나타나면 촉이 나타나고, 촉을 통해 외부에 존재한다고 느껴진 사물에 대하여 느끼고, 느낀 것 가운데 애착하는 것을 취하여 새로운 미래의 5온을 구성하는 것이 12연기의 촉(觸), 수(受), 애(愛), 취(取)입니다. 이것이 유위를 조작하는 중생들의 삶, 즉 행(行)입니다. 이러한 행에 의해 조작된 새로운 5온은 미래의 자기 존재로 인식됩니다. 이것이 12연기의 유(有)입니다. 이렇게 식의 증장을 통해 5온이 끊임없이 새롭게 구성되기 때문에, 새로운 생을 받아 늙고 병들어 죽는다고 생각하는 중생들의 괴로움이 반복됩니다.

이와 같이 12연기는 과거에 형성된 5온에 의한 중생의 삶이 식을 증장시켜 현재의 5온을 성립시키고, 현재의 5온에 의한 삶은 식의 증장을 통해 미래의 5온을 형성시킴으로써 생사가 끊임없는 이어진다는 것을 보여주고 있습니다. 12연기는 이와 같이 5온을 자신의 존재라고 생각하는 중생들의 삶이 어떻게 허망한 생사의 세계를 만들고 있는가를 보여주고 있습니다.

2

—

식(識)의 증장(增長)과 새로운 5온의 형성

**12연기를 바르게 이해하기 위해서는 5온이 식의 증장을 통해
새롭게 구성되는 과정을 확실하게 이해해야 합니다**

———

　　　　　　5온이 식의 증장을 통해 끊임없이 새로운 모습으로
구성되는 것을 『잡아함경』 39에서 부처님께서는 다음과 같은 비유로
설명하고 있습니다.

"다섯 가지 종자(種子)가 있다. 어떤 것이 다섯 가지 종자인가? 뿌리
종자, 줄기 종자, 가지 종자, 열매 종자, 씨 종자를 말한다. 이 다섯 종
자가 끊어지지 않고, 파괴되지 않고, 썩지 않고, 바람에 떨어지지 않
고, 견실하게 익었다 할지라도, 흙은 있으나 물이 없으면 그 종자는

살아서 크게 자라지 못하며, 물은 있으나 흙이 없어도 살아서 크게 자라지 못한다. 그러나 그 종자가 흙이 있고 물이 있으면 그 종자는 살아서 크게 자란다.

비구들이여, 저 다섯 가지 종자는 음식을 갖고 있는 식[取陰俱識; viññāṇaṃ sāharaṃ]을 비유한 것이고, 흙은 4식주(四識住)를 비유한 것이고, 물은 희탐(喜貪)을 비유한 것이다. 식(識)은 네 가지에 머물면서 그것에 반연(攀緣)한다. 어떤 것이 네 가지인가? 식(識)은 색(色) 가운데 머물면서 색(色)을 반연하여 그것을 즐기면서 살아가며 커간다. 식(識)은 수(受), 상(想), 행(行) 가운데 머물면서 수, 상, 행을 반연하여 그것을 즐기면서 살아가며 커간다."

이 경에서 다섯 가지 종자는 5온으로 구성될 요인을 의미합니다. 뿌리, 줄기, 가지, 열매, 씨앗은 각각 5온의 색, 수, 상, 행, 식을 의미합니다. 뿌리 종자는 5온의 색이 될 요인을 의미하고, 줄기 종자, 가지 종자, 열매 종자, 씨앗 종자는 각각 5온의 수, 상, 행, 식이 될 요인을 의미합니다. 이러한 다섯 가지 종자는 개별적으로 존재하고 있는 것이 아니라, 씨앗 속에 줄기나 가지가 될 인자(因子)가 들어있듯이, 식(識) 속에 미래에 5온으로 성립될 요인으로 들어있다는 것입니다.

예를 들어, 볍씨 속에는 뿌리가 될 인자, 줄기가 될 인자, 마디가 될 인자, 이삭이 될 인자가 함께 들어 있습니다. 그래서 하나의 볍씨에서 뿌리가 나오고, 줄기, 마디, 이삭이 나와 새로운 볍씨가 열립니다. 이렇게 새롭게 열린 볍씨 속에는 또 뿌리, 줄기, 마디 이삭이 될 요인이 있게 됩니다.

이 경에서 이야기하는 다섯 종자는 이렇게 다섯 가지로 만들어질 요인을 속에 담고 있는 하나의 볍씨와 같은 것을 의미합니다. 부처님께 서는 이러한 볍씨와 같은 씨앗을 음식을 갖고 있는 식에 비유하고 있습 니다. 우리는 식을 증장하게 하는 단식, 촉식, 의사식, 식식이라는 네 가 지 음식에 대하여 살펴본 바 있습니다. 전에 살펴본 바와 같이 네 가지 음식은 5온으로 구성될 5온의 질료입니다. 이 경에서 이야기하고 있는 음식을 갖고 있는 식은 5온의 질료가 될 네 가지 음식을 취하여 자신 속 에 간직하고 있는 식을 의미합니다. 이 식이 『잡아함경』에는 취음구식 (取陰俱識), 즉 '5온을 취하여 함께하고 있는 식(識)'으로 변역되어 있는 데, 『쌍윳따 니까야』에는 '음식을 가지고 있는 식(viññāṇaṃ sāharaṃ)'으로 되어 있습니다.

식은 그 속에 5온으로 구성될 요인을 가지고 있습니다. 그리고 그 요인은 중생의 삶을 통해 형성된 것입니다. 중생의 삶을 통해 형성된 경 험의 내용들은 5온으로 구성될 요인이 되어 식 속에 종자로 간직됩니다. 그러다가 인연을 만나면, 식 속의 종자가 새로운 5온으로 구성됩니다.

이것이 유식(唯識) 사상의 핵심이론인 종자설(種子說)의 원형입니 다. 아뢰야식 속에는 종자들이 들어있는데, 그 종자들은 현실적인 삶을 통해서 형성되고, 이렇게 삶에 의해 형성되어 아뢰야식 속에 간직된 종 자는 인연을 만나면 현실적인 삶으로 나타난다는 것이 유식 사상의 종 자설입니다. 유식 사상에서는 "현행은 종자를 훈습하고, 종자는 현행 을 낳는다(現行熏種子 種子生現行)"라고 하는데, 이것은 중생이 지은 업 은 종자가 되어 아뢰야식 속에 보관되었다가 인연을 만나면 새로운 업 으로 나타난다는 뜻입니다. 이와 같이 『아함경』의 식증장설(識增長說) 은 유식 사상의 근거가 되고 있습니다.

하나의 씨앗 속에 간직된 다섯 종자는 흙과 물이라고 하는 두 가지 인연을 만나야 뿌리, 줄기, 가지가 나오고 열매를 맺어 새로운 종자가 됩니다. 만약 두 가지 인연 가운데 하나만 없어도 종자는 자랄 수 없습니다. 이와 마찬가지로 식 속에 간직된 5온의 종자, 즉 네 가지 음식은 4식주(四識住)와 희탐(喜貪)이라는 두 가지 인연을 만나야만 식이라고 하는 씨앗이 자라나, 그 속의 다섯 종자가 5온으로 새롭게 구성된다고 하는 것이 이 경의 내용입니다. 따라서 이제 4식주와 희탐이 무엇을 의미하는지 살펴보지 않을 수 없습니다.

4식주란 5온 가운데 식(識)을 제외한 색(色), 수(受), 상(想), 행(行) 네 가지 온(蘊)을 의미합니다. 전에 살펴본 바와 같이, 식은 무상한 분별심입니다. 따라서 스스로는 사라지지 않고 머물고 있을 수가 없습니다. 그런데도 중생의 마음속에서 사라지지 않고 머물면서 자라나는 것은 그것이 머물 장소가 있기 때문입니다. 『잡아함경』 376, 377에서는 다음과 같이 이야기합니다.

"네 가지 음식[四食]이 있어서 중생을 기르며 세간에 머물러 자라게 한다. … 북서(北西)로 길고 넓은 누각(樓閣)이나 궁전(宮殿)에 동서(東西)로 창문이 있을 때, 해가 동쪽에서 뜨면 어느 곳을 비추겠는가?"

"서쪽 벽을 비춥니다."

"이와 같이 네 가지 음식에 탐(貪)이 있고, 희(喜)가 있으면 식(識)이 머물면서 증장한다."

"만약에 서쪽 벽이 없다면 어느 곳을 비추겠는가?"

"허공을 비추어 의지할 곳이 없습니다."

"이와 같이 네 가지 음식에 탐이 없고, 희가 없으면 식이 머물 곳이 없어서 … 괴로움 덩어리가 소멸한다."

마치 태양의 빛이 스스로 머물 수는 없지만, 벽이 있으면 벽에 의지하여 머물듯이 5온의 색, 수, 상, 행은 식이 머무는 장소가 됩니다. 그래서 색, 수, 상, 행을 식이 머무는 장소라는 의미에서 4식주(四識住)라고 합니다.

그렇다면 색, 수, 상, 행에 식이 머문다는 것은 어떤 의미일까요? 식은 인식의 대상이 있을 때 나타납니다. 우리의 삶 속에서 인식되는 대상은 무상하게 인연 따라 나타난 것으로서 실체가 없습니다. 예를 들면, 꽃은 어제의 꽃과 오늘의 꽃이 동일하지 않습니다. 그러나 우리는 꽃을 본 경험의 내용을 통일적으로 구성하여 어제의 꽃과 오늘의 꽃을 동일한 꽃으로 객관화시켜 이것을 식의 대상으로 삼습니다.

어제의 꽃과 오늘의 꽃이 동일하지 않으므로, 어제의 꽃을 인식한 의식과 오늘의 꽃을 인식한 의식도 동일한 의식이 아닙니다. 어제 꽃을 인식한 의식은 온 곳이 없이 생겼다가 간 곳이 없이 사라졌습니다. 그리고 오늘 꽃을 인식한 의식은 어제 인식한 의식이 몸속에 숨어 있다가 나온 것이 아니라, 12입처를 인연으로 새로 나온 것입니다. 그러나 중생들은 꽃을 동일한 대상이라고 생각하기 때문에 그것을 인식한 의식도 동일하다고 생각합니다. 즉 대상을 인식하는 의식도 통일적으로 구성되어 어제의 의식과 오늘의 의식이 동일한 의식으로 존재화하여 객관화됩니다. 그래서 우리는 사물을 인식하는 의식이 몸속에 머물고 있다고 생각하게 됩니다.

그러나 식은 우리의 몸속에 머무는 것이 아니라, 체험의 내용이 통일적으로 구성되어 존재화한 것에 머물고 있습니다. 우리는 5온이 체험의 내용이 통일적으로 구성되어 존재로 객관화한 것임을 살펴본 바 있습니다. 식은 이렇게 존재화한 5온을 대상으로 인식하게 되는데, 식은 5온을 동일한 존재로 인식함으로써 식(識) 자신도 동일한 존재로 머물게 되는 것입니다. 그래서 부처님께서는 색, 수, 상, 행을 식이 머무는 곳이라고 말씀하신 것입니다. 씨앗이 땅에 머물면서 뿌리, 가지, 줄기, 열매를 맺고 자라기 때문에 다시 새로운 씨앗이 만들어지듯이, 중생들은 5온이라는 존재화한 세계에 머물면서 보고, 느끼고, 사유하고, 유위를 조작하며 살아가기 때문에 새로운 자기 존재의 씨앗인 식이 상속된다는 것입니다.

씨앗은 땅에 머문다고 해서 뿌리가 나오고, 가지나 줄기가 생기지는 않습니다. 땅에 머무는 동안 물이 있어야 씨앗이 자라서 새로운 씨앗이 나옵니다. 이와 마찬가지로 부처님께서는 우리의 식에 있는 다섯 가지 종자, 즉 5온의 요인이 새로운 5온으로 구성되기 위해서는 희탐(喜貪)이 있어야 한다고 말씀하십니다. 이제 이 말씀의 의미를 살펴봅시다.

이전에 책상을 새로 만드는 비유를 했었는데, 이번에도 그 비유가 적절할 것 같습니다. 책상은 아직 세상에 없고, 책과 상만 있다고 합시다. 그러니까 세상은 책과 상으로 되어있는 것입니다. 이러한 세상에서 살아가는 중생의 의식은 책과 상만을 인식할 수 있는 의식입니다. 이때 책과 상만을 인식할 수 있는 의식은 책과 상을 구성할 수 있는 음식을 가지고 있는 식입니다. 즉 식 속에는 책과 상만을 분별할 수 있는 분별심이 있기 때문에, 책과 상만이 있는 세상에서 책을 보면 책이라고 인식하고, 상을 보면 상이라고 인식합니다. 이렇게 책과 상을 인식함으로써 식은 머물고 있습니다. 그러니까 책과 상은 식이 머무는 4식주에 해당하는 것입니다. 이렇게 4식주만 있을 때는 식이 머물기는 하지만 자라지는 못합니다. 그런데 책을 들고 읽다가 책을 놓고 읽으면 좋겠다는 생각을 했다고 합시다. 이것이 책을 반연하여 생긴 희탐, 즉 좋아하고 탐내는 마음입니다. 이러한 희탐이 있게 되면 책을 상에 놓고 읽거나, 새로 책을 놓고 읽을 상을 만들 것입니다. 그리고 이것에 자기가 알고 있는 책과 상의 이름을 결합하여 책상이라고 부를 것입니다. 그러니까 책상이라는 이름은 식 속에 있는 책을 분별하는 의식과 상을 분별하는 의식이 결합하여 이루어진 것입니다. 이렇게 식의 내부에 종자로 있던 책과 상을 분별하는 의식은 희탐에 의해 책상이라는 새로운 존재로 세상에 나타납니다. 그러면 우리는 이제 책과 상과 책상이 있는 세상에 살게 되며, 이것을 인식하는 식도 이전의 식과는 다른 책과 상과 책상을 분별할 수 있는 증장한 식이 됩니다.

이러한 중생의 삶을 부처님께서 "식은 색(色) 가운데 머물면서 색을 반연하여 그것을 즐기면서 살아가며 커간다. 식은 수, 상, 행 가운데 머물면서 수, 상, 행을 반연하여 그것을 즐기면서 살아가며 커간다"라고 하신 것입니다.

중생들은 삶을 통해 체험된 내용을 통일적으로 구성하여 5온이라는 존재로 객관화시켜놓고, 이렇게 5온으로 존재화한 세계 속에서 식을 인식의 주체, 즉 자신의 존재라고 생각하며 살아갑니다. 중생들이 인식의 주체라고 생각하고 있는 식 속에는 삶을 통해 형성된 체험의 내용이 5온의 종자가 되어 들어있습니다. 중생의 세계는 이러한 식 속의 종자들이 존재로 객관화된 것입니다. 중생들은 이렇게 객관화된 존재의 세계에 머물면서, 인식되는 존재를 반연하여 희탐, 즉 욕구를 일으킵니다. 그러면 그 욕구에 의한 삶을 통해 체험된 내용은 욕구에 상응하는 새로운 존재로 구성됩니다. 이렇게 새롭게 구성된 존재를 새로운 이름으로 인식함으로써 식은 새로운 모습으로 증장합니다. 식이 새롭게 증장하면 중생의 삶은 새로운 식을 토대로 새롭게 전개됩니다. 이것이 중생의 윤회입니다. 식은 5온에 머물면서 희탐이 있으면 증장하고, 식이 증장하면 기존의 5온을 토대로 미래의 5온이 구성되고, 미래의 5온이 구성되면 증장된 식은 다시 이 5온에 머물면서 증장하고, 이렇게 식의 증장을 통해 끊임없이 새로운 5온이 구성됩니다.

우리는 보고, 느끼고 사유하고, 의도하고, 인식하면서 살아가는 가운데 인식의 폭이 증가하고, 이렇게 폭넓어진 인식을 토대로 새롭게 보고, 느끼고, 사유하고, 의도하고, 인식하면서 살아갑니다. 이러한 삶에는 나와 세계가 분별되지 않습니다. 부처님께서는 이러한 삶을 부정하지는 않습니다. 다만 헛된 욕탐에 의해 식이 머물면서 증장함으로써 나타난 왜곡된 삶을 바로잡도록 하실 뿐입니다. 12연기는 우리가 왜곡된 삶을 버리고 참된 삶을 회복할 수 있도록 5온의 구조로 살아가는 중생의 삶의 모습을 보여준 것입니다.

3

5온의 연기(緣起) 구조

지금까지 살펴보았듯이, 5온은 식의 증장을 통해 새롭게 구성되고 있습니다. 5온이 새롭게 구성된다는 것은 5온이 연기하고 있다는 것을 의미합니다.

5온은 연기의 구조를 가지고 있습니다

———

　　　5온의 연기 구조를 살펴보기 위해서 먼저 연기의 의미를 알아봅시다. 일반적으로 연기(緣起)는 인연(因緣)과 혼동되고 있습니다. 그래서 12연기를 12인연이라고도 합니다. 그러나 연기와 인연은 의미가 다릅니다.

인연은 인(hetu)과 연(paccaya)이 결합된 말입니다. 씨앗이 인이 되고, 물과 땅속의 자양분이 연이 되어 싹이 생겨납니다. 이렇게 인과 연에 의해 새로운 사물이 생길 때, 우리는 어떤 것이 인연에 의해서 생겼다고 이야기합니다.

그러나 연기는 이러한 인연의 의미가 아닙니다. 연기는 'paticca-samuppāda'를 번역한 것인데, 이 말은 '의존하여 함께 나타남'이라는 의미입니다. 어떤 것에 의존하여 그것과 함께 새로운 것이 함께 나타난다는 뜻이 연기인 것입니다. 이러한 의미의 연기는 우리의 마음에서 허망한 생각이 꼬리를 물고 함께 나타나는 것을 나타내기 위해 사용된 말입니다.

인연(因緣)은 5온의 발생을 설명하는 말이고,

연기(緣起)는 5온의 증장을 설명하는 말입니다

———

식의 증장을 통해 새롭게 구성되는 5온은 연기의 구조를 가지고 있습니다. 5온의 성립을 이야기하면서 살펴본 『잡아함경』 214는 5온의 연기 구조를 보여주고 있습니다.

안(眼)과 색(色)을 의존하여 안식(眼識)이 생긴다. 안은 무상하고, 유위이며, 마음을 의존하여 생긴 것이다. 색과 안식도 무상하고, 유위이며, 마음을 의존하여 생긴 것이다. 이 세 법의 화합이 (체험내용을 외부의 존재로 느끼는) 촉(觸)이다. 접촉하고서 느끼고, 느끼고서 사유하며, 사유하고서 의도한다.

眼色因緣生眼識 彼無常有爲心緣生 色若眼識無常有爲心緣生 此三法和合觸 觸

已受 受已思 思已想

이 경에서 이야기하듯이 12입처와 6식(六識)은 마음에서 연기한 것입니다. 촉은 이렇게 연기한 허망한 생각이 화합한 상태입니다. 6식이 내6입처(內六入處)를 자신의 존재로 느끼고, 외6입처(外六入處)를 외부의 사물로 느끼는 허망한 생각이 촉입니다. 이 허망한 생각인 촉에 의존하여 외부의 사물로 느낀 외6입처에 대하여 고락의 감정이 나타납니다. 따라서 수(受)는 촉(觸)에 의존하여 연기한 것입니다. 촉에서 수가 연기하면, 수에 의존하여 외부의 사물로 느껴진 대상을 상대로 비교하고, 판단하는 사유 작용[想]이 나타납니다. 그리고 사유 작용에 의존하여 외부의 대상에 욕구를 가지고 의도하게[思] 됩니다. 이렇게 5온의 질료가 되는 12입처·6식·촉(觸)·수(受)·상(想)·사(思)는 모두 마음에서 연기한 것입니다.

이것이 5온의 실상입니다. 5온은 이렇게 연기하고 있는 허망한 의식들입니다. 그러나 중생들은 연기한 허망한 의식들을 통일적으로 구성하여 존재로 객관화시킵니다. 이렇게 존재로 객관화된 것이 5온입니다. 중생들은 이렇게 객관화된 5온을, 이들이 연기한 허망한 의식들이라는 것을 모르기 때문에, 동일성을 지닌 존재로 생각합니다. 부처님께서는 이러한 중생들의 착각을 깨우치기 위해서, 전에 살펴본 바와 같이, 5온이 식의 증장을 통해 새롭게 구성되고 있음을 보여주고 있습니다.

식(識)이 색(色), 수(受), 상(想), 행(行)에 머물면서 증장한다는 것은, 식이 색, 수, 상, 행에 의존하여 새로운 모습으로 구성된다는 것을, 즉 다른 온(蘊)에 의존하여 연기하고 있다는 것을 의미합니다. 앞에 인용한 경전이 보여주듯이, 12입처에 의존하여 식이 연기하고, 식이 생겨서 18계의 상태가 된 마음에 의존하여 촉이 연기하고, 촉에 의존하여 외부에 사물이 있다는 생각, 즉 색(色)이 연기하고, 그 색에 의존하여 수(受)가 연기하고, 수에 의존하여, 상(想)이 연기하고, 상에 의존하여 사(思)가 연기하고, 색, 수, 상, 행에 의존하여 식이 새로운 식으로 증장합니다. 12입처라는 허망한 생각으로 살아가면, 식을 중심으로 5온이 끊임없이 상속하게 되는 것을 식의 증장이라고 이야기하는 것입니다.

이러한 5온에는 발생의 측면과 증장의 측면이 있습니다. 식은 발생의 측면에서 보면 12입처를 인연으로 해서 생긴 것입니다. 그러나 증장의 측면에서 보면 식을 제외한 다른 5온에 의존하여 연기합니다. 수, 상, 행은 발생의 측면에서 보면 촉을 인연으로 해서 생깁니다. 그러나 증장의 측면에서 보면, 수는 촉에서 존재로 느껴진 색에서 연기하고, 상은 수에서 연기하며, 행은 상에서 연기합니다. 이와 같이 5온은 12입처를 인연으로 발생하고, 인연에 의해 발생한 5온은 무명의 상태에서 사라지지 않고, 그 5온에 의지하여 새로운 5온이 연기합니다. 이와 같이 인연은 5온의 발생을 설명하는 말이고, 연기는 5온의 증장을 설명하는 말입니다.

이러한 5온의 연기 구조를 정리하면, 색에서 수가 연기하고, 수에서 상이 연기하며, 상에서 행이 연기하여 이들을 유위로 조작합니다. 이렇게 유위를 조작하면 식은 이것을 이름으로 분별합니다. 이렇게 이름 붙여진 유위가 명색입니다. 그러면 식은 이 명색을 의존하여 머물면서 증장합니다. 식이 증장하면 새로운 색이 연기하고, 수, 상, 행이 차례로 연기하여 새롭게 유위를 조작하면, 식은 다시 새로운 이름으로 이것을 인식하고, 이것에 머물면서 증장합니다. 5온의 연기 구조를 보다 간단히 정리하면 식에서 명색이 연기하고, 명색에서 증장한 식이 연기하고, 증장한 식에 의존하여 새로운 명색이 연기한다고 할 수 있습니다.

이러한 식과 명색의 순환적인 연기를 통해서 중생의 생사가 끊임없이 반복된다는 것을 보여주는 것이 연기설입니다. 『잡아함경』 288은 식과 명색의 순환적 연기가 어떻게 생사의 모습으로 나타나는가를 잘 보여주고 있습니다.

"노사(老死)는 생(生)에 의존하여 나타납니다. 이와 같이 생(生), 유(有), 취(取), 애(愛), 수(受), 촉(觸), 6입처(六入處), 명색(名色)은 식(識)에 의존하여 나타납니다. 그리고 식은 명색에 의존하여 나타납니다."

존자 사리불이 존자 마하 구치라에게 물었다.

"이전에는 명색이 식에 의존하여 나타난다고 하고서, 이번에는 다시 명색이 식의 연(緣)이라고 하시는데, 이것은 어떤 의미가 있습니까?"

존자 마하 구치라가 대답했다.

"이번에는 비유로 이야기하겠습니다. 세 개의 갈대를 땅 위에 세우면 서로 의지하여 설 수 있으나, 하나를 제거하면 나머지 둘이 설 수 없고, 둘을 제거하면 하나가 설 수 없는 것과 같습니다. 이들은 서로 의지함으로써 서 있을 수 있습니다. 식이 명색을 의존하는 것도 이와 같습니다. 서로 의지하여 살면서 자라납니다."

이 경에서는 구체적으로 식과 명색의 순환적 연기의 모습을 보여주지 않고 있지만, 서로 의지하면서 자라난다는 것은 명색에 의존하는 식의 증장을 의미합니다. 이 경은 식과 명색의 순환적 연기에 의해 6입처에서 노사(老死)에 이르는 연기가 이루어진다는 것을 보여주고 있습니다.

5온에는 발생의 측면과 증장의 측면이 있다고 말씀드렸는데, 이 경의 연기설은 이 두 가지 측면을 결합한 것입니다. 이 경에서 식과 명색의 순환적 연기는 5온의 증장의 구조를 보여주고, 6입처에서 촉, 수, 애, 취, 유까지는 5온의 발생의 측면을 보여줍니다. 식이 명색에 의존하여 증장하면서, 6입처에서 새롭게 발생한 촉(觸)에 의해 수(受)·상(想)·사(思)가 발생하면, 그 가운데 애탐(愛貪)하는 것을 취하여 유(有), 즉 새로운 5온을 구성함으로써 생(生)·노사(老死)의 괴로움이 생긴다는 것을 이 경은 이야기하고 있는 것입니다.

이것이 5온을 자기 존재로 취하여 살아가는 중생의 삶의 모습입니다. 부처님께서는 출가하여 수행하면서 자신의 삶이 이렇게 식과 명색의 순환적 연기 구조 속에 있음을 자각했습니다. 그래서 식과 명색의 순환적 연기는 무엇 때문에 그치지 않고 계속되는가를 생각했습니다, 그 결과 식과 명색이 행(行)에 의해 조작된 유위(有爲)임을 깨달았고, 이러한 유위를 조작하는 행은 일체의 법이 연기한다는 사실의 무지에서 비롯되고 있음을 깨달았습니다.

이와 같이 12연기는 5온의 구조를 지닌 중생의 삶의 구조를 보여줌과 동시에 그 근원이 무명과 행임을 밝힌 것입니다. 따라서 12연기는 이제 무명을 멸하는 새로운 구조를 갖게 됩니다. 12연기에 유전문(流轉門)과 환멸문(還滅門)이 있는 것은 이런 연유에서입니다.

지금까지 살펴본 바와 같이 12연기는 5온의 구조로 살아가는 중생의 삶의 구조를 밝힌 것입니다. 부처님께서는 이러한 중생의 삶의 구조를 우리가 깨닫도록 12입처, 18계, 6계, 5온 등의 교리를 가르쳤습니다.

지금까지 5온은 중생의 구조라고 이야기했는데, 보다 자세히 이야기한다면, 중생의 구조는 5온이 아니라 5취온(五取蘊)입니다.

5온과 5취온은 어떻게 다른가

―――

5온과 5취온의 차이를 『잡아함경』 58에서는 다음과 같이 이야기합니다.

세존께서 비구에게 말씀하셨습니다.
"5온(五蘊)이 곧 5취온(五取蘊)은 아니다. 그렇다고 5온과 5취온이 다른 것도 아니다. 5온에 욕탐(欲貪)이 있으면, 이것이 5취온이다."

이 경에서 부처님께서 말씀하시는 욕탐이 있는 5취온은 구체적으로 어떤 것일까요? 12연기에서 애(愛)를 연하여 나타난다고 하는 취(取)와 5취온의 취는 모두 'upādāna'를 번역한 것입니다. 'upādāna'에는 연료(燃料)의 뜻이 있습니다. 불이 꺼지지 않고 타기 위해서는 연료가 있어야 합니다. 즉 불이 타는 작용을 지속시키는 것이 연료입니다. 이렇게 연료가 불이 타는 작용을 지속시키듯이 'upādāna'는 어떤 활동이나 작용을 지속시키게 하는 것을 의미하는 말입니다. 불은 연료를 취하여 타는 활동을 지속합니다. 이렇게 어떤 활동은 반드시 'upādāna'를 취하여 지속된다는 의미에서 'upādāna'는 활동을 지속시키기 위하여 그것을 가능케 하는 도구나 방법을 '잡음', '취함', '붙들고 놓지 않음'의 의미로 사용됩니다. 'upādāna'를 취로 번역한 것은 '취함'의 의미를 택한 것입니다.

붙들고 놓지 않고 취하기 위해서는 붙잡을 대상이 있어야 합니다. 그런데 연기설에서는 취가 항상 6입처(六入處), 촉(觸), 수(受), 애(愛) 다음에 나타납니다. 6입처는 중생들이 자아로 생각하는 허망한 의식입니다. 이 허망한 의식에서 촉이 발생하면, 촉에서 수·상·사가 발생합니다. 이것이 전에 살펴본 5온의 발생입니다. 이렇게 5온이 발생하면, 이들 가운데 자아를 지속하는 데 도움이 된다고 느껴진 것에 대하여 애착이 생기고, 애착이 생기면 그것을 취하여 자기 존재로 집착합니다. 이렇게 5온을 취하여 자기 존재로 집착하기 때문에, 중생들은 자기 존재가 세상에 태어나서 늙어 죽는다고 생각하게 됩니다. 이러한 과정을 보여주는 것이 6입처, 촉, 수, 애, 취, 유, 생, 노사의 구조를 갖는 연기설입니다.

부처님께서 5온에 욕탐이 있는 것이 5취온이라고 하신 것은 이것을 의미합니다. 그러니까 5취온은 5온 가운데 중생이 자아로 취한 온을 의미하며, 연기설에서의 유(有)가 곧 5취온입니다. 결론적으로, 5취온은 중생을 의미하고 5온은 중생의 세계를 의미한다고 할 수 있습니다.

7
장

12연기
(十二緣起)

1
—

12연기에 대한 여러 가지 해석

부처님께서 깨달은 진리가 연기법이라는 것은 이론의 여지가 없습니다. 그리고 부처님께서 깨달은 연기법은 12연기로 알려져 있습니다. 따라서 12연기의 올바른 이해는 연기법의 올바른 이해가 된다고 할 수 있습니다.

예로부터 12연기를 이해하기 위한 많은 노력이 있었습니다. 그 결과 12연기에 대한 다양한 해석이 나타났습니다. 12연기에 대한 다양한 해석은 부파불교시대에 나타났습니다. 세친(世親) 보살이 지은 『구사론(俱舍論)』에 의하면, 당시 12연기에 대하여 네 가지의 서로 다른 해석이 있었다고 합니다.

첫째는 찰나연기설(刹那緣起說)입니다

———

찰나연기설은 중생들이 행동하는 매 찰나에 무명(無明)에서 노사(老死)에 이르는 12지(十二支)가 함께 들어있다는 주장입니다. 이 주장은 모든 존재는 찰나(刹那) 동안에 생멸(生滅)한다는 생각에서 나온 것입니다. 모든 존재가 시간적으로 찰나 동안에 생겨나 없어진다면, 중생의 생(生), 노사의 인연을 보여주는 12연기는 찰나 동안에 일어난다고 하지 않을 수 없을 것입니다. 이 주장은, 비록 찰나라는 짧은 시간이기는 하지만, 존재의 생멸이 실재적인 사실이라는 생각에서 비롯된 것이므로, 모든 존재는 허망한 망념일 뿐 시간적으로 지속하는 것이 아니기 때문에 공(空)이고, 생멸이나 생사(生死)는 연기의 도리를 모르는 무지에서 비롯된 착각이라는 것을 이야기하는 연기법의 도리에서 벗어난 것이라고 하지 않을 수 없습니다.

둘째는 연박연기설(連縛緣起說)입니다

———

연박연기설은 12지가 시간적으로 사이가 없이 묶여진 상태로 연기한다는 주장입니다. 무명에서 노사가 마치 하나의 끈에 꿰어진 구슬과 같이 전후의 순서는 있지만 시간적인 선후는 없이 연기한다는 것입니다. 이것은 12연기에서 시간성을 배제한 것인데, 12연기는 중생의 삶 속에서 시간을 통해 5온이 증장하는 구조를 보여주는 것이기 때문에, 12연기에서 시간성을 배제하는 것은 옳지 않습니다.

셋째는 분위연기설(分位緣起說)입니다

분위연기설은 12지가 각각 5온을 갖추고 있으며, 과거·현재·미래라는 3세(三世)에 나뉘어있다는 주장입니다. 이것은 삼세실유(三世實有)와 법체항유(法體恒有)를 주장하는 설일체유부(說一切有部)의 해석입니다. 과거·현재·미래라는 세 가지 시간은 실제로 존재하고 있고, 그 시간 속에 모든 존재는 변함없이 존재한다는 것이 삼세실유 법체항유의 의미입니다. 어떤 것이 생긴다는 것은 미래의 시간 속에 있는 존재가 현재의 시간 속으로 온 것을 의미하고, 어떤 것이 없어진다는 것은 현재의 시간 속에 있던 존재가 과거의 시간 속으로 간 것을 의미한다는 것이 설일체유부의 견해입니다. 이러한 견해에서 본다면 생사를 설명하는 12연기도 과거, 현재, 미래라는 시간 속에서 존재가 오고 가는 것을 설명하는 것으로 보일 것입니다. 그래서 12연기의 각 지(支)를 항유(恒有)하는 존재로 보고, 이것을 과거, 현재, 미래라는 시간 속에 나누어서 배치한[分位] 것입니다. 이러한 해석은 제법개공(諸法皆空)의 도리를 이야기하는 연기법에 어긋난다고 할 수 있습니다.

넷째는 원속연기설(遠續緣起說)입니다

원속연기설은 그 속에 5온을 간직하고 있는 12지가 분위연기설의 주장처럼 과거, 현재, 미래라는 시간 속에 분리되어 있는 것이 아니라, 무한한 과거에서 무한한 미래로 끊임없이 상속된다는 해석입니다. 이것은 그 근본이 분위연기와 다를 바가 없으므로 역시 바른 해석이라고 할 수 없습니다.

12연기의 해석은 이렇게 부파불교 시대를 거치면서 발전을 거듭하여 삼세양중인과설(三世兩重因果說)이라는 체계를 형성합니다

———

　　　　　　삼세양중인과설이 나온 후에는, 대·소승의 거의 모든 교단에서 이것을 12연기에 대한 가장 올바른 해석으로 받아들입니다.

　　삼세양중인과설은 태내오위설(胎內五位說), 4유설(四有說) 등과 결합하여 태생학적(胎生學的) 연기관을 낳게 됩니다. 태내오위설이란 사람이 모태에 들어가서 태어나기까지의 기간에 모태에서 자라나는 과정을 다섯 단계로 나눈 것입니다. 그리고 4유설은 중생들의 윤회전생(輪廻轉生)을 중유(中有)·생유(生有)·본유(本有)·사유(死有), 넷으로 나누어 설명하는 이론입니다. 중유란 사람이 죽어서 태어나기 전까지의 존재이고, 생유란 새로운 몸을 받는 순간의 존재를 의미하며, 본유란 태어나서 죽을 때까지의 존재를 의미하고, 사유란 죽는 순간의 존재를 의미합니다. 이와 같이 육체를 중심으로 태어나서 죽는 것을 설명하는 이론으로 12연기를 해석한 것이 태생학적 연기관입니다.

　　삼세양중인과설은 식의 증장에 근거를 둔 해석이라고 생각됩니다. 그러나 이것을 태생학적으로 해석한 것은 잘못된 것입니다. 12연기의 생사(生死)는 육체의 생사가 아니라, 본래 생사가 없는 도리를 알지 못하는 중생이 무상한 육체를 자아로 취하여 느끼는 허망한 생각입니다. 그런데 태생학적 연기관은 생사를 육체의 생사로 보기 때문에 12연기의 본뜻을 왜곡한 것입니다. 태생학적인 해석에 따른다면, 무명이 사라지면 육체가 사라져야 합니다. 부처님께서는 무명을 멸했으므로 육체가 없어졌어야 합니다. 그러나 부처님께서는 우리와 다름없는 몸으로 우리에게 12연기의 도리를 가르쳤습니다. 많은 불자들이 12연기를 태생학적으로 이해하고 있는데, 이러한 이해는 크게 잘못된 것입니다.

삼세양중인과설은 비록 태생학적 연기관과 같은 오해를 불러일으키기도 했지만, 지역과 시대를 불문하고 많은 사람들의 지지를 받아왔습니다. 그런데 현대에는, 서구의 학문과 서양철학의 영향을 받아 불교를 새롭게 조명하고 해석하는 가운데, 현대 학자들에 의해 비판을 받고 있습니다.

현대의 불교학자들은 대부분 삼세양중인과설을 부정하면서, 새로운 해석을 다양하게 제시하고 있습니다

———

이러한 새로운 해석을 여기에서 다 이야기할 수는 없으므로 간단히 언급하겠습니다.

삼세양중인과설을 가장 철저하게 부정한 해석은 무시간적(無時間的) 연기관입니다. 무시간적 연기관은 12지의 연기 관계는 시간적인 인과관계가 아니라 논리적인 관계라고 보는 주장입니다. 12연기의 식(識)·명색(名色)·6입(六入)·촉(觸)·수(受)의 연기 관계를 볼 때, 의식이 시간적으로 먼저 존재하고, 그 의식에서 명색이 나오고, 명색에서 6입이 나오고, 6입에서 촉이 나오고, 촉에서 수가 나온다는 것은 도저히 이해가 안 된다는 것입니다. 따라서 12지의 순서는 이들이 서로 의존하고 있는 의존관계를 논리적인 선후 관계로 배치한 것이지, 앞에 있는 것에서 뒤에 있는 것이 생긴다는 시간적 선후 관계를 의미하는 것은 아니라는 것입니다.

이러한 견해는 12연기의 식(識)을 우리의 의식으로 이해하고, 명색(名色)을 의식의 대상이 되는 외부의 사물로 이해하고, 6입을 우리의 감각기관으로 이해하고, 촉(觸)을 감각기관과 외부의 대상과의 접촉으로 이해하고, 수(受)를 우리의 감정으로 이해한 결과입니다. 만약 12연기의 지(支)를 그런 식으로 이해한다면, 우리의 의식에서 외부의 존재가 생기고, 외부의 존재에서 우리의 감각기관이 생긴다는 것은 도저히 이해할 수 없는 일이 될 것입니다. 그래서 연기를 의존하여 새로운 것이 함께 나타나는 본래의 의미로 해석하지 않고, 서로 의존하고 있는 것으로 생각하여 12지를 의존관계에 있는 논리적 선후 관계로 해석한 것입니다. 그러니까 의식과 의식의 대상이 6입이라고 하는 우리의 감각기관을 통해 접촉하면서 외부의 대상에 대하여 느끼고 있는 것을 식(識)·명색(名色)·6입(六入)·촉(觸)·수(受)의 순서로 배열했다는 뜻입니다.

이러한 해석은 근본적으로 6입처와 5온에 대한 이해의 부족에서 나왔다고 생각됩니다. 연기는 서로 의지하고 있는 관계만을 의미하는 것이 아닙니다. 그런데 5온의 순차적 연기성을 파악하지 못하고 서로 의지하는 것으로 이해한 것입니다. 연기를 서로 의지하는 관계라고 해석한 근거는 세 개의 갈대가 서로 의지하여 서 있듯이 식과 명색이 서로 의존하고 있다는 비유입니다. 그러나 이 비유는 식의 증장을 통해 명색이 구성되고, 명색을 통해 식이 증장한다는 5온의 연기성을 비유한 것이지, 우리의 의식과 인식의 대상이 서로 의존하여 존재한다는 것을 비유한 것은 아닙니다. 따라서 연기를 두 사물의 의존관계로 해석하는 것은 바른 해석이라고 할 수 없습니다.

이 밖에도 12지의 어떤 것은 시간적으로, 어떤 것은 논리적으로, 또 동일한 것이 시간적으로도 해석되고, 논리적으로도 해석될 수 있는 다양한 해석의 여지가 있다는 주장 등 여러 가지 견해가 있으나, 근본적으로 이들 견해는 12입처, 18계, 5온 등의 의미를 통속적으로 이해한 결과이므로, 무시간적 연기관과 크게 다르지 않습니다.

12연기에 대한 해석이 다르다 보니, 『아함경』에 설해진 다양한 연기설에 대한 해석도 천차만별입니다. 『아함경』에는 12지연기만 설해지는 것이 아니라 8지(八支), 9지(九支), 10지(十支) 등의 연기설이 설해지고 있습니다. 이러한 다양한 연기설에 대하여 이들의 관계를 보는 시각도 현대 학자들은 각기 다릅니다. 어떤 학자는 12지연기설은 부처님께서 처음부터 설한 것이 아니라, 처음에는 8지, 9지, 10지 등으로 체계 없이 설하다가, 부처님의 만년에 교리가 체계화되면서 12지로 확정되었다고 주장합니다. 그러나 부처님께서는 녹야원에서 다섯 비구를 상대로 처음 법을 설하실 때, 이미 12연기의 유전문과 환멸문을 말씀하셨습니다. 따라서 12지연기가 부처님의 만년에 체계화된 이론이라는 주장은 옳지 않습니다.

어떤 학자들은 『아함경』 자체를 부처님의 말씀으로 인정하기 어렵다고도 합니다. 부처님께서는 그렇게 어렵고 복잡한 교리를 이야기하지는 않았으리라는 것입니다. 그래서 알기 쉽고 간단한 『숫타니파타』와 같은 경은 부처님의 말씀으로 생각할 수 있지만, 길고 복잡한 이론이 전개되는 경전은 후대에 덧붙여진 것이라고 주장합니다.

물론 『아함경』의 내용이 그대로 부처님께서 직접 설하신 내용은 아닐 수 있습니다. 그러나 교리가 어렵고 복잡하다고 해서 그것이 부처님의 말씀이 아니라는 생각은 부처님의 깨달음을 과소평가한 것이라고 생각됩니다. 부처님의 깨달음은 너무 심오해서 부처님과 같은 깨달음을 얻기 전에는 누구도 그 깊은 뜻을 다 헤아릴 수가 없습니다. 오늘날 아무리 인지가 발달하고 학문과 지식이 발달했다고 해도, 사량분별(思量分別)로 만들어진 지식을 가지고는 부처님의 깨달음에 접근할 수가 없습니다. 현대 학자들이 현대의 지식을 과대평가하고 너무 신뢰한 결과 부처님의 깨달음에서 오히려 멀어지고 있지 않은가 하는 생각이 듭니다.

『아함경』의 여러 연기설은 부처님께서 깨달은 연기법을 우리에게 가르치기 위해 시설한 것이므로 하나하나가 다 나름대로 의미가 있습니다. 그것들은 12지연기의 간략한 형태가 아니고, 부처님의 마음 내키는 대로 체계 없이 이야기한 것도 아닙니다. 이런 의미에서 일본의 철학자 와쓰지 데쓰로(和辻哲郎, 1889-1960)가 『원시불교의 실천철학』이라는 책에서 "여러 종류의 연기설을 12연기의 약설이나 응용으로 보아서는 안 되고, 각각의 이설을 그 특수성에서 이해해야 한다"고 한 말은 전적으로 옳다고 생각합니다.

지금까지 12연기에 대한 여러 해석을 살펴보았습니다. 저는 삼세양중인과설이 잘못 이해되지만 않는다면 12연기에 대한 좋은 해석이라고 생각합니다. 따라서 다음에는 삼세양중인과설을 살펴보도록 하겠습니다.

2

3세(三世)에 걸쳐 윤회하는 모습
-유전문(流轉門)

**삼세양중인과설(三世兩重因果說)은 전통적으로 12연기에 대한
가장 완전한 해석으로 인정받았습니다**

———

　　　　삼세양중인과설이란 12지 가운데 무명(無明)과 행(行)을 과거의 두 가지 인(因)으로 보고, 식(識)에서 수(受)까지를 현재의 다섯 가지 과(果)로 보며, 애(愛)·취(取)·유(有)를 미래의 세 가지 인(因)으로 보고, 생(生)·노사(老死)를 미래의 두 가지 과(果)로 보는 해석입니다. 12연기는 미혹한 상태에서 업을 지어 괴로운 과보를 받는 중생의 삶이 과거, 현재, 미래로 끊임없이 이어지고 있음을 보여주는 것이라고 해석한 것이 삼세양중인과설입니다.

　　삼세양중인과설에 의하면 무명(無明)은 과거의 미혹(迷惑)이고 행

(行)은 과거의 업(業)입니다. 그러니까 무명과 행은 과거 미혹한 상태와 그 상태에서 지은 업을 의미합니다.

이 두 가지 과거의 원인에 의해서 현재의 식(識)이 형성되며, 그 식에 의해 이름과 형태를 지닌 존재의 세계, 즉 명색이 나타나며, 이렇게 존재의 세계를 상대로 보고·듣고·냄새 맡고·맛보고·만지고·생각하면서, 보이고·들리고·만져지고·생각된 것을 외부에 존재하는 사물로 인식하는 가운데, 괴로움과 즐거움을 느끼는 것이 식(識)·명색(名色)·6입(六入)·촉(觸)·수(受)입니다. 그러니까 식·명색·6입·촉·수는 과거의 두 가지 원인에 의해 그 결과로 나타난 현재의 다섯 가지 삶의 모습입니다.

중생들은 이렇게 과거의 업에 의해 형성된 식을 토대로 살아가면서, 삶을 통해 형성된 체험의 내용에 대하여 애탐(愛貪)을 일으키고, 애탐에 상응하는 것을 취하여 자기의 존재를 구성합니다. 여기에서 애탐을 일으켜 취하는 것, 즉 애(愛)와 취(取)는 미혹(迷惑)이고, 자기의 존재를 구성하는 것, 즉 유(有)는 업(業)입니다. 이러한 애(愛)·취(取)·유(有)는 미래의 새로운 생(生)·노사(老死)를 일으킵니다. 따라서 애·취·유는 미래의 생을 일으키는 세 가지 원인이 되고, 그 결과 나타난 생·노사는 미래의 과(果)가 됩니다.

이와 같이 과거의 원인에 의해 현재의 삶이 나타나고, 현재의 삶에서 미혹을 벗어나지 못하고 애탐을 일으키고 취착하여 미래의 자기의 존재를 구성하면, 이것이 미래의 삶의 원인이 되어 태어나 늙어 죽는 삶, 즉 생사가 끝없이 반복된다는 것[輪廻]이 삼세양중인과설입니다.

이러한 삼세양중인과설을 현대 학자들은 대부분 부당하다고 주장합니다

———

　　　　　그 이유는 불교는 무아설(無我說)인데 삼세양중인과설은 윤회를 인정하고 있기 때문이라는 것입니다. 자아가 존재하지 않는데 어떻게 윤회가 성립할 수 있느냐는 것입니다. 아마 이러한 생각의 저변에는 사람은 죽으면 끝이라는 현대의 과학적 사고방식이 자리 잡고 있을 것입니다. 그리고 부처님께서는 이러한 과학적 사고방식을 가지고 있었지만, 업보 윤회를 이야기한 것은 사람들을 착하게 살도록 하기 위한 방편이었을 것이라고 생각하고 있는 것 같습니다. 이러한 생각은 부처님께서 가장 우려하신 단견(斷見)입니다. 죽지 않고 윤회하는 자아가 존재한다는 상견(常見)도 잘못된 것이지만, 죽으면 끝이라는 단견은 더욱 잘못된 생각입니다.

삼세양중인과설은 12연기의 유전문에 대한 바른 해석입니다

———

　　　　　전에도 말씀드렸듯이, 불교에서 무아설(無我說)과 업설(業說)은 별개의 이론이 아닙니다. "업보(業報)는 있으나 작자(作者)는 없다"는 것이 불교의 업설이며 무아설입니다. 12연기는 이러한 무아설과 업설을 보여주는 연기설입니다. 이 점은 뒤에 상세하게 살펴보기로 하고, 우선 삼세양중인과설이 『아함경』에 충실한 12연기의 해석이라는 점을 살펴보겠습니다.

　　네 가지 음식에 의해 식(識)이 증장한다는 『쌍윳따 니까야』의 내용을 다시 한번 살펴봅시다.

"비구들이여, 만약 단식(摶食), 촉식(觸食), 의사식(意思食), 식식(識食)에 탐욕이 있고, 좋아하는 마음이 있고, 갈애(渴愛)가 있으면, 그곳에 식(識)이 안주하여 성장한다. 식이 안주하여 성장할 때, 그때 명색(名色)이 출현한다. 명색이 출현할 때, 그때 행(行)들의 증가한다. 행들이 증가할 때, 그때 미래에 새로운 존재가 생긴다. 미래에 새로운 존재가 생길 때, 그때 미래에 생(生), 노(老), 사(死)가 있다. 비구들이여, 미래에 생, 노, 사가 있을 때, 슬픔이 함께하고, 근심이 함께하고, 고뇌가 함께한다고 나는 이야기 한다."

우리는 네 가지 음식이 6입처와 촉에서 생긴 5온의 질료라는 것을 살펴본 바 있습니다. 네 가지 음식[四食]은 6입처와 촉(觸)을 인연으로 생긴 것이므로 이 경의 내용을 연기법의 형식으로 표현하면 6입처(六入處), 촉(觸), 탐욕(貪欲), 좋아하는 마음, 갈애(渴愛), 식(識)의 증장(增長), 명색(名色), 행(行)의 증장(增長), 유(有), 생(生), 노사(老死)가 됩니다.

여기에서 탐욕과 좋아하는 마음은 12연기의 수(受)라고 할 수 있습니다. 왜냐하면 좋아하는 마음은 탐욕이 충족될 때 느끼는 감정이기 때문입니다. 식의 증장은 취(取)라고 할 수 있습니다. 왜냐하면 식은 네 가지 음식을 취함으로써 증장하기 때문입니다. 따라서 이 경의 내용을 다시 정리하면 6입처, 촉, 수, 애, 취, 명색, 행의 증장, 유, 생, 노사가 됩니다.

이렇게 이경의 내용은 모두 12연기의 각 지(支)로 전환될 수 있는데, 행의 증장만이 12지의 어떤 것을 의미하는지 확실하지 않습니다. 그런데 『잡아함경』에서는 6입처에서 취(取)까지를 행(行)의 증장이라고 이야기하고 있습니다. 따라서 이 경의 내용은 6입, 촉, 수, 애, 취, 명색, 6입처, 촉, 수, 애, 취, 유, 생, 노사가 된다고 할 수 있습니다.

전에 살펴본 바와 같이 명색(名色)은 유(有)와 같은 것입니다. 그러므로 이 경은 6입처에서 유가 연기하는 과정, 즉 6입처에서 시작되는 연기설이 반복되고 있는 것을 식의 증장이라고 이야기하고 있습니다. 이것을 12연기와 비교하면, 6입처에서 취(取)까지는 12연기의 행(行)입니다. 그리고 6입처는 '무아'의 진리에 무지한 상태에서 '자아'가 존재한다고 생각하며 살아가는 중생들의 삶입니다. 따라서 6입처는 무명(無明)을 내포하고 있습니다. 한편 명색은 식(識)에 의존하여 존재하는 것이므로 명색은 식을 내포하고 있다고 할 수 있습니다.

이렇게 생각하면 이 경의 내용은 무명·행·식·명색·6입처·촉·수·애·취·유·생·노사라는 12지연기의 형태가 됩니다. 식의 증장은 이렇게 12연기를 의미하고 있습니다. 따라서 12연기는 6입처에 '자아'가 들어있다고 생각하고 살아가는 무명에 뒤덮인 중생들이 삶을 통해 끊임없이 욕탐을 일으켜 유위를 조작함으로써 식이 증장하며, 그 결과 과거, 현재, 미래에 걸쳐 태어나서 죽는다는 허망한 생각이 계속되는 것을 보여준다고 할 수 있습니다. 12지를 3세(三世)에 나누어서 중첩되는 인과관계로 12연기를 해석한 삼세양중인과설은 이와 같이 식의 증장설과 일치하고 있습니다.

12연기는 과거·현재·미래라는 시간 속에서 자신의 존재가 세상에 태어나 죽는다는 중생들의 생각이 근본적으로 무명에서 비롯된 착각임을 설명하는 교리입니다. 이러한 착각의 세계에서는 증장하는 식이 윤회의 주체인 '자아'로 인식되고, 그 '자아'가 과거, 현재, 미래라는 삼세에 걸쳐 끊임없이 새로운 모습으로 태어나 죽어가는 존재로 인식되지 않을 수 없을 것입니다. 이렇게 끊임없이 생사의 세계에 유전한다고 생각하는 것이 중생이고, 이것을 설명하는 것이 12연기설이므로 삼세양중인과설은 12연기의 바른 해석이라고 할 수 있습니다.

그러나 이러한 중생의 생사의 세계는 실상(實相)의 세계가 아니라 망념(妄念)의 세계입니다. 3세에 걸쳐 생사를 거듭한다는 중생들의 생각은 연기법의 진리를 모르는 무명의 상태에서 탐욕과 애착을 일으켜 유위를 허구적으로 조작함으로써 나타난 착각입니다. 이러한 중생들의 허망한 생사유전(生死流轉)의 실상을 보여주는 것이 무명이 있으면 생, 노사가 있다고 설해지는 12연기의 유전문입니다. 따라서 삼세양중인과설은 12연기의 전체에 대한 해석이 아니라 유전문에 대한 해석입니다.

12연기에는 유전문(流轉門)과 환멸문(還滅門)이 있습니다

———

중생의 생사유전이 어떻게 나타나고 있는가를 보여주는 것이 유전문이고, 허망한 생사의 세계를 멸하여 본래적인 삶으로 환원하는 길을 보여주는 것이 환멸문입니다. 부처님께서 12연기를 설하신 목적은 환멸문에 있습니다. 중생들의 생사윤회(生死輪廻)가 착각이라는 것을 밝혀 그러한 허망한 생각에서 벗어나도록 하려는 것이 부처님의 근본 취지인 것입니다. 따라서 12연기의 이해는 유전문에서 끝나서는 안 됩니다.

12연기의 해석은 유전문과 환멸문의 해석이 병행되어야 합니다. 지금까지의 12연기에 대한 해석은 유전문에 한정되었기 때문에 많은 오해가 생긴 것으로 생각됩니다. 12연기에서 시간성을 배제해야 한다고 생각한 무시간적 연기관은 유전문과 환멸문을 명확하게 구별하지 못한 결과입니다. 12연기의 유전문에는 시간성이 분명히 존재합니다. 그러나 환멸문에서는 시간성이 사라집니다. 왜냐하면 무명이 멸하면 12지(十二支)가 모두 멸하기 때문입니다. 따라서 무명에서 비롯된 3세(三世)라는 시간의 분별도 무명이 사라지면 사라집니다.

그렇다면 시간은 없는 것일까요? 시간은 중생들의 생각 속에서 존재합니다. 시간의 실상은 존재의 실상과 마찬가지로 공(空)입니다. 시간은 없는 것도 아니고, 그렇다고 있는 것도 아닙니다. 시간도 유무(有無)의 모순을 떠나 중도(中道)에서 이해해야 합니다. 우리가 느끼는 과거·현재·미래라는 시간은 시간의 실상을 알지 못하는 우리의 어리석은 마음에서 연기한 것입니다.

시간은 항상 존재와 함께 있습니다. 만약 존재가 없다면 시간도 없습니다. 시간은 존재가 아니라 흐름입니다. 흐르는 시간을 묶어두는 것이 존재입니다. 시간은 어떤 존재가 지속한 동안을 의미합니다. 촛불이 한 시간 동안 탔다는 말은 촛불이 한 시간 동안 존재했다는 것을 의미합니다. 그리고 우리가 이렇게 촛불이 한 시간 동안 존재했다고 말할 때, 시간도 한 시간이 존재했다고 생각하게 됩니다. 그래서 우리는 시간이 존재한다는 생각을 하게 됩니다.

그러나 시간을 잘 살펴보면 존재하지 않고 무상하게 흘러갑니다. 과거는 이미 흘러간 시간이므로 존재하는 시간이 아닙니다. 미래는 아직 오지 않은 시간이므로 존재하는 시간이 아닙니다. 현재는 과거와 미래 사이의 시간입니다. 그런데 과거와 미래는 존재하지 않으므로 그 사이가 있을 수 없습니다. 따라서 현재도 존재한다고 할 수 없습니다. 이것이 시간의 실상입니다. 그렇다고 시간이 없다고 할 수는 없습니다. 이러한 시간의 모습을 공이라고 합니다.

과거·현재·미래라는 시간 속에서 나라는 존재가 태어나서 죽어간다고 생각하는 중생들의 생사윤회는 이렇게 존재하지 않는 무상한 체험의 내용을 자아와 세계의 존재로 분별함으로써 나타난 착각입니다. 유전문은 이러한 착각의 세계를 설명하고 있으므로, 12지는 시간적 연기 관계를 갖게 됩니다. 그러나 환멸문에서는 이러한 착각이 사라지므로 시간성도 사라집니다.

3

—

생사(生死)를 벗어나는 길
– 환멸문(還滅門)과 8정도

불교의 진리인 4성제(四聖諦)는 12연기의 유전문과 환멸문입니다

———

　　　　　12연기는 유전문과 환멸문을 함께 살펴보아야 완전한 이해에 도달할 수 있습니다. 부처님께서 깨달은 진리는 12연기의 유전문만이 아니라 환멸문을 포함하고 있습니다. 4성제(四聖諦)라고 하는 불교의 진리체계는 12연기의 유전문과 환멸문으로 되어 있습니다. 12연기의 유전문은 4성제의 고성제(苦聖諦)와 집성제(集聖諦)이고, 환멸문은 멸성제(滅聖諦)와 도성제(道聖諦)인 것입니다.

　　이미 살펴보았듯이, 유전문은 중생들이 3세에 걸쳐 윤회하는 모습을 밝힌 것입니다. 삼세양중인과설은 이것을 설명한 것입니다. 따라서 삼세양중인과설이 3세와 자아의 존재를 인정하여 불교의 무아설에 위배된다고 할 수는 없습니다. 오히려 무아의 실상을 깨닫지 못한 상태에서 자아와 세계가 허구적으로 조작되고 있는 것을 보여주는 것이 12연기의 유전문이기 때문에, 삼세양중인과설은 유전문의 해석으로는 나무랄 데가 없습니다. 문제는 이것을 환멸문과 연결시키지 못하는 데 있습니다.

　　삼세양중인과설을 부정하는 사람들은 부처님께서 말씀하신 '무아'를 '자아는 존재하지 않는다'고 이해했을 것입니다. 『잡아함경』 961에서 부처님께서는 "자아는 존재하는가, 존재하지 않는가?"를 묻는 외도에게 대답하지 않았습니다. 대답을 듣지 못하고 외도가 돌아가자, 옆에서 이것을 지켜보던 아난다 존자가 부처님께 대답하지 않은 이유를 물었습니다. 이때 부처님께서는 다음과 같이 말씀하셨습니다.

　　"내가 만약 '자아는 존재한다'라고 말했다면, 그는 전부터 가져온 사견(邪見)을 키웠을 것이다. 내가 만약 '자아는 존재하지 않는다'라고 말했다면, 그는 이전의 어리석은 미혹을 다시 키워, '이전에 존재한다고 생각했던 '자아'가 이제 단멸(斷滅)한다는 말인가?'라고 의심하지 않겠느냐? 전에부터 지녀왔던 '자아는 존재한다'라는 생각은 상견(常見)이고, 이제부터 갖게 되는 '단멸(斷滅)한다'라는 생각은 단견(斷見)이다. 여래는 두 모순[二邊]을 떠나 중도(中道)에서 법을 설한다."

이와 같이 부처님께서는 "자아는 존재하지 않는다"는 단견(斷見)이 '무아'의 입장이 아님을 분명히 밝히고 있습니다. '무아'는 '참된 나[眞我]'를 깨닫도록 시설된 것일 뿐, 단견을 의미하는 말이 아닙니다. '참된 나'에 대해서는 다음에 말씀드릴 기회가 있을 것입니다만, 간단히 말하면 환멸문이 곧 '참된 나'의 삶입니다.

환멸문을 이해하기 위해서는 12연기의 역관(逆觀)과 순관(順觀)을 살펴보아야 합니다. 12연기를 사유하는 방법에는 노사(老死)에서 시작하여 무명(無明)에 이르는 사유법과 무명에서 시작하여 노사에 이르는 사유법이 있습니다. 이러한 두 가지 사유법을 각각 역관과 순관이라고 합니다.

역관과 순관은 단순히 12지(十二支)를 앞뒤로 외우는 것이 아닙니다. 부처님께서는 역관을 통해 12연기의 유전문과 환멸문을 깨달았고, 순관을 통해 유전문과 환멸문을 증득했습니다. 그러니까 역관을 통해서 12연기의 유전문과 환멸문이 진리임을 알게 되었고, 순관을 통해 그 진리를 몸소 체험하여 증득하신 것입니다.

이러한 자신의 체험을 그대로 우리에게 알려준 것이 12연기의 역관과 순관이며, 유전문과 환멸문입니다. 따라서 12연기는 단순한 이해의 대상이 아니라 실천하여 체험해야 할 내용입니다. 우리가 12연기의 역관과 순관을 알고, 유전문과 환멸문을 알아도 생사에서 벗어나 열반을 성취하지 못하는 것은, 12연기의 유전문과 환멸문이 공허한 이론이 아니라 실천적 체험을 통해 증득한 것이기 때문입니다. 따라서 부처님과 같은 사유와 실천을 하지 않으면, 12연기라는 진리도 한낱 공허한 이론에 머물게 될 뿐입니다.

12연기설은 12지(十二支)를 순서대로 외워서 논리적으로 사유하여 알게 되는 교리가 아닙니다

———

12연기에 대한 해석이 저마다 다른 것은 12연기설이

기초하고 있는 실천적 교리를 외면한 채 관념적이고 논리적인 사변에 의지하여 12연기를 피상적으로 이해한 결과입니다. 부처님께서는 12연기를 개념에 의한 사유를 통해 인식한 것이 아니라, 9차제정(九次第定)이라는 선정(禪定)을 수행하여 깨달았습니다. 12연기의 유전문은 무명에서 생사가 연기한다는 이론일 뿐만 아니라, 9차제정이라는 구체적인 수행법을 내포하고 있습니다. 그리고 환멸문은 무명이 멸하면 생사가 멸한다는 이론일 뿐만 아니라, 생사(生死)의 멸진(滅盡)에 이르는 구체석인 길이 내포되어 있습니다. 9차제정은 다음에 구체적으로 살펴보기로 하고, 여기에서는 12연기의 환멸문이 내포하고 있는 생사를 멸진하는 길이 무엇인지에 대하여 살펴보겠습니다.

12연기의 유전문과 환멸문은 역관, 순관과 함께 4성제를 구성하고 있습니다. 유전문의 역관은 고성제를 의미하고, 순관은 집성제를 의미하며, 환멸문의 역관은 멸성제를 의미하고, 순관은 도성제를 의미합니다.

싯다르타는 고행이 무의미한 것임을 깨닫고 보리수 아래로 가서 생사의 괴로움에서 벗어나기 위해 그 원인을 사유해 갔습니다. 그 결과 무명(無明)이라는 괴로움의 뿌리에 도달합니다. 싯다르타는 무명에서 노사(老死)에 이르는 모든 것이 괴로움이라는 것을 깨닫게 됩니다. 이것이 유전문의 역관이며 고성제입니다.

싯다르타는 이러한 깨달음을 토대로 무명의 상태에서 어떻게 생사의 괴로움이 이루어지는가를 살펴보았습니다. 그 결과 무명의 상태에서 삶을 통해 형성된 허망한 생각들이 욕탐에 의해 모여서 이름과 형태를 지닌 존재로 조작되고 있다는 것을 깨달았습니다. 이것이 유전문의 순관이며 집성제입니다.

싯다르타는 늙고 죽는다는 것이 허망한 생각이라면, 이 허망한 생각을 없애기 위해서 어떤 것을 없애야 하는지를 차례로 사유하여 무명을 없애면 더 이상 없앨 것이 없다는 것을 깨달았습니다. 이것이 환멸문의 역관이며 멸성제입니다.

이러한 깨달음에 의해, 즉 무명에서 벗어남으로써, 차례로 12지가 멸하여 늙어 죽는다는 허망한 생각이 완전히 사라지는 것을 체험했습니다. 이것이 환멸문의 순관이며 도성제입니다.

이와 같이 4성제는 연기설에 바탕을 둔 실천적 교리입니다. 연기설이라는 이론적 교리는 4성제를 실천할 때 공허한 이론이 아닌 체험적 진리가 됩니다.

싯다르타는 이러한 진리를 체험함으로써 깨달은 사람, 즉 붓다가 된 것입니다

부처님께서는 『잡아함경』 379에서 다섯 비구에게 맨처음 자신의 깨달음을 술회하시면서, "과거에 누구에게서도 들어본 적이 없는 4성제에 대하여 바르게 사유하고, 이해하고, 실천한 결과 안목이 생기고, 알게 되고, 지혜가 생기고, 마음이 밝아져 깨달았다"고 말씀하십니다. 부처님께서는 12연기라는 진리를 4성제의 실천을 통해 깨달았던 것입니다.

이렇게 생각할 때 12연기의 환멸문은 4성제의 도성제인 8정도와 동일한 것이라고 할 수 있습니다. 실제로 이들을 비교해 보면 8정도는 12연기의 환멸문이라는 것을 알 수 있습니다.

무명(無明)은 정견(正見)에 의해서 없어집니다. 따라서 무명이 멸한다는 것은 정견이 생겼다는 것을 의미합니다.

정견이 생기면 바르게 생각하고, 바르게 말하고, 바르게 행동할 것입니다. 이것이 8정도의 정사유(正思惟), 정어(正語), 정업(正業)입니다. 따라서 무명에서 연기한 신구의(身口意) 3행(三行)은 정견에서 비롯된 정사유, 정어, 정업에 의해 사라지게 될 것입니다.

12연기의 식(識)과 명색(名色)은 분별심에 의해 새로운 명색이 나타나 식이 증장하는 중생들의 삶의 구조를 의미합니다. 이러한 잘못된 삶의 구조는 바른 삶을 열심히 실천하는 가운데 사라집니다. 이것이 8정도의 정명(正命)과 정정진(正精進)입니다. 따라서 식과 명색의 멸(滅)은 정명과 정정진을 의미한다고 할 수 있습니다.

8정도의 정념(正念)은 4념처(四念處)의 실천을 의미합니다. 4념처는 6입(六入)·촉(觸)·수(受)·애(愛)·취(取)·유(有)·생(生)·노사(老死)로 이루어진 6촉연기(六觸緣起)의 환멸문(還滅門)입니다. 신념처(身念處)는 6입처(六入處)를 관찰하는 수행입니다. 수념처(受念處)는 촉(觸)과 수(受)를 관찰하는 것이고, 심념처(心念處)는 애(愛)와 취(取)를 관찰하는 것입니다. 그리고 마지막으로 법념처(法念處)는 유(有)를 관찰하는 수행입니다. 이와 같이 신(身)·수(受)·심(心)·법(法)을 여실하게 관찰함으로써 6입(六入)·촉(觸)·수(受)·애(愛)·취(取)·유(有)를 멸하는 수행법이 4념처입니다. 따라서 12연기의 6입에서 유(有)까지는 정념을 통해서 사라진다는 것을 알 수 있습니다.

8정도의 정정(正定)은 태어나서 늙어 죽는다는 허망한 생각이 사라진 멸진정(滅盡定)을 의미합니다. 따라서 12연기의 생(生)·노사(老死)는 정정의 성취를 통해 사라진다고 할 수 있습니다.

이와 같이 12연기의 환멸문은 8정도를 의미합니다. 따라서 우리가 아무리 무명이 멸하면 생, 노사가 멸한다고 알고 있어도, 정견을 가지고 부지런히 살아가는 8정도의 실천이 없으면 무명이 멸하지도 않고, 생사의 괴로움에서 벗어날 수도 없습니다.

8정도를 실천하기 위해서는 우선 무명이 무엇이고, 정견이 무엇인지를 알아야 합니다. 『잡아함경』251과 256에서는 무상한 6입처와 5온을 여실하게 알지 못하는 것이 무명이라고 이야기합니다. 그리고 명(明), 즉 정견은 6입처와 5온이 무상한 것임을 여실하게 아는 것이라고 이야기합니다. 또 『잡아함경』57에서는 5온을 '자아'라고 보는 것이 행(行)이라고 하고 있습니다. 6입처와 5온이 허망한 망념이라는 것을 모르는 것이 무명이고, 이러한 무명에서 6입처나 5온을 자아로 취착하여 허구적으로 '자아'를 조작하는 것이 행이라는 이야기입니다.

중생들은 이렇게 무명에서 자아와 세계의 존재를 허구적으로 조작해 놓고, 그 존재를 통해 과거·현재·미래라는 시간을 분별하면서 생사의 괴로움을 느끼고 있습니다. 8정도의 정견은 이와 같이 존재화한 것들의 실상이 무명에 뒤덮여 살아가는 삶을 통해 연기한 허망한 망념임을 여실하게 아는 것입니다.

정견(正見)으로 보면 존재와 시간은 연기(緣起)한 것이지 실체가 아닙니다

──────

부처님께서는 이렇게 실체가 없이 연기한 것을 공(空)이라고 합니다. 연기법의 진리를 아는 정견에서 보면, 모든 존재는 연기한 것이므로 공이고, 존재가 공이기 때문에 존재로 인해 있는 시간도 공입니다. 8정도는 공의 세계에서 무아로 살아가는 참된 삶의 모습이며, 이것이 환멸문입니다.

용수 보살은 『중론(中論)』의 「관시품(觀時品)」에서 이러한 공의 세계를 다음과 같이 이야기합니다.

과거의 시간 속에	若過去時中
미래와 현재가 들어 있지 않다면,	無未來現在
미래와 현재의 시간이	未來現在時
어떻게 과거를 원인으로 한다고 할 수 있을까.	云何因過去

과거의 시간을 원인으로 하지 않으면	不因過去時
미래의 시간은 있을 수 없고,	則無未來時
현재의 시간도 있을 수 없다네.	亦無現在時
그러므로 미래와 현재라는 두 시간은 없다네.	是故無二時

시간은 머물 수 없고,	時住不可得
시간은 갈 수도 없네.	時去亦叵得
시간을 있다고 할 수 없다면,	時若不可得
어찌 시간의 모습(과거·현재·미래)을 말할 수 있으랴.	云何說時相

시간은 사물로 인해서 있나니,	因物故有時
사물을 떠나서 어떻게 시간이 있으랴.	離物何有時
사물도 오히려 존재하지 않는데,	物尚無所有
하물며 시간을 있다고 할 수 있으랴.	何況當有時

4

—

연기법(緣起法)

이것이 있는 곳에 저것이 있고, 이것이 나타날 때 저것이 나타난다

———

앞에서 12연기의 환멸문이 8정도이고, 8정도는 연기하는 존재의 실상을 알아 공(空)의 세계에서 살아가는 무아(無我)의 삶을 의미한다는 것을 살펴보았습니다. 그러나 여전히 공이나 무아에 대하여 의심이 남아있을 것입니다. 공과 무아는 사변(思辨)을 통해 알게 되는 것이 아니라 삶을 통해 체험되는 것이기 때문에 체험하지 않는 한 의심이 남을 수밖에 없습니다. 그러나 연기의 도리를 바르게 이해하면 의심이 사라질 수 있을 것입니다. 따라서 연기의 의미를 보다 깊이 살펴보겠습니다.

연기(緣起)는 'paṭicca-samuppāda'를 번역한 말인데, '의지하여

(paṭicca) 함께(sam) 나타남(uppāda)'의 의미입니다. 부처님께서는 이 말의 의미를 설명하기 위하여 '차유고피유(此有故彼有, imasmin sati idaṃ hoti), 차기고피기(此起故彼起, imass' uppādā idam uppajjati)'라고 이야기합니다. 대부분 '차유고피유(此有故彼有)'와 '차기고피기(此起故彼起)'를 "이것이 있기 때문에 저것이 있고, 이것이 일어나기 때문에 저것이 일어난다"라고 해석하여 '차유고피유'는 모든 존재의 공간적 의존관계를 나타내고, '차기고피기'는 모든 존재가 시간적으로 연속되어 나타나는 계기(繼起), 상생(相生)을 의미한다고 이해합니다.

나는 이 말을 좀 다르게 이해하고 싶습니다. '차유고피유(此有故彼有)'는 공간 속의 두 존재가 상호 의존적으로 존재하는 것을 의미한다면, 공간 속의 존재를 인정하여 제법(諸法)의 공(空)을 의미하는 연기(緣起)의 본뜻에 어긋나고, '차기고피기(此起故彼起)'가 시간 속에서 연속으로 나타나는 것을 의미한다고 하면, 시간의 존재를 인정하여 역시 공의 의미에 어긋납니다. 그래서 나는 '차유고피유, 차기고피기'를 "이것이 있는 곳에 저것이 있고, 이것이 나타날 때 저것이 나타난다"라고 번역하고자 합니다. 이 번역은 제 임의로 한 것이 아니라, '차유고피유, 차기고피기'로 한역된 원어 'imasmin sati idaṃ hoti, imass' uppādā idam uppajjati'를 문법에 충실하게 번역한 것입니다.

'차유고피유, 차기고피기'를 이렇게 번역하면 '차유고피유, 차기고피기'는 연기의 원어 paṭicca-samuppāda'의 의미를 충실하게 보여주게 됩니다. 'paṭicca-samuppāda'를 분석하면 'paṭicca'와 'samuppāda'로 나누어집니다. 이 가운데 'paṭicca'는 '의지하고 있음'을 의미합니다. 여기에서 의지하고 있다는 것은 전에 살펴본 식(識)과 명색(名色)이 세 개의 갈대처럼 서로 '의존하고 있음'을 의미합니다. 식과 명색은 공간 속의 두 존재가 아니라, 식은 명색을 인식함으로써 나타난 것이고, 명색은 식에 의해 인식됨으로써 나타난 것입니다. 따라서 이들의 의존 관계는 공간 속에서 의존하고 있는 관계가 아니라, 우리의 마음속에서 인식의 주체와 대상으로 나타난 것입니다. 다만 중생들은 이러한 연기의 도리를 알지 못하고, 몸속에는 식이 존재하고, 몸 밖의 공간에는 명색이 존재한다고 착각하고 있을 뿐입니다. 부처님께서는 중생들의 이러한 착각을 없애주기 위해 연기라는 말을 사용했습니다. 따라서 'paṭicca'는 '식이 있는 마음속에 명색이 있다'는 의미이므로, '차유고피유(此有故彼有)'는 "이것이 있는 곳에 저것이 있다"라고 번역하는 것이 옳습니다.

전에 살펴본 바와 같이, 식과 명색의 의존관계는 단순한 상호 의존 관계가 아니라, 식이 명색에 머물면서 증장(增長)하는 관계입니다. 욕탐이 있으면 식은 명색의 세계에서 끊임없이 증장하면서 새로운 망념을 일으킵니다. 이렇게 새롭게 생긴 망념은 이것을 생기게 한 식의 증장과 함께 나타납니다. '함께 나타남'을 의미하는 'samuppāda'는 식이 증장하면서 생긴 망념이 증장하는 식과 함께 나타나는 것을 의미합니다. 함께 나타난다는 것은 인연이 되는 것과 그것에 의지하여 생긴 것이 시간적으로 분리되어 있지 않음을 의미합니다. 우리의 마음은 과거·현재·미래로 분리되어 있지 않습니다. 그래서 『금강경(金剛經)』에서는 "과거의 마음도 있을 수 없고, 미래의 마음도 있을 수 없으며, 현재의 마음도 있을 수 없다(過去心不可得, 未來心不可得, 現在心不可得)"고 하고 있습니다. 새로운 망념의 발생은 시간이 분리될 수 없는 마음에서 일어나는 것이지, 과거·현재·미래로 분리된 시간 속에서 시간적 전후 관계를 이루며 나타나는 것이 아닙니다. 따라서 'samuppāda'를 설명하는 '차기고피기'는 "이것이 나타날 때 저것이 나타난다"라고 번역하는 것이 옳다고 생각합니다.

우리는 여기에서 연기라는 말속에는 시간성이 배제되어 있음을 볼 수 있습니다. 그러나 연기라는 개념에 시간성이 배제되어 있다고 해서 12연기의 유전문을 무시간적으로 해석해서는 안 됩니다. 중생들이 느끼는 생사의 괴로움은 무상한 체험의 내용을 자아와 세계의 존재로 인식함으로써, 존재하지 않는 과거·현재·미래라는 시간을 인식하여 나타난 착각입니다. 중생들은 분리될 수 없는 시간을 분리하여 과거·현재·미래라는 3세(三世)를 조작해 놓고, 그 속에서 생사의 괴로움을 느끼고 있습니다. 12연기의 유전문은 이러한 중생의 모습을 보여주기 때문에 시간성이 있습니다. 그러나 이전에 이야기했듯이, 환멸문에서는 연기의 실상을 깨달아 무명이 사라지기 때문에 연기에 시간성이 배제됩니다.

시간은 무상하게 쉬지 않고 흘러갑니다. 그런데 한 시간, 두 시간이라는 시간이 마치 존재하는 것처럼 생각되는 것은 시간 자체가 한 시간, 두 시간 동안을 존재해서가 아니라, 어떤 사물이 동일성을 유지하고 있다고 인식될 때, 그 존재가 동일성을 유지하는 동안 시간도 존재했다고 생각하기 때문입니다. 하나의 예를 들어봅시다. 촛불이 한 시간 전에 불이 붙어서 지금까지 타고 있다고 합시다. 이때 우리는 한 시간이라는 시간을 인식합니다. 우리가 한 시간이라는 시간을 인식할 수 있는 것은 촛불이 한 시간 동안 존재했기 때문입니다. 그런데 한 시간 동안 존재한 것으로 인식한 촛불이 실제로는 존재하고 있지 않았다면, 우리가 인식한 한 시간이라는 시간도 실제로는 존재한 것이 아닙니다.

만약 사물이 변하거나 사라지면 우리는 시간을 분리합니다. 촛불이 한 시간을 타다가 꺼졌다고 한다면, 우리는 촛불이 탄 시간과 꺼진 후의 시간을 분리합니다. 우리가 "이 촛불은 꺼진 지 두 시간이 되었다"고 이야기하는 것은 촛불이 탄 시간과 꺼진 시간을 분리하여 이야기하고 있는 것입니다. 이렇게 촛불이라는 존재를 통해서 무상하게 흐르는 시간은 '타고 있는' 한 시간과 '꺼진' 두 시간으로 분리됩니다. 그러나 촛불이라는 존재가 없다면 시간은 '타고 있는' 한 시간과 '꺼진' 두 시간으로 분리될 수 없습니다.

우리는 이렇게 본래는 분리되지 않는 시간을 존재를 통해 분리하여 과거·현재·미래로 인식합니다. 촛불이 탄 것은 과거로 인식하고, 꺼져 있는 상태는 현재로 인식하고, 앞으로 다시 타게 될 것을 예상하여 미래의 시간을 인식합니다. 그래서 우리는 '이 촛불은 과거에 한 시간을 타다가 꺼져서, 현재 두 시간 동안 꺼져 있는데, 미래에 불을 붙이면 다시 타게 될 것이다'라고 생각합니다.

우리가 이야기하는 과거·현재·미래는 이와 같이 존재를 통해서 분리된 시간입니다. 그리고 이러한 시간의 분리는 존재가 동일성을 지니고 존재함으로써 가능합니다. 그렇다면 존재는 동일성을 가지고 존재하는 것일까요? 만약 어떤 존재가 동일성을 가지고 존재한다면, 시간은 그 존재를 통해 분리된 것이기 때문에 분리된 시간을 부정할 수 없을 것입니다. 그러나 모든 존재는 무상한 체험의 내용이 마치 동일성을 가지고 있는 것처럼 통일적으로 구성된 것일 뿐 동일성을 가지고 존재하지 않습니다.

촛불의 경우, 촛불은 초의 기름이 녹아서 연소하는 현상입니다. 기름은 쉴 사이 없이 타서 사라집니다. 기름이 계속해서 타고 사라지는 현상을 우리는 촛불이라고 부릅니다. 이렇게 촛불은 동일성을 가지고 존재하는 것이 아닙니다. 그런데 우리가 촛불을 동일한 존재로 느끼는 것은 우리의 눈에 촛불이 동일한 모습으로 지각되기 때문입니다. 우리는 동일하게 지각된 모양을 모아서 이것을 통일적으로 구성하여 동일한 촛불로 인식하고 있는 것입니다. 전에도 말씀드린 바와 같이, 이렇게 인식의 대상이 동일한 존재로 구성되면, 인식하는 주관도 동일한 존재로 구성됩니다. 그래서 '내가 과거에는 타는 촛불을 보았고, 현재는 꺼진 촛불을 보고 있으며, 미래에는 다시 타는 촛불을 보게 될 것이다'라고 생각하게 됩니다. 즉 자신의 존재도 촛불과 함께 통일적으로 구성되어, 과거·현재·미래라는 시간 속에서 동일성을 지닌 존재로 인식되는 것입니다.

이와 같이 시간은 존재를 통해 존재로 나타나고, 시간이 존재로 나타나면, 존재는 이 시간 속의 존재로 인식됩니다. 그런데 존재는 이렇게 우리가 허망하게 구성한 것이기 때문에 존재라고 할 수 없습니다. 따라서 존재와 시간은 모두 진실이 아닙니다. 앞에서 살펴본 『중론』의 「관시품」에서 이야기하듯이, 동일성을 지닌 존재로 인해서 시간이 존재하므로 동일성을 지닌 존재를 떠나서는 시간이 존재할 수 없으며, 모든 존재는 연기할 뿐 동일성을 지닌 존재는 존재하지 않으므로 시간은 존재할 수가 없는 것입니다.

이와 같이 우리의 삶을 통해 연기하는 모든 법은 본래는 공간의 구분도 없고, 시간의 구분도 없이 우리의 마음에서 함께 나타나고 있습니다. 이와 같이 연기(緣起)는 마음이라는 한곳에서 모든 법이 함께 나타나는 것을 의미하는 말입니다. 이러한 연기하는 법계(法界)에 살면서도, 중생들은 그 법계의 실상을 알지 못하고 망념을 일으켜 존재와 시간을 조작해 놓고, 모든 존재가 공간 속에서 과거·현재·미래라는 시간을 통해 생멸하고 있다고 생각하고 있습니다. 중생들이 이렇게 생각하는 까닭은 마음에서 연기한 법이 무명에서 비롯된 욕탐에 의해 사라지지 않고 모여 존재로 인식되기 때문입니다. 이것을 집(集; samudaya)이라고 합니다. 4성제에서 생사의 괴로움의 원인을 집성제(集聖諦)라고 하는 까닭이 여기에 있습니다.

유전문의 순관(順觀)을 의미하는 집성제는 중생들이 살아가는 고통스러운 생사의 세계는 어리석은 마음에서 연기한 법을 욕탐으로 모아놓은 것임을 보여주는 교리입니다. 따라서 생사의 세계는 연기한 법을 모으기 때문에 나타난 것이라는 집성제를 깨닫고, 욕탐을 멸하여 연기한 법을 모으지 않으면 생사가 그대로 열반이 됩니다. 연기의 실상을 알아서 무명이 사라진 환멸문에서는 무명이 멸하여 노사가 멸하는 과정에 시간이 필요하지 않습니다. 연기의 진리를 깨달아 무명이 멸하면 마음속에 나타나 있는 모든 허망한 생각들은, 마치 등불을 켜면 수천 년의 어둠이 일시에 사라지듯이, 한순간에 사라집니다. 『중아함경』의 「상적유경(象跡喩經)」에서 "연기(緣起)를 보면 법(法)을 보고, 법을 보면 연기를 본다"고 하신 말씀의 뜻이 여기에 있습니다.

무명이 사라진 연기하는 법계(法界)에는 존재도 시간도 없습니다. 그렇다고 아무것도 없는 허무의 세계는 아닙니다. 법계는 모든 것이 우리의 마음과 함께 연기하는 참된 삶의 세계입니다. 이러한 법계의 모습을 의상(義湘) 조사는 『법성게(法性偈)』에서 다음과 같이 노래합니다.

연기하는 법계는 둘이 없는 한 덩어리,　法性圓融無二相
모든 법은 생멸 없어 본래부터 열반이라.　諸法不動本來寂

이름 없고, 모습 없어 일체 분별 끊겼나니   無名無相絶一切

깨닫지 않고서 어찌 알리오.   證智所知非餘境

하나의 티끌은 시방세계 품고 있고   一微塵中含十方

일체의 티끌 속도 이와 같아라.   一切塵中亦如是

멀고 먼 무량겁이 한 생각이요   無量遠劫卽一念

한 생각이 그대로 무량겁이다.   一念卽是無量劫

처음 발심하는 때에 정각을 이루나니   初發心時便正覺

생사와 열반은 항상 함께한다.   生死涅槃常共和

5

괴로움의 원인-집(集)

12연기의 유전문을 보면, 노사(老死)의 괴로움이 연기하는 과정을 열거한 다음에, "이와 같이 순수하고, 큰 괴로움 덩어리가 모인다(如是純大苦聚集)"라는 말을 덧붙이고 있습니다. 부처님께서는 왜 "이와 같이 괴로움이 연기(緣起)한다"고 하지 않고, "괴로움 덩어리가 모인다"라고 하셨을까요?

연기(緣起)하는 법(法)은 시간 속의 존재가 아닙니다

시간 속의 존재가 아닌 법(法)을 중생들은 시간 속의 존재로 인식합니다. 생사의 괴로움은 중생들이 법의 실상을 모르는 무명의 상태에서 삶을 통해 연기한 법을 욕탐으로 모아서 존재로 구성하여 인식함으로써 생긴 것입니다. 따라서 생사의 괴로움은 연기한 법이 욕탐에 의해 모임으로써 생긴 것이라고 할 수 있습니다. 부처님께서 12연기의 유전문을 이야기하시면서 괴로움 덩어리가 모인다고 하는 까닭이 여기에 있습니다. 이렇게 괴로움 덩어리가 모이는 것을 '집(集)'이라고 합니다.

집은 'samudaya'를 한역한 것인데. 이 말을 분석해 보면 'sam'은 '함께'라는 뜻이고, 'udaya'는 '나타남'의 의미입니다. 따라서 'samudaya'는 어떤 것들이 모여서 함께 나타난다는 의미라고 할 수 있습니다. 그렇다면 어떤 것들이 어떻게 모여서 함께 나타나는 것일까요?

『쌍윳따 니까야』에는 다음과 같은 말씀이 있습니다.

"비구들이여, 사문이나 바라문이 그들의 전생을 기억한다고 하는 것은 모두 5취온(五取蘊)을 기억하고 있는 것이다. '전생에 나는 이러이러한 몸[色]이었다'고 말한다. 그러나 비구들이여, 그가 몸에 대한 지식으로 알고 있는 것은 기억된 마음이다. '전생에 나는 이러이러한 감정[受], 이성[想], 의지[行], 의식[識]을 지니고 있었다'고 말한다. 그러나 비구여, 그가 감정, 이성, 의지, 의식으로 알고 있는 것은 기억된 마음이다.

비구들이여 그들은 무엇을 몸이라고 말하는 것일까? 거리낀다. 그러면 그때 몸이라는 말이 사용된다. 무엇에 거리끼는가? 바람, 더위, 촉감 등에 거리낀다. 이와 같이 거리끼면 그때 몸이라는 말이 사용된다.

비구들이여, 그들은 무엇을 감정[受], 이성[想], 의지[行], 의식[識]

이라고 말하는 것일까? 느끼고, 사유하고, 유위를 조작하고, 분별하여 인식한다. 그러면 그때 감정, 이성, 의지, 의식이라는 말이 사용된다.”

이 경에서 설명하고 있고, 또 지금까지 살펴보았듯이, 우리가 존재로 생각하고 있는 5온은 우리의 삶을 통해 생긴 체험의 내용이 모여서 통일적으로 구성된 것입니다. 더위나 추위가 느껴지면, 우리는 몸이 더위와 추위를 느낀다고 생각하게 됩니다. 그러니까 몸이라는 존재는 감촉된 체험의 내용이 기억 속에 모여서 존재로 구성된 것입니다. 우리의 체험은 이렇게 기억 속에 함께 모여서 존재의 모습으로 나타납니다. 그러니까 5온은 체험의 내용이 모여서 함께 나타난 것이라고 할 수 있습니다. 이와 같이 집(集)은 ‘체험된 내용이 마음에 기억되어 함께 나타남’을 의미합니다.

이러한 집은 항상 욕탐과 관계하고 있습니다. 체험의 내용이 모두 기억되는 것은 아니고, 관심이 있는 것만 기억되기 때문입니다. 존재는 이렇게 체험의 내용 가운데 애욕과 희탐, 즉 관심 있는 것이 기억 속에 모아져서 함께 나타난 것입니다. 따라서 모든 존재는 집의 결과입니다.

우리의 마음속에 생기는 체험의 내용은 연기한 것입니다. 그리고 그것은 마음속에서 시간적인 간격이 없이 동시에 생깁니다. 예를 들어 눈으로 색을 보아 그 색에 대한 인식이 생겼다고 합시다. 우리는 이러한 인식이 색을 본 후에 생겼다고 생각하기 쉽습니다. 그러나 색을 보았다는 것은 색에 대한 인식이 생겼다는 것을 의미하기 때문에, 색을 보는 것과 인식이 생긴 것은 시간적으로 전후 관계에 있는 것이 아니라 동시입니다. 눈앞에 색이 있어도 색에 대한 인식이 생기지 않으면 우리는 색을 보았다고 할 수 없습니다. 그리고 이때 우리에게 생긴 인식은 외부의 색이 눈을 통해 들어와서 우리의 마음에 생긴 것이 아니라, 마음이 욕탐에 묶인 상태인 12입처를 인연으로 하여 그 12입처와 함께 생긴 것입니다.

전에 살펴본 바와 같이, 12입처는 욕탐에 묶여 있는 우리의 마음입니다. 보는 놈은 나이고 보이는 것은 외부의 대상이라고 생각하고 있는 우리의 잘못된 생각이 12입처입니다. 이러한 12입처는 우리의 기억 속에 모여 있습니다. 그러다가 욕탐에 상응하는 것을 만나게 되면 이것이 함께 나타납니다. 예를 들어 배가 고플 때 빵을 보게 되면, 우리의 마음속에 모여 있던 12입처가 나타남으로써 빵에 대한 인식이 생기는 것입니다. 이것을 12입처에서 식(識)이 연기했다고 합니다. 그러니까 12입처가 있는 곳에 식이 있고, 12입처가 나타날 때 식이 나타난다고 할 수 있습니다.

이와 같이 우리가 체험하는 의식의 내용은 시간과 공간의 간격이 없이 우리의 마음에서 연기한 것입니다. 그런데 이러한 체험 가운데 동일한 체험이 반복되면, 우리에게 체험을 가져다주는 존재가 외부에 있다고 느끼게 됩니다. 예를 들어 촛불을 본다고 할 때, 타고 있는 촛불을 같은 모양으로 인식하게 됨으로써 촛불이 외부에 존재하고 있다고 느끼는 것입니다. 이것이 촉(觸)입니다. 촉이 생기면 촛불에 대한 고락의 감정이 생기고, 촛불에 대하여 생각하게 되고, 의도하게 됩니다. 이렇게 촉에서 수(受)·상(想)·사(思)가 연기합니다. 수·상·사도 촉이 나타날 때 나타난 것입니다.

우리의 마음속에는 이와 같이 연기한 무상한 체험의 내용만이 있습니다. 그런데 이들 체험의 내용에 대하여 욕탐이 생기면, 이것을 기억하고 갈구하여 애착합니다. 즉 그러한 체험이 다시 있게 되기를 갈망

합니다. 이것이 12연기의 애(愛)입니다. 그래서 갈망하던 체험을 다시 하게 되면, 그 체험은 기억 속에 모이게 됩니다. 이렇게 모아진 체험의 내용은 유위(有爲)로 조작되어 이름과 형태를 지닌 존재, 즉 명색(名色)으로 나타나게 됩니다. 우리가 존재로 인식하는 모든 것, 즉 5온(五蘊)은 이렇게 체험의 내용이 모여서 나타난 것입니다. 이와 같이 5온은 집(集)의 결과입니다.

5온, 즉 존재는 이와 같이 반복된 체험이 모여서 나타난 것이기 때문에 시간성을 갖게 됩니다. 왜냐하면 처음 체험한 내용과 다음에 체험한 내용이 동일한 사물로 인식되었다는 것은 처음 체험할 때부터 다음에 체험할 때까지의 시간 동안 동일한 사물이 존재한다고 인식되었다는 것을 의미하기 때문입니다. 이와 같이 시간은 존재가 구성되면서 그 존재와 함께 구성됩니다. 즉 시간도 우리의 마음속에 모아져서 나타나게 되는 것입니다. 따라서 시간도 집의 결과라고 할 수 있습니다. 이러한 사실을 알지 못하는 중생들은 존재를 구성하면서 시간도 구성해 놓고, 존재가 시간 속에 존재한다고 생각하게 되는 것입니다.

공간도 마찬가지입니다. 우리는 공간의 존재를 인식합니다. 그러나 만약 존재가 없다면 공간의 존재를 인식할 수 없을 것입니다. 왜냐하면 공간은 존재가 없는 것을 의미하기 때문입니다. 따라서 공간도 시간과 마찬가지로 존재에 의해서 인식되고 있음을 알 수 있습니다.

존재가 아닌 것은 있다고 할 수도 없고, 없다고 할 수도 없습니다. 왜냐하면 있다는 것은 존재가 있다는 것을 의미하고, 없다는 것은 존재가 없다는 것을 의미하는데, 존재 자체가 없다면, 있다는 말이나 없다는 말은 무의미하기 때문입니다.

용수 보살은 이러한 존재와 공간의 실상에 대하여 『중론(中論)』의

「관육종품(觀六種品)」에서 다음과 같이 이야기합니다.

공간의 모습이 존재하지 않을 때는	空相未有時
공간이라는 존재는 없다.	則無虛空法
만약 공간이라는 존재가 먼저 존재한다고 한다면	若先有虛空
공간은 모습이 없는 것이 된다.	卽爲是無相

모습이 없는 존재는	是無相之法
어느 곳에도 존재하지 않는다.	一切處無有
모습이 없는 존재 가운데서의	於無相法中
모습이란 모습이라고 할 것이 없다.	相則無所相

그러므로 공간은	是故知虛空
있는 것도 아니고 없는 것도 아니며,	非有亦非無
모습이 있는 것도 아니고, 모습이 되는 것도 아니다.	非相非可相
지(地)·수(水)·화(火)·풍(風)·식(識)도 마찬가지다.	餘五同虛空

천박한 지혜를 가진 사람은 모든 법을	淺智見諸法
존재하는 모습이나 존재하지 않는 모습으로 본다.	若有若無相
이와 같이 보면 열반을 볼 수 없고,	是則不能見
고요한 안식처를 보지 못한다.	滅見安隱法

우리의 생각에 의하면 모든 존재는 시간과 공간 속에 있습니다. 바꾸어 말하면 모든 존재는 일정한 공간을 점유하고서 일정한 시간 동안 존재

합니다. 이렇게 생각하기 때문에 우리는 시간과 공간 속에 어떤 존재가 있다고 이야기하고, 없다고 이야기합니다. 용수 보살은 이러한 우리의 생각이 천박한 것임을 이야기하고 있습니다. 그리고 이런 생각을 가지고는 생사의 괴로움이 사라진 열반이라고 하는 고요한 안식처를 결코 찾을 수 없다고 이야기하고 있습니다.

연기하는 실상(實相)의 세계에는 시간과 공간이 없고, 존재도 없습니다

_____

　　　　　이러한 공의 세계에서 중생들은 마음에서 연기한 허망한 생각을 모아서 존재를 만들고, 존재를 통해 시간과 공간을 인식하면서 자신의 존재[自我]가 시간과 공간 속에 존재하는 세계 속에 태어나 늙고 병들어 죽어간다고 생각함으로써 온갖 괴로움을 느끼고 있습니다. 이 모든 괴로움의 원인은 '집(集)'입니다. 4성제 가운데 괴로움의 원인을 밝힌 집성제는 이것을 의미합니다.

　　우리가 멸해야 할 것은 연기(緣起)가 아니라, 이러한 괴로움의 원인이 되는 '집'입니다. 그리고 집을 멸하기 위해서는 집의 원인이 되는 탐욕을 없애야 합니다. 부처님께서 우리에게 탐욕을 없애라고 강조하시는 까닭이 여기에 있습니다.

6

연기설(緣起說)의 인과관계

연기(緣起)라는 말은 분명히 인과관계를 의미하는 말입니다. 어떤 것이 인과관계에 있다면 원인은 시간적으로 앞에 존재하고, 결과는 뒤에 존재해야 할 것입니다. 그런데 지금까지 살펴본 바에 의하면, 연기하는 법계(法界)에는 시간도, 공간도, 존재도 없습니다. 그렇다고 연기법에서 인과관계를 부정하지도 않습니다. 과연 연기법에서는 인과관계를 어떻게 설명하고 있을까요?

　우리가 인과관계를 시간적인 선후 관계로 이해하는 것은 인과관계를 존재 사이의 관계로 보기 때문입니다. 그리고 이러한 인과관계에서 원인과 결과는 동시에 존재할 수가 없습니다. 예를 들면 씨앗이 인(因)이라면 나무는 과(果)입니다. 씨앗에서 나무가 나오면 씨앗은 없어집니다. 즉 인이 사라져야 과가 나올 수 있습니다. 이와 같이 원인이 되는 존재와 결과가 되는 존재는 한순간도 함께 존재할 수가 없습니다.

만약 인과관계가 이와 같이 원인이 되는 존재가 완전히 사라진 후에 그 결과로서 나타나는 존재와의 관계를 의미하는 것이라고 한다면 인과관계에는 커다란 모순이 있게 됩니다. 원인이 되는 존재가 사라졌다는 것은 무(無)가 되었다는 것을 의미합니다. 그리고 새로운 존재가 생겼다는 것은 유(有)가 생겼다는 것을 의미합니다. 그렇다면 새로 생긴 존재는 무에서 생긴 것이라고 하지 않을 수 없습니다. 어떻게 무에서 유가 생길 수 있겠습니까? 무에서 유가 생긴다는 것은 모순입니다. 따라서 우리가 생각하고 있는 인과관계는 모순인 것입니다.

우파니샤드의 인중유과설(因中有果說)

———

이러한 인과관계의 모순을 극복하기 위해서 부처님 당시에 우파니샤드 철학자들은 인중유과설을 주장했습니다. 무에서는 유가 나올 수 없기 때문에, 원인이 되는 존재 속에 결과가 되는 존재가 이미 들어있다는 것입니다. 예를 들면, 씨앗 속에 숨어 있던 나무가 씨앗이라는 원인이 사라지면 나타나게 된다는 것입니다.

인과관계는 새로운 것이 생기는 것을 설명하는 이론입니다. 그런데 이미 결과가 되는 존재가 이미 존재하고 있다면, 그것은 원인이 되는 존재를 필요로 하지 않을 것입니다. 그리고 씨앗 속에 존재하는 나무가 씨앗이 사라진 후에 나오는 것이라면, 씨앗을 쪼개서 없애면 그 속에 있던 나무가 나와야 하는데 그렇게 되지는 않습니다. 따라서 인중유과설은 옳다고 할 수 없습니다.

사문(沙門)들의 인중무과설(因中無果說)

———

　　　　　　인중유과설의 오류를 지적하고 나타난 것이 사문들의 인중무과설입니다. 결과는 원인이 되는 존재 속에 있는 것이 아니라 새롭게 생겼다는 것입니다. 그러나 이러한 인중무과설에도 문제가 있습니다. 씨앗 속에는 나무가 없습니다. 흙 속에도 나무가 없습니다. 씨앗은 흙 속에 심어져야 나무가 나옵니다. 흙 속에도 나무가 없고, 씨앗 속에도 나무가 없기는 마찬가지입니다. 그런데 왜 씨앗은 나무의 인(因)이라 하고, 흙은 인이 아니라고 합니까? 그리고 인 속에 없는 과(果)가 나온다는 것은 결국 무에서 유가 나온다는 것이 되고 맙니다. 인중무과설에도 이와 같은 오류가 있습니다.

시간 속에서 어떤 존재가 다른 존재를 인(因)으로 하여 발생하는 것을 설명하는 인과설은 어떤 것도 오류에서 벗어나지 못하게 됩니다

———

　　　　　　이러한 오류는 시간과 존재가 우리의 마음에서 연기한 의식의 내용을 모아서 통일적으로 구성한 것이라는 사실을 모르기 때문에 생깁니다. 불교는 모든 것은 우리의 마음이 근본이 된다는 '일체유심조(一切唯心造)'의 사상입니다.

불교의 연기설은 마음을 바탕으로 인과관계를 설명하는 이론입니다

연기설의 입장에서 인과(因果)의 문제를 살펴봅시다. 우유로 요구르트를 만듭니다. 그래서 우리는 우유는 인(因)이고 요구르트는 과(果)라고 이야기합니다. 우리는 우유와 요구르트가 외부에 실재하면서 인과관계를 맺고 있다고 생각합니다. 그러나 우유와 요구르트는 인과관계에 있지 않습니다. 우리가 이들을 인과관계에 있다고 생각하는 것을 이들을 동일성을 지니고 있는 존재로 인식하기 때문입니다.

우리는 우유가 소의 젖에서 나와서 다른 존재로 변하기 전까지는 동일한 모습으로 존재하고 있다고 생각합니다. 그러나 우유는 한순간도 동일한 모습을 유지하지 못합니다. 우유는 세상에 나오는 순간부터 주변의 조건, 즉 연(緣)에 의해서 변하기 시작합니다. 그 변화가 우리의 눈에는 보이지 않지만, 갓 짠 우유와 시간이 지난 우유는 신선도도 다르고 맛도 다릅니다. 우유는 이렇게 일정한 시간 동안 동일성을 유지하고 있는 존재가 아니라 주변의 조건에 의해 부단히 변화하는 무상한 법(法)입니다.

이렇게 무상한 우유라는 법은 우유의 상태를 유지할 수 있는 상태가 사라지고, 요구르트의 상태로 될 조건이 나타나면 요구르트라는 법(法)이 됩니다.

우리는 존재[存在; bhāva]와 법(法; dharma)의 차이를 분명하게 구별할 줄 알아야 합니다. 법의 의미에 대해서는 다음에 상세하게 살펴보기로 하고, 여기에서 간단히 말씀드린다면 '법(法)'은 주변의 조건에 의지하여 주변의 조건과 함께 나타나는, 다시 말해서 연기하는 것을 의미합니다. 존재는 이러한 법의 실상을 모르는 중생들이 무상한 법을 동일성을 유지하고 있는 것으로 잘못 인식한 것입니다. 우유나 요구르트와 같은 것은 모두 존재가 아니라 법입니다. 그리고 이 세상의 모든 것은 동일성을 지닌 존재의 상태에서 인과관계를 맺고 있는 것이 아니라, 주변의 조건에 의해 무상하게 변화하는 법의 상태에서 인과관계를 맺고 있습니다.

연기법은 이러한 법의 인과관계를 설명하는 이론입니다. 모든 법은 동일성을 가지고 있지 않고, 항상 조건에 따라 변화하고 있습니다. 이것을 '모든 법(法)은 연기(緣起)한다'고 합니다.

이러한 법의 연기하는 모습을 의상 조사는 『법성게(法性偈)』에서 다음과 같이 이야기합니다.

참된 법의 성품은 참으로 미묘하여　　　　　眞性甚深極微妙
자기 동일성을 지키지 않고 조건에 따라 이루어지네. 不守自性隨緣成

우유도 우유라는 자기 성질을 동일하게 우유 속에 가지고 있으면서 그 동일한 성질을 고수하고 있는 것이 아니라, 주변의 조건에 의해 나타나고 있을 뿐입니다. 그러니까 우유는 우유의 상태가 유지될 수 있는 조건 아래서만 우유일 수 있는 것입니다. 우유가 유지될 수 있는 조건이 사라지고 새로운 조건이 나타나면 우유라는 법은 사라지고 새로운 법이 나타납니다. 만약 새로운 조건이 유산균과 적당한 온도라면, 그 조건이 나타날 때 요구르트가 생기게 될 것입니다. 이러한 법의 인과관계를 "이것이 있는 곳에 저것이 있고, 이것이 나타날 때 저것이 나타난다. 이것이 없는 곳에 저것이 없고, 이것이 사라질 때 저것이 사라진다"는 연기의 공식으로 표현하면, "우유의 조건이 있는 곳에 우유가 있고,

우유의 조건이 나타날 때 우유가 나타난다. 우유의 조건이 없는 곳에는 우유가 없고, 우유의 조건이 사라질 때 우유는 사라진다"고 할 수 있습니다. 우유의 조건이 먼저 있고, 그다음에 우유가 생기는 것이 아니라, 우유의 조건이 있는 바로 그곳에 우유가 있고, 우유의 조건이 나타나는 바로 그때 우유가 나타나는 것입니다. 이렇게 우리의 마음속에서 나타나는 체험의 내용만 시간이나 공간의 간격이 없이 연기하는 것이 아니라, 우유나 요구르트와 같은 외부의 사물도 시공(時空)의 간격 없이 연기하고 있습니다.

이렇게 연기는 주변의 조건과 그 조건에 의해 나타나는 법의 인과관계를 보여주기 때문에 무에서 유가 생긴다는 모순이 없습니다. 연기설은 이와 같이 모순 없이 인과관계를 설명하고 있습니다.

이러한 연기설의 인과관계에서 우유와 요구르트를 본다면, 인과관계는 우유와 요구르트 사이에 있는 것이 아니라는 것을 알 수 있습니다. 우유가 생기기 위해서는 소가 풀을 먹고, 송아지를 낳아야 합니다. 소가 풀을 먹기 위해서는 풀이 자라야 하고, 풀이 자라기 위해서는 비가 내리고 해가 비쳐야 합니다. 이렇게 우유가 생기는 조건은 암소가 아니라 우리가 살고 있는 이 세상의 모든 것입니다. 우유는 이렇게 이 세상의 모든 것과 함께 연기하고 있습니다. 요구르트도 마찬가지입니다. 요구르트가 생기는 원인은 우유가 아니라 유산균, 적당한 온도, 공기 등이며, 유산균이 자라고, 적당한 온도가 유지되고, 공기가 존재하는 조건은 이 세상의 모든 것입니다. 이와 같이 하나의 법은 이 세상 모든 법을 인연으로 이 세상의 모든 법과 함께 나타나고 있습니다. 연기설은 이렇게 이 세상의 모든 법이 서로 인연이 되어 시간과 공간의 분별이 없는 법계라는 한곳에서 동시에 함께 나타난다는 것을 이야기하고 있습니다.

　이러한 법계의 연기하는 모습을 의상 조사는 『법성게』에서 다음과
같이 노래합니다.

　　　하나의 법 가운데 모든 법이 들어 있고,
　　　많은 법 가운데 하나의 법이 있어　　　　一中一切多中一
　　　하나의 법이 곧 일체법이요,
　　　많은 법이 그대로 한 법이로다.　　　　　一卽一切多卽一
　　　하나의 티끌은 시방세계 품고 있고,　　　一微塵中含十方
　　　일체의 티끌 속도 이와 같아라.　　　　　一切塵中亦如是

우리가 사는 세계는 나와 세계의 구분 없이 나 속에 세계가 들어있고,
세계 속에 내가 들어있는, 나와 세계가 함께 연기하는 법계(法界)입니다

―――

　　　　　　이러한 법계에서는 모든 것이 평등합니다. 하나의 먼
지와 온 우주의 크기와 가치가 평등하고, 사람이나 동물이나 산천초목
이 함께 연기하는 한 몸입니다. 이러한 법계에서 우리는 허망한 분별심
을 일으켜 시간, 공간, 존재를 분별하기 때문에, 서로 투쟁하는 가운데
늙고 병들어 죽어가는 것입니다.

　지금까지의 이야기를 듣고 여러분은 이렇게 의심할 수도 있을 것
입니다. 법계는 우리의 마음과 상관없이 연기하고 있는 것이 아닌가?
그렇다면 모든 것은 우리의 마음이 근본이 된다고, 즉 '일체유심조(一切
唯心造)'라고 할 수는 없지 않은가?

이러한 의심은 법을 외부의 사물로 생각하기 때문에 나타난 것입니다. 우유나 요구르트와 같은 모든 사물은 우리의 마음에 우유와 요구르트로 인식된 법이지, 우리의 마음과 상관없이 외부에 실재하는 사물은 아닙니다. 즉 법은 항상 마음과 함께 연기합니다. 따라서 마음이 있는 곳에 법이 있고, 마음이 나타날 때 법이 나타난다고 할 수 있습니다. 법계는 시간과 공간 속에 존재하는 존재의 세계가 아니라 마음에서 연기한 법의 세계라고 할 수 있고, 이런 의미에서 법계는 곧 한마음[一心]이라고 할 수 있는 것입니다. 이것이 '일체유심조'의 의미입니다.

7

법(法)과 법계(法界)의 의미

우리가 사는 세계는 존재의 세계가 아니라 법의 세계, 즉 법계(法界)입니다.

법은 항상 마음과 함께 연기하기 때문에 법계는 마음의 세계입니다

부처님께서는 이러한 법계를 깨닫고 생사의 세계에서 벗어났습니다. 부처님께서 법계를 깨닫고 생사의 세계에서 벗어났다고 해서 생사의 세계와 생사가 없는 열반의 세계가 따로 존재한다고 생각해서는 안 됩니다. 생사(生死)나 생멸(生滅)은 존재가 있을 때 나타납니다. 존재가 있어야 그 존재의 생사나 생멸도 있는 것입니다. 그런

데 존재는 중생들이 허망하게 조작해 놓은 허위입니다. 따라서 생사나 생멸은 착각입니다.

존재의 실상은 연기하는 법(法)입니다. 법은 연기한 것이기 때문에 실체가 없는 공(空)입니다. 공은 생사나 생멸이 없습니다. 『반야심경』 에서 "모든 법은 공이기 때문에 불생불멸이다[諸法空相 不生不滅]"라고 한 것은 이것을 이야기한 것입니다. 중생들은 이러한 불생불멸의 법을 존재로 착각하여 생사의 세계에 빠져 있습니다. 부처님께서는 이러한 사실을 깨닫고 생사에서 벗어났습니다. 생사의 세계와 열반의 세계는 따로 존재하는 것이 아닙니다.

연기하는 법계의 실상을 알지 못하고 살아가면 그것이 생사이고,

법계를 깨달아 여법하게 살아가면 생사의 세계가 그대로 열반입니다

———

부처님께서는 『잡아함경』 299에서 자신이 깨달은 법 계(法界)에 대하여 다음과 같이 말씀하십니다.

"연기법은 내가 만든 것도 아니고, 다른 사람이 만든 것도 아니다. 여 래가 세상에 나오건 나오지 않건 법계(法界)는 상주(常住)한다. 여래는 이 법을 스스로 깨달아 등정각(等正覺)을 이루어 중생들을 위해 분별 하여 연설(演說)하고, 개발(開發)하여 현시(顯示)한다. (연기법이란) 소위 이것이 있는 곳에 저것이 있고, 이것이 나타날 때 저것이 나타난다고 하는 것이니, 무명을 연하여 행이 있고, 내지 큰 괴로움 덩어리가 모 이며, 무명이 멸하면 행이 멸하여 내지 큰 괴로움 덩어리가 멸한다."

이 경에서 이야기하고 있듯이, 부처님께서 깨달은 것은 항상 머물고 있는 법계와 이 법계를 이루는 법칙, 즉 연기법입니다. 부처님께서는 우리가 존재한다고 생각하는 세계가 사실은 연기하고 있는 법계라는 것을 깨닫고, 존재의 세계에서 벗어나지 못하는 중생들을 위하여 그들이 살고 있는 생사의 세계도 그 실상은 무명에서 연기한 법계라는 것을 깨우쳐 주기 위하여 12연기를 설하셨습니다. 12연기는 부처님께서 깨달은 연기법 그 자체가 아니라, 중생들로 하여금 연기하는 법계를 깨닫게 하기 위해 시설한 방편입니다.

　그렇다면 부처님께서 깨달은 상주하는 법계는 어떤 것일까요? 『쌍윳따 니까야』에서 부처님께서는 다음과 같이 말씀하십니다.

　"비구들이여, 연기(緣起)란 어떤 것인가? 여래가 나타나건 나타나지 않건, 생(生)을 연하여 노사(老死)가 나타난다. 그 계(界)뿐만 아니라, 법(法)의 상주성(常住性)과 법의 확정성(確定性)과 이것의 조건성(條件性)도 상주(常住)한다. 여래는 이것을 깨달았다."

이 경에서 부처님께서는 연기의 한 예로 노사(老死)가 생(生)을 의존하여 나타난다는 것을 보여주고 있습니다. 그리고 이렇게 연기한 것들의 세계, 즉 법계는 상주하며, 연기하는 법칙의 불변성과 확정성도 상주하고 있다고 말씀하십니다. 부처님께서는 이렇게 세상의 모든 것은 연기하고 있다는 사실과 연기한 법계는 상주한다는 사실, 그리고 연기법이라고 하는 법계의 법칙은 불변의 확정된 법칙이며, 그것은 조건 아래서 작용하는 조건성의 특징을 가지고 있다는 사실을 깨달은 것입니다. 법계(法界)가 상주(常住)한다는 것은 연기하는 법의 세계는 연기법이라고

하는 불변의 확정된 법칙에 의해 조건에 의존하는 상태로 항상 나타난
다는 의미입니다.

그렇다면 연기는 어떤 것일까요? 앞에 소개한 경에서는 다음과 같
이 이야기합니다.

"비구들이여, 무명(無明)을 의지하여 나타나 있는 행(行), 실로 그곳에
있는 것은 진여(眞如)이며, 진실성(眞實性)이며, 불변이성(不變異性)이
며, 조건성(條件性)이다. 비구들이여, 이것을 연기(緣起)라고 부른다."

이 경에서 이야기하고 있는 '무명을 의지하여 나타나 있는 행'이란 무
명에서 연기한 행, 즉 무명에 의존하여 무명과 함께 나타난 행(行)을 의
미합니다. 부처님께서는 이 행에 대하여 진여이며, 진실성이며, 불변이
성이며, 조건성이라고 하고 있습니다. 행은 무명(無明)에서 연기한 허
망한 것입니다. 그런데 왜 부처님께서는 행에 대하여 진여이며, 진실성
이며, 불변이성이라고 하는 것일까요?

허망한 행은 중생들이 무명에서 연기한 행을 존재로, 즉 자신의 마
음속에 존재하는 의지로 착각하고 있는 행입니다. 여기에서 부처님께
서 말씀하시는 행은 무명을 조건으로, 무명에 의존하여, 무명과 함께 나
타난, 즉 연기한 행입니다. 그러니까 연기한 법으로서의 행은 우리가 존
재로 생각하고 있는 허망한 행의 실상입니다. 이렇게 연기한 법으로서
의 행은 허위가 아닙니다. 따라서 이것은 있는 그대로의 모습, 즉 진여
(眞如)입니다. 부처님께서는 있는 그대로의 모습을 진여라고 부릅니다.

그런데 이 경을 잘 살펴보면, 부처님께서 진여라고 이야기하고 있
는 것은 행 그 자체가 아닙니다. 부처님께서는 '그곳에 있는 것'을 진여

라고 말씀하고 있습니다. "무명을 의지하여 나타나 있는 행, 그곳에 있는 것이 진여다"라고 말씀하고 있는 것입니다. 그렇다면 그곳은 어떤 곳일까요? 그곳은 법계입니다. 행은 무명에서 연기한 법입니다. 따라서 행이 있는 곳은 법계입니다.

그렇다면 법계에는 무엇이 있을까요? 법계에는 연기라고 하는 법칙이 있습니다. 무명이 있으면 그 무명을 의지하여 행이 있고, 무명이 사라지면, 의지하고 있는 것이 사라지므로 행도 사라집니다. 이렇게 조건에 의지하여 연기하는 세계가 법계이고, 법계에는 연기법이라는 진리가 있습니다. 부처님께서 말씀하시는 진여는 이와 같이 법계에 상주하는 연기법라고 하는 진리를 의미합니다.

진여는 법계 속에 있는 거짓 없는 진실성(眞實性)과 변화하거나 달라지지 않는 불변이성(不變異性)과 이것이 있는 곳에 저것이 있다고 하는 조건성(條件性)을 의미하며, 그것은 곧 연기법이라는 것이 이 경의 내용입니다.

연기는 이렇게 모든 법이 연기하고 있는 법계의 진실되고, 변함이 없는, 같은 조건 아래서는 항상 같은 결과를 가져다주는 법칙이며 진여입니다. 그리고 법은 이러한 연기의 법칙에 의해 조건에 따라 나타나는 현상을 의미합니다.

부처님께서는 왜 연기하는 현상을 법이라고 불렀을까요

———

법(法)은 일차적으로 법계의 법칙, 즉 연기법(緣起法)을 의미합니다. 이런 의미의 법을 우리는 진리라고 부릅니다. 다음으로 법은 이러한 연기법이라는 진리에 따라 연기한 현상을 의미합니다.

한편 법은 12입처에서 의(意)와 상대적인 것으로서 우리의 마음에 인식되는 것을 의미합니다. 이러한 의미의 법은 '자성을 가지고 사물을 알아보도록 하는 궤범[任持自性, 軌生物解]'의 의미라 것은 이미 말씀 드린 바 있습니다. 그리고 이 궤범은 마음에 의해서 만들어지기 때문에 의와 상대적인 것으로 이야기되고 있다는 것도 살펴보았습니다.

그렇다면 12입처에서 이야기하는 법과 연기한 현상을 의미하는 법에는 어떤 차이가 있을까요?

부처님께서는 유위(有爲)와 무위(無爲)가 있다고 말씀하십니다. 12 입처의 법은 유위입니다. 12입처는 마음이 욕탐에 묶여있는 상태입니다. 욕탐에 묶여있는 마음이 욕탐에 상응하는 궤범을 만들어 그 궤범으로 인식한 것이 12입처의 법입니다. 연기한 현상을 의미하는 법은 연기한 현상 그대로를 의미하기 때문에 무위라고 부릅니다.

이러한 무위는 개별적인 존재가 아닙니다. 주변의 조건에 의해 그 조건과 함께 나타나고 있는, 따라서 실체가 없는 공(空)입니다. 하나의 예를 들어 봅시다. 물은 산소와 수소가 결합한 것입니다. 그러나 산소와 수소가 모여 있다고 해서 물이 되지는 않습니다. 공기 중에 존재하는 수많은 산소와 수소가 한곳에 모여 있다고 해서 물이 되지는 않습니다. 물이 되기 위해서는 산소와 수소가 결합할 수 있는 조건이 갖추어져야 합니다. 산소와 수소가 있고, 이들이 결합할 조건이 있어야만 물은 존재하게 됩니다. 물은 이러한 조건이 사라지면 다시 산소와 수소로 분해됩니다. 따라서 우리는 물은 산소와 수소가 결합할 수 있는 조건이 있는 곳에 존재하고, 그 조건이 나타나면 생기는 연기한 것이라고 할 수 있습니다. 우리는 이렇게 조건에 의해 나타난 법을 마치 개별적으로 존재하는 실체인 양 인식하게 되는데, 이렇게 개별적인 존재로 인식된 물이 유위이고, 주변의 조건과 함께 연기하고 있는 물은 무위입니다.

연기라는 법칙은 연기한 법과 별개의 현상이 아닙니다. 앞에 소개한 경에서 연기한 법, 그곳에 진여인 연기가 있다고 하고 있듯이, 연기한 현상인 법과 그 현상이 있게 한 법칙인 연기의 법칙은 분리되어있지 않습니다. 그러니까 법은 그대로 연기라고 할 수 있는 것입니다. 이런 의미에서 연기라는 법칙에 의해 나타난 현상을 법(法)이라고 합니다. "연기를 보면 법을 보고, 법을 보면 연기를 본다"는 부처님의 말씀은 이 것을 의미합니다. 연기라는 법칙을 보게 되면, 모든 현상이 그 법칙에 의해 나타나고 있다는 것을 알게 되고, 연기하고 있는 현상을 보게 되면, 그 현상에 연기라는 법칙이 깃들어 있음을 알게 된다는 것입니다.

법의 이러한 두 측면, 즉 법칙으로서의 법과 현상으로서의 법을 화엄학(華嚴學)에서는 이(理)와 사(事)라고 합니다. 법칙으로서의 연기(緣起)를 '이'라 하고, 연기한 법을 '사'라고 하는 것입니다. 이러한 이와 사는 본래 분리되지 않습니다. 법을 떠나서는 연기가 없고, 연기를 떠나서는 법이 없기 때문입니다. 이것이 법계의 모습이고, 모든 부처님과 보살들의 경계입니다.

의상 조사는 이러한 부처님의 경계를 『법성게』에서 다음과 같이 노래합니다.

이(理)와 사(事)가 그윽하여 본래 분별없는 법계,
시방세계 부처님과 보현보살 경계라네.

理事冥然無分別 十佛普賢大人境

이렇게 이사(理事)의 분별이 없이 연기하는 법은, 전에 말씀드린 바와 같이, 법계의 모든 법을 조건으로 하여 이들과 함께 연기하고 있습니다. 따라서 하나의 법 속에 일체의 법이 들어 있고, 일체의 법 속에 하나의 법이 들어 있는, 그야말로 일체의 분별이 용납되지 않는 것이 법계의 실상입니다. 법 속에 연기가 들어있고, 연기 속에 법이 들어있으며, 법 속에 법계가 들어있고, 법계 속에 법이 들어있는 이러한 세계가 우리가 살고 있는 법계의 모습입니다. 우리가 깨달아야 할 법계는 바로 이런 모습입니다.

8

무명(無明)에 휩싸인 삶 – 무명과 행(行)

12연기의 모든 지(支)는 우리의 의식 상태입니다. 마지막 지인 노사(老死)도 생물학적으로 늙어 죽는 것을 의미하는 것이 아니라, 5취온을 '자아'로 생각함으로써, 그 자아가 늙어 죽는다고 생각하고 있는 중생들의 의식 상태를 의미합니다. 이러한 중생들의 생각이 왜 나타나게 되었는지 그 원인을 추구하여, 그러한 생각이 진리에 대한 무지에서 비롯된 것임을 밝힌 것이 12연기입니다. 만약 늙어 죽는다는 생각이 허망한 생각이 아니라면, 우리는 노사에서 결코 벗어날 수 없을 것입니다. 그러나 노사는 어리석은 생각에서 비롯된 것이기 때문에, 어리석은 생각을 버리면 늙어 죽는다는 허망한 생각도 사라지게 됩니다.

노사의 원인인 생(生)도 몸이 태어나는 것을 의미하는 것이 아니라 몸을 '자아'로 생각하여 태어났다고 생각하고 있는 중생들의 착각을 의미합니다. 유(有)는 태어났다는 생각을 하게 하는 '자아'가 존재한다는 생각을 의미합니다. '자아'가 존재한다고 생각하기 때문에 우리는 그 '자아'가 태어나서 죽는다고 생각하게 됩니다. 따라서 12연기는 '자아'가 존재한다는 중생들의 생각이 어떻게 형성되고 있는지를 밝히고 있다고 할 수 있습니다.

12연기의 모든 지(支)는 무명에서 연기하는 중생의 허망한 생각을 의미합니다

──────

『잡아함경』298에서는 12지(十二支)의 의미를 상세하게 설명하고 있습니다. 이 경을 통해 무명(無明)과 행(行)의 의미를 살펴보도록 하겠습니다.

이 경에서 무명은 전제(前際), 후제(後際), 전후제(前後際), 내(內), 외(外), 내외(內外), 업보(業報), 불(佛), 법(法), 승(僧), 고집멸도(苦集滅道), 인(因), 인(因)에서 나타난 법[因所起法], 선(善), 불선(不善), 습(習), 불습(不習), 열(劣), 승(勝), 염오(染汚), 청정(淸淨), 연기(緣起) 등에 대하여 알지 못하는 것이라고 설명합니다.

전제, 후제, 전후제는 시간적인 시작과 끝을 의미합니다. 전제는 과거의 끝이므로 시작을 의미하고, 후제는 미래의 끝이므로 끝을 의미합니다. 그리고 전후제는 시작과 끝을 의미합니다. 시간의 시작과 끝은 우리가 존재를 구성함으로써 인식된 것일 뿐 실재하지 않습니다. 그런데 중생들은 모든 것을 시작과 끝으로 인식합니다. 나의 시작은 태어남이고, 끝은 죽음입니다. 우리가 생사(生死)를 인식하는 것은 우리에게 시작과 끝이 있다고 생각하기 때문입니다. 기독교 성경에서는 태초에 하나님이 천지를 창조했다고 이야기하고, 종국에는 최후의 심판이 있다고 이야기합니다. 이런 생각은 모두 시작과 끝에 대한 무지에서 나온 것입니다. 이러한 무지(無知)가 무명입니다.

내, 외, 내외는 주관과 객관 그리고 주관과 객관이 대립하고 있는 공간을 의미합니다. 중생들은 허망한 생각을 욕탐으로 모아서 '자아'와 '세계'를 허구적으로 만들어 놓고, 내외(內外)를 분별합니다. 자아는 내부(內部)이고 세계는 자아의 외부(外部)에 존재한다고 생각하면서, 자아와 세계가 공간 속에서 내외의 관계로 대립하고 있다고 생각하는 것입니다. 연기하는 법계는 내외의 분별이 있을 수 없습니다. 그런데 중생들은 연기하는 법계의 실상을 알지 못하고 내외를 분별하고 있으며, 이런 상태를 무명이라고 합니다.

중생들은 '자아'가 존재하면서 업(業)을 지어 그 보(報)를 받는다고 생각하고 있습니다. 이러한 생각은 "업보(業報)는 있으나 작자(作者)는 없다"는 무아(無我)의 실상을 알지 못한 결과입니다. 따라서 이러한 생각도 무명입니다.

부처님께서는 연기하는 법계를 깨달음으로써 무명에서 벗어났습니다. 그리고 법계의 진리인 연기법을 중생들에게 가르쳐 주셨습니다. 우리는 이러한 가르침에 의지해서 법계의 실상을 깨닫기 위해 수행합니다. 불법승(佛法僧) 삼보(三寶)는 이렇게 진리를 깨달은 부처님과 부처님께서 가르쳐 주신 진리와 그 진리를 믿고 따르는 불자(佛子)를 의미합니다. 중생들은 진리를 깨달은 부처님이 있고, 부처님께서 깨달아 현시한 진리가 있고, 그 진리에 따라 수행하면 누구나 부처님과 같은 깨달음을 성취할 수 있다는 것을 알지 못하고, 자기의 생각에서 벗어나려고 하지 않습니다. 이것이 불법승 삼보에 대한 무지이며 무명입니다.

고집멸도(苦集滅道) 4성제(四聖諦)는 부처님께서 깨달아 우리에게 보여주신 진리입니다. 연기의 진리를 알지 못하고 욕탐으로 허망한 생각을 모아 놓으면, 그것이 원인이 되어 괴로운 생사의 세계가 나타나고, 연기의 진리를 알아 욕탐을 멸하여 허망한 생각을 없애면, 생사를 떠난 열반의 세계가 나타난다는 것이 4성제입니다. 이와 같이 4성제는 생사의 세계와 열반의 세계가 나타나는 원인과 과정을 보여주고 있습니다. 고집멸도와 인(因)과 인(因)에서 나타난 법을 알지 못한다고 하는 것은 이것을 의미합니다. 중생들은 4성제의 진리를 모르고, 욕탐을 만족시켜 행복을 얻으려고 하는데, 이것이 4성제에 대한 무지이며 무명입니다.

선(善)은 우리에게 행복을 가져오는 것이고, 불선(不善)은 불행을 가져오는 것입니다. 선과 불선이 원인이라면, 행복과 불행은 원인에서 나타난 법[因所起法]입니다. 4성제의 도리에서 본다면, 욕탐에 의한 집(集)이 생로병사(生老病死)라는 불행의 원인이고, 욕탐을 멸하여 집을 멸하는 것이 열반이라고 하는 행복의 원인입니다. 따라서 욕탐을 충족시키려는 행동은 불선이고, 욕탐을 버리는 행동이 선입니다. 그런데 중생들은 이것을 알지 못하고 욕탐을 충족시켜 행복을 얻으려 합니다. 이것이 무명입니다.

선과 불선을 모르면 죄(罪)와 무죄(無罪)도 알지 못하게 됩니다. 죄와 무죄를 알지 못하면, 수행하여 익혀야 할 것과 익혀서는 안 되는 것이 무엇인지도 알 수 없을 것입니다. 무엇이 못난 행동[劣]인지, 무엇이 뛰어난 행동[勝]인지에 대해서도 알지 못하고, 더러운 것이 무엇인지 청정한 것이 무엇인지도 모르게 될 것입니다. 죄(罪), 무죄(無罪), 습(習),

불습(不習), 열(劣), 승(勝), 염오(染汚), 청정(淸淨)을 알지 못하는 것이 무명이라고 하는 것은 이것을 의미합니다.

모든 무명은 본질적으로 연기법(緣起法)이라는
진리에 대한 무지입니다

―――――

그래서 맨 마지막에 연기에 대하여 알지 못하는 것이 무명이라고 한 것입니다.

이상이 『잡아함경』 298에서 이야기하고 있는 무명의 내용인데 이것을 알기 쉽게 풀어보면 다음과 같습니다.

중생들은 모든 존재는 시간적으로 시작과 끝이 있다고 생각하고(전후제(前後際)에 대한 무지), 그러한 시작과 끝을 가진 자아(自我)가 외부의 공간 속에 존재하는 세계에 태어나 살고 있다고 생각하고 있습니다(내외(內外)에 대한 무지). 중생들은 이렇게 무아(無我)의 실상을 알지 못하고, '자아'가 세계 속에서 업을 지어 그 과보를 받는 가운데 업에 따라 생사를 거듭한다고 생각하고 있습니다(업보에 대한 무지).

부처님께서는 이러한 생각이 무명에서 비롯된 허망한 것임을 연기법의 진리를 자각하여 깨달았습니다. 그리고 스스로 깨달은 진리를 중생들에게 보여주었고, 수행자들은 누구나 바른 수행을 하기만 하면 그러한 깨달음에 도달할 수 있다는 것을 증명하였습니다. 이것이 불법승(佛法僧) 삼보(三寶)입니다. 그런데 중생들은 이러한 사실을 알지 못하고, 생사의 세계에서 벗어날 생각을 하지 않고 있습니다(불법승에 대한 무지).

부처님께서 우리에게 가르치신 진리는 무명의 상태에서 일으킨 욕탐에 의해 모인 것이 생사의 괴로움이고, 무명과 욕탐을 멸하면 생사의 괴로움도 멸하여 열반을 성취할 수 있다는 4성제입니다. 부처님께서는 선(善)이 무엇이고, 불선(不善)이 무엇이며, 죄(罪)가 무엇이고, 무죄(無罪)가 무엇인지를 4성제를 통해 보여줌으로써, 우리가 해야 할 일과 해서는 안 될 일, 열등한 삶과 수승한 삶, 더러운 마음과 청정한 마음이 무엇인지를 분명하게 보여주신 것입니다. 그러나 중생들은 이것을 알지 못하고, 착하지 않은 일을 하면서 죄를 짓고, 해서는 안 될 일을 하면서 열등한 삶을 살아가는 가운데 마음이 온갖 번뇌로 더럽혀져 있습니다. 이것은 한마디로 연기라고 하는 법계의 진리를 알지 못하는 무명에서 비롯된 것이라고 할 수 있습니다.

이와 같이 무명은 연기법(緣起法)이라는 법계의 진리에 대한 무지와 이러한 무지에서 비롯된 중생들의 어리석은 생각을 의미합니다.

행(行)

———

행은 유위를 조작하는 행위를 의미합니다. 유위를 조작하는 것은 마음에 욕탐이 있기 때문입니다. 그러니까 마음에 욕탐을 가지고 살아가는 중생의 모든 삶이 곧 행입니다. 이것을 『잡아함경』 298에서는 신구의(身口意) 3행(三行)을 행이라고 한다고 하고 있습니다. 우리는 몸으로 행동하고, 입으로 말하고, 마음으로 의도하면서 살아갑니다. 이러한 삶은 그 근저에 욕탐이 있습니다. 중생들의 행동과 말과 의도는 항상 욕탐의 지배를 받고 있는 것입니다. 이러한 삶을 통해 존재·시간·공간이 허구적으로 조작됩니다. 이것을 행이 유위(有爲)를 조작한다고 합니다.

『잡아함경』568에서는 이러한 행을 다음과 같이 이야기합니다.

> 행(行)이란 3행(三行), 즉 신행(身行)·구행(口行), 의행(意行)을 말한다. 숨을 내쉬고 들이쉬는 것[出息入息]이 신행(身行)이고, 존재한다고 지각하고, 그 존재를 언어로 파악하는 것[有覺有觀]이 구행(口行)이다. 사유하고 의도하는 것[想思]이 의행(意行)이다.

우리의 몸은 호흡이 유지되는 동안 행동할 수 있습니다. 숨을 내쉬고 들이쉬는 것을 신행(身行)이라고 한다는 것은, 단순히 호흡하는 것이 신행이라는 의미가 아니라, 호흡을 통해 몸으로 행동할 수 있다는 의미입니다. 우리가 사용하는 말은 존재를 지시합니다. 책상이라는 말은 책상이라는 존재를 지시하는 것입니다. 우리가 사용하는 말은 외부에 사물이 존재한다고 느끼고 그것을 언어로 파악한 것입니다. 원문에는 유각유관(有覺有觀)이 구행(口行)이라고 하는데, 각(覺)은 지각을 의미하고, 관(觀)은 언어에 의한 개념적인 사유를 의미합니다. 그래서 저는 유각유관을 '존재한다고 지각하고, 그것을 언어로 파악하는 것'이라고 해석했습니다. 사유하고 의도하는 것이 의행(意行)이라는 것은 설명할 필요가 없을 것입니다.

신구의(身口意) 3행(三行)은 6입처에서 시작되는 연기의 구조로 되어있습니다

―――

신행(身行)은 6입처를 의미합니다. 그리고 구행(口行)은 존재한다고 느끼는 것이기 때문에 촉(觸)을 의미합니다. 전에 살펴보았듯이, 촉에서 수(受)·상(想)·사(思)가 발생합니다. 그리고 이렇게 발생한 수·상·사를 질료로 하여 존재를 구성하고, 이름을 붙이는 과정이 애(愛)·취(取)·유(有)입니다. 전에도 말씀드린 바와 같이, 『잡아함경』에서는 6입(六入)에서 촉(觸)·수(受)·애(愛)·취(取)의 전 과정을 행(行)이라고 합니다. 따라서 3행(三行)은 6입처를 자기의 몸으로 생각하고 살아가면서, 외부에 사물이 존재한다고 지각하고, 그 지각 내용을 의행(意行)을 통해 언어로 파악하여 살아가는 중생의 삶, 즉 6촉연기(六觸緣起)의 과정을 의미한다고 할 수 있습니다.

9

자기 존재에 대한 애착과 취착
–애(愛)·취(取)·유(有)

**중생들은 연기의 진리를 알지 못하고, 6입처라는 욕탐에 묶인
허망한 마음을 자신의 존재로 생각하면서 갖가지 유위(有爲)를
조작하여 분별심을 일으킵니다**

———

　　　　　이것을 12연기에서는 "무명(無明)을 연(緣)하여 행(行)
이 있고, 행을 연하여 식(識)이 있다"라고 합니다. 분별하는 마음인 식
이 생기면, 이 식은 행이 조작한 유위를 이름과 형태로 분별합니다. 이
렇게 식에 의해 이름과 형태로 분별된 유위가 명색(名色)입니다. 식을
연하여 명색이 있다는 것은 이것을 의미합니다.

　　식에 의지하여 명색이 생기면, 이 명색을 보고, 듣고, 만지고, 생각
하면서 보고, 듣고, 만지고 생각하는 것이 나의 존재라는 생각, 즉 6입

처(六入處)이 생깁니다. 명색을 연하여 6입처가 있다는 것은 이것을 의미합니다. 6입처를 나의 존재라고 생각하게 되면, 나의 존재에 의해 지각되는 것들이 외부에 존재한다는 생각을 하게 됩니다. 이것이 촉(觸)입니다. 따라서 촉은 6입처를 인연으로 해서 생긴 것입니다.

외부에 사물이 존재한다고 생각하기 때문에, 그 사물에 대하여 고락의 감정을 느끼게 됩니다. 외부의 사물이 괴로운 성질과 즐거운 성질을 가지고 존재하고 있고, 그 고락의 성질을 우리가 느낀다고 생각하는 것입니다. 이것이 수(受)입니다.

외부의 사물에 대한 느낌은 단순히 고락의 감정만은 아닙니다. 외부에 크고, 작은 것이 있고, 마음에 드는 것과 마음에 들지 않는 것이 있다고 생각하게 됩니다. 즉 외부의 존재에 대한 사유[想]와 의도[思]도 감정[受]과 함께 생깁니다. 12연기의 수는 이와 함께 생기는 상(想)과 사(思)를 내포하고 있다고 할 수 있습니다.

이렇게 촉에서 고락의 감정인 수가 생기면, 즐거움을 주는 것에 대하여 그것을 갈망하고 애착하는 마음이 생기는데, 이것이 애(愛)입니다. 애는 수를 인연으로 생긴 것이지만, 애의 대상은 수가 아닙니다. 애의 대상은 즐거움을 주는 외부의 대상입니다. 이미 살펴보았듯이, 외부의 대상은 촉을 통해 존재로 느껴진 것들입니다. 촉을 통해 존재로 느껴진 것들은, 식의 증장을 이야기할 때 말씀드린 바 있는, 네 가지 음식입니다. 이 네 가지 음식에 희탐이 있을 때 식이 증장하여 새로운 5온을 성립시킨다는 것이 식증장설(識增長說)입니다. 여기에서 희탐이 곧 애입니다. 따라서 애의 대상은 네 가지 음식과 그 음식에 의해 구성된 5온이라고 할 수 있습니다.

애는 이렇게 촉에 의해 존재로 느껴지고 있는 5온에 대하여 자신에게 즐거움을 준다고 느껴지는 것에 대하여 그것을 갈망하고 애착하는 마음을 의미합니다. 우리는 자기 존재에 이익이 되는 것에 대하여 즐거움을 느낍니다. 아무리 쓴 약도 자기의 몸에 좋은 것이면 그 약에 대하여 즐거움을 느끼고, 그것을 갈망하며 애착합니다. 아무리 달고 맛있는 음식도 자기의 몸에 해로운 것이면, 그것에 대하여 괴로움을 느끼고, 버리고, 싫어합니다. 애는 이렇게 자신의 존재를 유지하려는 마음입니다.

이 마음에 의해 5온 가운데 애의 대상이 나타나면 그것을 취하게 되고, 이렇게 취해진 것이 유(有)입니다. 바꾸어 말하면, 유는 5온 가운데 애의 대상이 되어 취해진 5온, 즉 5취온을 의미합니다. 이와 같이 애(愛)·취(取)·유(有)는 서로 밀접한 관계에 있으므로, 개별적으로 이해하는 것보다는 함께 이해하는 것이 좋습니다.

『잡아함경』298에서는 애·취·유에 대하여 다음과 같이 이야기합니다.

애(愛)란 3애(三愛), 즉 욕애(欲愛)·색애(色愛)·무색애(無色愛)를 말한다.
애를 조건으로 하는 취(取)란 4취(四取), 즉 욕취(欲取)·견취(見取), 계취(戒取)·아취(我取)를 말한다.
취를 조건으로 하는 유(有)란 3유(三有), 즉 욕유(欲有)·색유(色有)·무색유(無色有)를 말한다.

이 경을 보면, 애(愛)와 유(有)의 종류가 같습니다. 그 까닭은 욕애(欲愛)·색애(色愛)·무색애(無色愛)라는 세 가지 애(愛)가 네 가지 방식으로 취해져서 욕유(欲有)·색유(色有)·무색유(無色有)라는 세 가지 유가 나타나기 때문입니다.

이 경에서 이야기하고 있는 욕애, 색애, 무색애란 구체적으로 어떤 것을 의미할까요? 이 점은 식의 증장을 살펴보면 드러납니다. 식이 증장하기 위해서는 다섯 가지 종자를 내포하고 있는 씨앗과 같은 식, 즉 5온의 종자를 갖추고 있는 식온(識蘊)과 그 식온이 머물 4식주(四識住), 즉 색(色)·수(受)·상(想)·행온(行蘊)이라고 하는 기존의 4온(四蘊)과 이 네 가지 온(蘊)에 대한 희탐이 있어야 합니다. 여기에서 희탐은 욕애의 대상이 되고, 색온(色蘊)은 색애(色愛)의 대상이 되며, 나머지 수·상·행·식온(受·想·行·識蘊)은 무색애(無色愛)의 대상이 됩니다. 욕유(欲有)·색유(色有)·무색유(無色有)는 이들 애(愛)의 대상이 자신의 존재로 취해진 것입니다. 즉 욕유는 욕구의 대상이 취해져 존재화한 것이고, 색유는 색애(色愛)의 대상이 취해져 존재화한 것이며, 무색유는 무색애(無色愛)의 대상이 취해져 존재화한 것입니다.

우리가 알고 있는 존재는 물질적 존재와 정신적 존재입니다. 색유는 6입(六入)에 의해 지각된 것이 촉(觸)에 의해 존재로 느껴진 것을 의미하고, 무색유는 촉에서 새로 발생한 수(受)·상(想)·사(思)와 식(識)을 의미합니다.

색유(色有)는 우리가 물질적 존재라고 생각하는 것이고, 무색유(無色有)는 정신적 존재라고 생각하는 것인데, 그렇다면 욕유(欲有)는 어떤 것일까요

───────

우리가 생각하고 있는 모든 존재는 욕구에 의해 존재화한 것입니다. 책상은 책을 편리하게 놓고 보려는 욕구가 존재화한 것이고, 책은 지식이나 정보를 오랫동안 보관하고 널리 보급하려는 욕구가 존재화한 것입니다. 우리가 책을 놓고 보려는 욕구를 가지고 있지 않다면 책상은 존재할 수가 없고, 지식을 보존하려는 욕구가 없다면 책이 존재할 수 없습니다. 우리는 이렇게 욕구에 의해 존재를 구성해 놓고, 그것이 외부에 실재한다고 생각합니다. 욕유는 이렇게 욕구에 의해 존재화한 사물을 의미합니다.

부처님께서는 이렇게 중생들의 욕구에 의해 존재화한 것을 욕유라고 부르고, 욕유의 세계를 욕계(欲界)라고 부릅니다. 우리 인간은 욕구에 의해 존재화한 세계에서 살아갑니다. 따라서 인간을 욕계의 중생이라고 부릅니다.

이와 같이 중생들이 생각하고 있는 존재는 욕유, 색유, 무색유입니다. 중생들은 이러한 3유(三有)를 취하여 자기 존재를 만들고 있습니다. 사람들이 '나'라고 하는 것을 살펴보면, 이 세 가지 유(有)를 나라고 생각하고 있음을 알 수 있습니다. "나는 착한 사람이다"라고 이야기한다면 그 사람은 착한 존재여서 그렇게 말하고 있는 것이 아니라, "나는 착한 존재이고 싶다"는 욕구를 그렇게 표현하고 있는 것일 뿐입니다. 이렇게 착한 존재이기를 욕구하고 있는 사람은 항상 착한 일이라고 생각되는 일을 취하여 행동합니다. 그리고 자기가 착한 일을 하는 것은 자기가 착한 존재이기 때문이라고 생각하게 됩니다. 따라서 '착한 나의 존재'는 욕유입니다.

우리는 몸을 나라고 생각합니다. 이렇게 자신의 존재로 생각되고 있는 몸은 색유입니다. 어떤 사람은 몸은 참된 나가 아니고, 정신이 참된 나라고 생각합니다. 이렇게 자신의 존재로 생각되고 있는 정신이 무색유입니다.

이와 같이 자신의 존재는 취를 통해서 존재화한 것입니다. 욕구를 취하면 욕유가 되고, 지각된 것을 취하면 색유가 되며, 느끼고, 사유하고, 의도하고 인식한 것을 취하면 무색유가 됩니다. 그리고 이러한 취의 원인이 애(愛)입니다.

그렇다면 애의 대상을 취하여 유(有)로 만드는 취(取)는 구체적으로 어떤 것일까요? 전에 말씀드린 바와 같이, 취는 어떤 현상이 그치지 않고 지속되도록 그 질료를 취하여 붙잡고 있는 것을 의미합니다. 우리의 마음에는 항상 자기 존재를 지속시키려는 욕구가 존재하고 있습니다. 그러다가 그 욕구에 상응하는 것이 나타나면, 그것에 대하여 애착심을 일으켜 그것을 취하려는 마음이 나타납니다. 이것이 12연기의 취입니다. 이와 같이 취는 애를 인연으로 나타납니다.

그런데 이러한 취에는 욕취(欲取)·견취(見取)·계취(戒取)·아취(我取) 네 가지가 있다는 것이 부처님의 말씀입니다. 왜 부처님께서는 욕애, 색애, 무색애를 인연으로 해서 나타난 취에 네 가지의 취가 있다고 하시는 것일까요?

우리는 항상 자신이 어떤 사람이 되어야겠다는 욕구를 가지고 살아갑니다. 착한 사람이 되겠다는 욕구를 가진 사람도 있고, 과학자가 되겠다는 욕구를 가진 사람도 있고, 정치가가 되겠다는 욕구를 가진 사람도 있습니다. 이런 욕구를 가진 사람은 그 욕구에 상응하는 대상을 만나면 그것에 애탐을 일으켜 취하게 됩니다. 이것이 욕취입니다.

우리는 나름대로 인생관과 세계관을 가지고 있습니다. 그리고 그것을 고집합니다. 이렇게 자기의 견해를 고집하는 사람은 그 견해에 상응하는 사상이나 종교를 만나면 이것을 취하게 됩니다. 이것이 견취입니다.

사람들은 나름의 도덕적인 기준을 가지고 살아갑니다. 기독교인들은 기독교의 계율을 절대적인 것으로 생각합니다. 유교를 따르는 사람들은 삼강오륜을 절대적인 윤리로 취합니다. 사람들은 이렇게 자신의 신념에 따라 나름대로 도덕적인 윤리를 취하게 되는데, 이것을 계취라고 합니다.

사람들은 무엇보다도 '자신의 존재'에 대한 확신을 가지고 살아갑니다. 자신의 존재를 육체로 생각하는 사람도 있고, 정신이라고 생각하는 사람도 있습니다. 이렇게 자기가 자신의 존재라고 생각하고 있는 '자기 존재'를 유지하기 위하여 자기 존재의 유지에 도움이 된다고 생각되는 것을 취하는 것이 아취입니다.

이와 같이 취는 촉에서 발생한 5온 가운데서 애(愛)의 대상을 취하여 자기 존재화하는 의식입니다. 5온을 욕탐으로 취하는 것이 욕취이고, 5온에 대하여 그것이 연기한 법인 줄을 모르고, 상견(常見)이나 단견(斷見)과 같은 사견을 취하는 것이 견취이며, 8정도와 같은 바른길을 모르고 사견에서 비롯된 잘못된 종교적 실천을 계율로 취하는 것이 계취입니다. 그리고 5온 가운데 어느 하나를 취하거나, 또는 몇 가지를 취하거나, 또는 5온 전체를 취하여, 자기 존재로 생각하는 것이 아취입니다.

욕애(欲愛), 색애(色愛), 무색애(無色愛)는 이러한 네 가지 취(取)에 의해 자기 존재로 취해져 욕유(欲有), 색유(色有), 무색유(無色有)의 형태로 나타납니다

———

그러므로 중생들이 자기 존재라고 생각하고 있는 것은 모두 촉에서 발생한 허망한 생각이 취에 의해 취해진 것이라고 할 수 있습니다. 중생의 존재는 무엇을 취하고 있느냐에 따라 달라집니다. 욕애(欲愛)를 취하여 자기의 존재라고 생각하는 사람은 욕유(欲有)를 자아라고 생각하고, 이렇게 욕유를 자아로 생각하는 중생들이 사는 세계가 욕계(欲界)입니다. 색유(色有)를 자아로 생각하는 중생들의 세계가 색계(色界)이고, 무색유(無色有)를 자아라고 생각하는 중생들이 사는 세계가 무색계(無色界)입니다. 이와 같이 중생들의 세계, 즉 3계(三界)는 마음이 조작한 것입니다. 3계는 오직 한마음에 의해 만들어진 것[三界唯一心所造]이라는 말씀은 이것을 의미합니다.

우리가 태어났다는 생각을 가지고 있는 것은 취를 통해 이루어진 '자아'의 존재를 실재한다고 믿고 있기 때문입니다. '자아'가 없다면 태어난다는 생각을 할 수 없을 것입니다. 유(有)를 인연으로 생(生)이 있다는 것은 이것을 의미합니다. 이와 같이 12연기의 생은 부모에게서 태어나는 것을 의미하는 것이 아니라, 우리가 가지고 있는 '태어난다는 생각'을 의미합니다.

'태어나서 죽는다'는 생각은 살펴본 바와 같이 허망한 생각입니다

연기하는 법계에는 '자신의 존재'가 따로 존재하지 않습니다. 따라서 생(生)도 없고, 노사(老死)도 없습니다. 단지 허망한 생각 속에서 생사의 괴로움을 느끼고 있을 뿐입니다.

용수 보살은 이러한 허망한 생사의 모습을 다음과 같이 이야기합니다.

| 존재하는 법은 생길 수 없고, | 有法不應生 |
| 존재하지 않는 법도 생길 수 없다. | 無亦不應生 |

이와 같이 생사는 허망한 생각일 뿐입니다. 따라서 연기하는 법계의 실상을 깨달아 허망한 생각에서 벗어나야 합니다.

8
장

9차제정과 8해탈
(九次第定 八解脫)

1

—

중생의 마음 따라 연기(緣起)하는 세계

9차제정(九次第定)은 연기법이라는 진리를 깨닫는 단계적인 성찰입니다

———

우리는 하나의 세계 속에 중생들이 모여서 살고 있는 것으로 생각합니다. 그러나 전에도 말씀드렸듯이, 세계 속에서 중생들이 살고 있는 것이 아니라, 중생들의 마음에서 세계가 연기하고 있습니다. 중생들이 사는 세계는 중생들의 마음에 따라 각기 다른 모습으로 나타납니다. 부처님께서는 9차제정이라는 선정을 통해 중생들의 세계가 중생들의 마음에서 연기한 것이라는 사실을 깨달았습니다. 불교에서 이야기하는 욕계(欲界)·색계(色界)·무색계(無色界), 즉 3계(三界)는 9차제정을 통해 드러난 중생 세계의 모습입니다.

3계는 다양합니다. 욕계에는 인간의 세계와 천상의 세계가 있고,

색계에는 네 가지 세계가 있으며, 무색계에도 네 가지 세계가 있습니다. 이렇게 욕계와 네 가지 색계, 그리고 네 가지 무색계를 '중생들이 사는 아홉 가지 거주처'라는 의미에서 9중생거(九衆生居)라고 부릅니다.

'9중생거'에 대해서는 『장아함경(長阿含經)』의 「십상경(十上經)」에서 다음과 같이 이야기합니다.

"어떤 것이 아홉 가지 깨달아야 할 법인가? 그것은 9중생거(九衆生居)이다.

어떤 중생들은 서로 다른 몸[若干種身]을 가지고 서로 다른 생각[若干種想]을 하면서 살아간다. 천상(天上)의 중생과 인간이 그렇다. 이것이 첫째 중생거이다.

어떤 중생들은 서로 다른 몸을 가지고 한 가지 생각을 하면서 살아간다. 범광음천(梵光音天)이 처음 세상에 태어날 때 그렇다. 이것이 둘째 중생거이다.

어떤 중생들은 동일한 몸을 가지고 서로 다른 생각을 하면서 살아간다. 광음천(光音天)이 그렇다. 이것이 셋째 중생거이다.

어떤 중생들은 동일한 몸[一身]을 가지고 동일한 생각[一想]을 하면서 살아간다. 변정천(遍淨天)이 그렇다. 이것이 넷째 중생거이다.

어떤 중생들은 생각도 없고[無想], 느끼고 지각함이 없다[無所覺知]. 무상천(無想天)이 그렇다. 이것이 다섯째 중생거이다.

어떤 중생은 공처(空處)에 머물고 있다. 이것이 여섯째 중생거이다.

어떤 중생은 식처(識處)에 머물고 있다. 이것이 일곱째 중생거이다.

어떤 중생은 불용처(不用處, 無所有處)에 머물고 있다. 이것이 여덟째 중생거이다.

어떤 중생은 유상무상처(有想無想處, 非有想非無想處)에 머물고 있다. 이것이 아홉째 중생거이다."

이 경에서는 우리가 깨달아야 할 것으로 아홉 가지 중생의 세계를 이야기하고 있습니다. 9중생거는 우리가 반드시 깨달아야 할 중생 세계의 모습이라는 것입니다. 그런데 이 경의 내용만으로는 9중생거에 대하여 자세히 알 수 없습니다.

12연기를 설명하는 『중아함경』의 「대인경(大因經)」에도 이와 유사한 내용이 나오는데, 여기에서는 이것을 9중생거라고 하지 않고, 7식주(七識住) 2처(二處)라고 부르고 있습니다.

"아난다여, 7식주(七識住)와 2처(二處)가 있다. 어떤 것이 7식주인가?

육체[色]를 가진 중생들이 서로 다른 몸[若干身]을 가지고 서로 다른 생각[若干想]을 하나니, 예를 들면 인간과 욕계의 하늘[人及欲天]이 그렇다. 이것을 제1식주(第一識住)라고 부른다.

육체를 가진 중생들이 서로 다른 몸[若干身]을 가지고 같은 생각[一想]을 하나니, 예를 들면 처음 태어난 범천(梵天)이 그렇다. 이것을 제2식주(第二識住)라고 부른다.

육체를 가진 중생들이 동일한 몸[一身]을 가지고 서로 다른 생각[若干想]을 하나니, 예를 들면 황욱천(晃昱天)이 그렇다. 이것을 제3식주(第三識住)라고 부른다.

육체를 가진 중생들이 동일한 몸을 가지고 같은 생각을 하나니, 예를 들면 변정천(遍淨天)이 그렇다. 이것을 제4식주(第四識住)라고 부른다.

일체의 색상(色想)을 초월하여 대상에 대한 생각이 소멸한, 서로 다른 생각을 하지 않는 무량공처(無量空處)에 도달한 무색(無色) 중생이 있다. 이 중생은 공처(空處)를 성취하여 노닌다. 무량공처천(無量空處天)의 중생이 그렇다. 이것을 제5식주(第五識住)라고 부른다.

일체의 무량공처상을 초월하여 무량식처(無量識處)에 도달한 무색 중생이 있다. 이 중생은 식처(識處)를 성취하여 노닌다. 무량식처천(無量識處天)의 중생이 그렇다. 이것을 제6식주(第六識住)라고 부른다.

일체의 무량식처상을 초월하여 무소유처(無所有處)에 도달한 무색 중생이 있다. 이 중생은 무소유처를 성취하여 노닌다. 무소유처천(無所有處天)의 중생이 그렇다. 이것을 제7식주(第七識住)라고 부른다.

아난다여, 어떤 것을 2처(二處)가 있다고 하는가?

육체를 가진 중생으로서 생각도 없고[無想] 지각도 없는[無覺] 중생이 있다. 무상천(無想天)의 중생이 그렇다. 이것을 제1처(第一處)라고 부른다.

일체의 무소유처상을 초월하여 비유상비무상처(非有想非無想處)에 도달한 무색중생이 있다. 이 중생은 비유상비무상처를 성취하여 노닌다. 비유상비무상처천(非有想非無想處天)의 중생이 그렇다. 이것을 제2처(第二處)라고 부른다.

아난다여, 만약 어떤 비구가 저 식주(識住)와 처(處)를 알고, 멸(滅), 미(味), 환(患)을 알고, 출요(出要)를 진실하게 안다면, 이 비구가 저 식주와 처를 즐기고, 계착(計著)하여 저 식주와 처에 머물겠느냐?”

아난다가 대답했습니다.

“그러지 않겠나이다.”

이 경에서 이야기하는 7식주2처와 9중생거를 비교해 보면, 첫째 중생거는 제1식주에 마음이 머물고 있는 중생들의 세계이고, 둘째 중생거는 제2식주에 마음이 머물고 있는 중생들의 세계이며, 셋째 중생거는 제3식주에 마음이 머물고 있는 중생들의 세계이고, 넷째 중생거는 제4식주에 마음이 머물고 있는 중생들의 세계입니다. 그리고 다섯째 중생거는 제1처에 마음이 머물고 있는 중생들의 세계입니다.

여섯째 중생거는 제5식주에 마음이 머물고 있는 중생들의 세계이고, 일곱째 중생거는 제6식주에 마음이 머물고 있는 중생들의 세계이며, 여덟째 중생거는 제7식주에 마음이 머물고 있는 중생들의 세계이고, 아홉째 중생거는 제2처에 마음이 머물고 있는 중생들의 세계입니다.

이것을 다시 3계(三界)와 비교하면 제1식주는 욕계(欲界)이고, 제2식주에서 제1처까지는 색계(色界)이며, 제5식주에서 제2처까지는 무색계(無色界)입니다. 이와 같이 중생의 세계인 3계는 중생들의 마음이 머물고 있는 것에 의해 나타나고 있다는 것을 보여주는 것이 9중생거와 7식주2처입니다.

그렇다면 7식주와 2처는 구체적으로 무엇을 의미하는 것일까요? 『아함경』에 구체적으로 7식주와 2처의 내용을 설명하는 경전은 없지만, 지금까지 우리가 살펴본 교리들을 잘 생각해 보면 그것이 어떤 것인지 알 수 있습니다.

5온이 증장하는 데는 4식주(四識住)가 있어야 한다는 식(識)의 증장(增長)에 대한 말씀을 다시 살펴봅시다. 『잡아함경』39에서는 네 가지의 식주(識住)를 다음과 같이 이야기합니다.

비구여, 저 다섯 가지 종자는 음식을 갖고 있는 식(取陰俱識; viññāṇaṃ

sāharaṃ)을 비유한 것이고, 흙은 4식주(四識住)를 비유한 것이고, 물은 희탐(喜貪)을 비유한 것이다. 식(識)은 네 가지에 머물면서 그것에 반연(攀緣)한다. 어떤 것이 네 가지인가? 식(識)은 색(色) 가운데 머물면서 색을 반연하여 그것을 즐기면서 커간다. 식은 수(受)·상(想)·행(行) 가운데 머물면서, 수·상·행을 반연하여 그것을 즐기면서 커간다.

이 경에서는 네 가지 식주를 5온의 색·수·상·행이라고 하고 있습니다. 이들과 7식주는 어떤 관계에 있을까요? 이 경에서는 4식주(四識住)를 이야기하고 있기 때문에 7식주와는 그 수가 다릅니다. 그러나 내용을 살펴보면 4식주는 7식주와 다름이 없다는 것을 알 수 있습니다.

4식주는, 전에 살펴본 바와 같이, 촉을 통해 18계가 존재로 느껴짐으로써 성립된 6계(六界)와 촉에서 발생한 수(受)·상(想)·사(思)입니다. 그러니까 6계의 지(地)·수(水)·화(火)·풍계(風界)는 4식주의 색(色)이고, 촉에서 발생한 수·상·사는 4식주의 수(受)·상(想)·행(行)입니다. 그리고 이들 4식주에 머물면서 증장하는 것이 6계의 식(識)입니다. 중생들의 세계인 3계는 이 식(識)이 4식주 가운데 어디에 머무느냐에 따라 결정됩니다.

우리는 내6입처(內六入處; 眼耳鼻舌身意)를 자기의 존재라고 생각하고, 외6입처(外六入處; 色聲香味觸法)를 외부의 존재라고 생각합니다. 그리고 외6입처에 대하여 욕탐을 일으킵니다. 이와 같이 식(識)이 촉에 의해 존재로 느껴진 외부의 대상, 즉 색(色)·성(聲)·향(香)·미(味)·촉(觸)·법(法)에 욕탐을 가지고 머무는 것이 제1식주(第一識住)입니다. 4식주의 색(色) 가운데 외부의 존재로 느끼고 있는 대상에 대하여 욕구를 일으켜 식이 증장하고 있는 세계가 욕계입니다. 다시 말해서, 4식주 가운데 색에 식이 머무는 상태가 욕계(欲界)입니다.

색계는 외부의 대상에 대한 욕망은 사라졌지만 내6입처를 자신의 몸으로 생각하는 점에서는 욕계와 다름이 없습니다. 색계에서는 자신의 내부에서 생기는 느낌 가운데 즐거운 것을 즐기고 좋아하는 중생들의 세계입니다. 따라서 색계는 4식주의 수(受)에 식(識)이 머무는 상태라고 할 수 있습니다. 색계(色界)에 네 종류가 있다고 하는 것은 식(識)이 수(受)에 머무는 상태의 차이에서 비롯됩니다. 이에 대한 구체적인 내용은 다음에 살펴보겠습니다.

무색계(無色界)는 색에 대한 생각을 초월하여 공간에 대한 생각, 의식에 대한 생각, 무(無)에 대한 생각, 비유비무(非有非無)에 대한 생각에 식(識)이 머무는 것을 의미한다고 되어있습니다. 따라서 무색계는 4식주의 상(想)에 식(識)이 머무는 상태를 의미한다고 할 수 있습니다. 무색계에 네 종류가 있는 것도 색계와 마찬가지로 식(識)이 머무는 상(想)의 종류에 의한 것입니다.

이와 같이 7식주는 4식주와 근본적으로는 다를 바가 없습니다. 그런데 4식주 가운데 행(行)은 7식주에는 보이지 않습니다. 그 까닭은 식(識)이 식주(識住)에 욕탐을 가지고 머물면서 증장하는 것이 행(行)이기 때문입니다. 즉 3계는 모두 행에 의해 나타난 것입니다.

한편 4식주 가운데는 없는 6계의 공(空)이 공처상(空處想)이라는 이름으로 제5식주로 나타나고 있습니다. 이것은 7식주2처가 12입처와 촉입처(觸入處), 그리고 촉을 통해 성립한 6계와 촉에서 발생한 수(受)·상(想)·사(思)를 그 내용으로 삼고 있음을 보여줍니다. 이것은 중생 세계의 근본이 12입처라는 부처님의 입장을 그대로 보여주는 것이며, 9차제정의 사유가 12입처와 촉입처를 근거로 하고 있다는 것을 시사하고 있습니다.

2

중생의 세계를 벗어나는 길
-9차제정

불교의 선정 수행은 두 가지를 함께 실천하는 것입니다. 첫째는 산란한 마음을 한곳에 집중하는 것인데 이것을 '싸마타(samatha)'라고 하고, 한문으로 번역하여 '지(止)'라고 합니다. 다른 하나는 집중된 마음을 가지고 법을 관찰하는 것인데, 이것을 '위빠싸나(vipassanā)'라고 하고 한문으로 번역하여 '관(觀)'이라고 합니다. 불교의 선정(禪定)은 이 둘을 함께 수행하는 것을 의미합니다. 그래서 선정을 다른 이름으로 지관(止觀)이라고 부릅니다. '지(止)'를 통해서 마음이 안정되는 것을 '정(定)'이라 하고 '관(觀)'을 통해서 지혜가 생기는 것을 '혜(慧)'라고 합니다. 보조(普照) 국사께서 주창하신 '정혜쌍수(定慧雙修)'는 '지(止)'와 '관(觀)'을 함께 닦자는 말씀입니다.

불교 수행은 마음을 고요하게 하는 것이라고 생각하여 사유하는 것을 부정적으로 보는 사람들이 있습니다. 한편 불교의 교리를 많이 알고 이해하는 것을 불교 공부라고 생각하는 사람들이 있습니다. 이 두 가지 방법은 바른 불교 공부가 아닙니다. 마음을 고요하게 한다고 해서 연기의 도리가 깨달아지는 것은 아닙니다. 그렇다고 교리를 많이 안다고 해서 연기의 도리를 깨달을 수도 없습니다. 부처님께서는 '지관'을 통해서 연기의 도리를 깨달았습니다. 그리고 깨달은 내용을 언어로 표현한 것이 불교의 교리입니다. 따라서 불교의 교리는 '지관'을 통해 스스로 깨달아야 하는 것이지, 언어로 이해할 수 있는 것이 아닙니다.

9차제정은 부처님께서 연기법이라는 진리를 깨닫기 위해 수행하신 '지관(止觀)'입니다

———

『중아함경』의 「분별관법경(分別觀法經)」에는 9차제정을 차례로 닦아 멸진정에 이르는 과정이 매우 상세하게 서술되어 있습니다. 경의 제목이 시사하듯이, 이 경은 법을 관하는 수행을 자세하게 설명하고 있습니다. 따라서 불교를 수행하는 사람들에게 중요한 길잡이가 됩니다. 이 경전의 내용을 『맛지마 니까야』 138. 「우뎻싸위방가 쑷따(Uddessavibhaṅga-sutta)」와 대조하여 번역하면 다음과 같습니다.

세존께서 이렇게 말씀하셨다.
"내가 분류하여 설명하리니, 그것을 잘 듣고, 깊이 생각하여 기억하라. … 비구들이여, 비구는 이와 같은 것을 탐구해야 한다. 식(識)이 밖으로 산란하게 흩어지지 않게 하며, 안으로 불안한 집착이 없고, 걱정하지 않도록 해야 한다. 비구들이여, 식이 밖으로 산란하게 흩어지지 않고 안정될 때, 내부에 불안에 대한 집착과 두려움이 없으며, 미래에 생(生), 노사(老死)의 괴로움이 집(集)하거나 생기지 않는다."

세존은 이렇게 말씀하셨다. 선서(善逝)는 이렇게 말씀하시고서, 자리에서 일어나 머무시는 방으로 들어가시었다. … 이에 비구들이 존자 대가전연의 처소에 가서 가전연에게 말했다.

"원컨데 존자 대가전연은 자비로 어여삐 여겨 그 뜻을 자세하게 이야기해 주소서."

존자 대가전연이 비구들에게 이야기했다.

"벗들이여, 어떤 것을 식(識)이 밖으로 산란하게 흩어진다고 하는 것인가? 벗들이여, 비구가 눈으로 색(色)을 볼 때, 색의 겉모습을 좇는 식이 있으면, 색의 겉모습의 즐거움을 집착하고, 색의 겉모습의 즐거움에 묶이고, 색의 겉모습의 즐거움에 속박된다. 이것을 식이 밖으로 산란하게 흩어진다고 말한다. 귀로 소리를 듣고, 코로 냄새 맡고, 혀로 맛보고, 몸으로 감촉을 느끼고, 마음으로 법을 분별하는 것도 마찬가지이다.

벗들이여, 어떤 것을 식이 밖으로 산란하게 흩어지지 않는다고 하는 것인가? 벗들이여, 비구가 눈으로 색을 볼 때, 색의 겉모습을 좇는 식이 없으면, 색의 겉모습의 즐거움을 집착하지 않고, 색의 겉모습의 즐거움에 묶이지 않고, 색의 겉모습의 즐거움에 속박되지 않는다. 이것을 밖으로 식(識)이 산란하게 흩어지지 않는다고 말한다. 귀로 소리를 듣고, 코로 냄새 맡고, 혀로 맛보고, 몸으로 감촉을 느끼고, 마음으로 법을 분별하는 것도 마찬가지이다.

벗들이여, 어떤 것을 안으로 마음(citta)이 안정되었다고 하는 것인가? 벗들이여, 욕탐을 멀리하고, 착하지 않은 법(法)을 멀리하면, 추론(推論)이 있고 사찰(伺察)이 있는[有覺有觀], 욕탐과 불선법(不善法)에서 멀어짐으로써 생기는 기쁨과 즐거움이 있는 첫 번째 선정[初禪]에 도달하여 머물게 된다. 거기에 욕탐에서 멀어짐으로써 생긴 기쁨과 즐거움을 좇는 식(識)이 있으면, 멀어짐으로써 생긴 기쁨과 즐거움을 집착하고, 그 기쁨과 즐거움에 묶이고, 그 기쁨과 즐거움에 속박된다. 이것을 안으로 마음이 안정되었다고 말한다.

벗들이여, 나아가서 비구가 충분히 탐구하여 마음이 적정해지면, 안으로 조용히 가라앉아 마음이 하나로 집중된, 추론이 없고 사찰이 없는, 삼매(三昧)에서 생긴 기쁨과 즐거움이 있는 두 번째 선정[第二禪]에 도달하여 머물게 된다. 거기에서 삼매에서 생긴 기쁨과 즐거움을 좇는 식이 있으면, 삼매에서 생긴 기쁨과 즐거움을 집착하고, 그 기쁨과 즐거움에 묶이고, 그 기쁨과 즐거움에 속박된다. 이것을 안으로 마음이 안정되었다고 말한다.

벗들이여, 나아가서 비구는 기쁨과 탐욕에서 벗어난 평정심에 머물면서, 즐거움에 마음을 모아 사려 깊게 주의함으로써, 그것이 '평온한 평정심에 주의 깊은 사람은 즐겁게 지낸다'라고 성자가 이야기한 바로 그 즐거움이라는 것을 스스로 체험한다. 그는 세 번째 선정[第三禪]에 도달하여 머물게 된다. 거기에서 평정심을 좇는 식이 있으면, 평정심의 즐거움에 집착하고, 평정심의 즐거움에 묶이고, 평정심의 즐거움에 속박된다. 이것을 마음이 안으로 안정되었다고 말한다.

벗들이여, 나아가서 비구가 즐거움을 버리고, 괴로움을 버리고, 전에 있던 정신적인 안정과 근심을 소멸하면, 괴로움도 없고 즐거움도 없는 평정심에 집중된 청정한 마음인 네 번째 선정[第四禪]에 도달하여 머물게 된다. 거기에서 괴로움도 없고 즐거움도 없는 마음을 좇는 식이 있으면, 괴로움도 없고 즐거움도 없는 마음에 집착하고, 묶이고, 속박된다. 이것을 안으로 마음이 안정되었다고 말한다.

벗들이여, 이것을 마음이 안으로 안정되었다고 말한다.”

이상이 색계(色界) 4선(四禪)을 수행하는 과정입니다. 『중아함경』의 「분별6계경」에서 “만약 비구가 세 가지 느낌[苦·樂·不苦不樂]에 물들지 않고 해탈하면, 청정하고 순수한, 부드럽고, 적당하고, 밝은 평정심[捨; upekha]이 남는다”라고 이야기한 ‘평정심’은 4선을 수행한 결과 도달하게 된 마음의 상태입니다. 이 부분까지는 『중아함경』의 「분별관법경」과 『맛지마 니까야』138의 내용이 일치합니다. 그런데 4선을 수행하여 마음을 통일한 후에 어떻게 사유해야 하는지에 대해서 「분별관법경」에는 4무색정(四無色定), 즉 공처정(空處定), 식처정(識處定), 무소유처정(無所有處定), 비유상비무상처정(非有想非無想處定)를 닦아 익힌다고 되어있는데, 『맛지마 니까야』138에는 이 부분이 없습니다. 「분별관법경」에 나오는 4무색정(四無色定)의 내용은 다음과 같습니다.

“나아가서, 벗들이여, 비구가 일체의 물질에 대한 생각(色想)을 초월하면(度一切色想) 지각의 대상에 대한 생각이 소멸하여, 서로 다른 생각을 하지 않고(滅有對想 不念若干想), 끝없는 공간이 있다는 생각을 하게 된다. 이것을 무량공처(無量空處)를 성취하여 노닌다고 한다.

나아가서, 벗들이여, 비구가 일체의 무량공처를 초월하면, 무량(無量)한 식(識)이 있다는 생각을 하게 된다. 이것을 무량식처(無量識處)를 성취하여 노닌다고 한다.

나아가서, 벗들이여, 비구가 일체의 무량식처를 초월하면, 존재하는 것은 아무것도 없다[無所有]는 생각을 하게 된다. 이것을 무소유처(無所有處)를 성취하여 노닌다고 한다.

나아가서, 벗들이여, 비구가 일체의 무소유처를 초월하면, 상(想)은 있는 것도 아니고 없는 것도 아니다[非有想非無想]라는 생각을 하게 된다. 이것을 비유상비무상처(非有想非無想處)를 성취하여 노닌다고 한다."

이와 같은 4무색정(四無色定)이 『중아함경』의 「분별관법경」에 들어있는 것을 제외하면, 그다음의 내용은 아래와 같이 「분별관법경」과 『맛지마 니까야』138이 비슷합니다.

"벗들이여, 어떤 것이 집착이 없고, 걱정이 없는 것인가? 벗들이여, 많이 배운 거룩한 제자들은 육체[色]를 '자아'라고 생각하지 않고, '자아'가 육체를 가지고 있다고 생각하지도 않고, '자아' 속에 육체가 있다고 생각하지도 않고, 육체 속에 '자아'가 있다고 생각하지도 않는다. 그때 육체는 다른 모습으로 변화한다는 것을 알게 된다. 그때 육체가 다른 모습으로 변화하기 때문에, 다른 모습으로 변화하는 육체를 쫓는 식(識)이 존재하지 않게 된다. 그때 다른 모습으로 변화하는 육체를 쫓는 걱정이 생기지 않고, 법(法)의 집(集)이 없으므로, 마음이 (그 법을) 붙잡아 머물지 않는다. 마음이 붙잡지 않으므로 두려움도 없고, 고뇌도 없고, 평정심[捨]을 집착하지도 않고, 걱정하지도 않는다.

수(受)·상(想)·행(行)·식(識)에 대해서도 마찬가지이다. 벗들이여, 이것을 집착이 없고, 걱정이 없다고 한다."

이 경의 내용을 3계(三界), 7식주2처(七識住二處)와 비교해 봅시다. 식(識)이 밖으로 산란하게 흩어지는 상태는 욕계(欲界)이며, 이와 같이 외부의 대상에 식이 머무는 상태가 제1식주(第一識住)입니다.

식이 밖으로 산란하게 흩어지지 않고, 안으로 마음(citta)이 안정되어 있는 상태는 색계(色界)입니다. 여기에는 네 가지가 있습니다.

첫째는, 욕탐과 불선법(不善法)을 멀리함으로써 생기는 기쁨과 즐거움이 있는 초선(初禪)의 상태인데, 식이 초선(初禪)에 머무는 상태가 제2식주(第二識住)입니다.

둘째는, 삼매(三昧)에서 생긴 기쁨과 즐거움이 있는 제2선(第二禪)의 상태인데, 식이 제2선에 머무는 것이 제3식주(第三識住)입니다.

셋째는, 탐욕에서 벗어난 평정심[捨]에 머물면서, 평정심에서 생기는 즐거움을 마음을 모아 사려 깊게 주의함으로써 식이 그 즐거움을 스스로 체험하는 제3선(第三禪)의 상태인데, 이것이 제4식주(第四識住)입니다.

넷째는, 전에 있던 정신적인 안정과 근심을 소멸하여, 괴로움도 없고 즐거움도 없는 평정심에 청정한 마음이 집중된 제4선(第四禪)의 상태인데, 이것이 제1처(第一處)입니다.

색계(色界)의 4선(四禪)을 닦아 평정심으로 마음이 통일된 제1처(第一處)에 도달한 후에, 그 상태에 머물지 않고 청정하고 평정한 마음으로 공간(空間), 의식(意識), 무(無), 비유비무(非有非無)에 대한 사유를 하게 되는데, 이것이 무색계(無色界)의 네 가지 선정(禪定)입니다.

무량공처정(無量空處定)은 물질(色)은 존재하지 않고, 한계가 없는 공간만이 존재한다는 생각에 의식이 머무는 상태인데, 이것이 제5식주(第五識住)입니다.

무량식처정(無量識處定)은 공간도 존재가 아니고, 한계가 없는 의식만이 존재한다는 생각에 의식이 머무는 상태인데, 이것이 제6식주(第六識住)입니다.

무소유처정(無所有處定)은 의식도 존재가 아니고, 존재하는 것은 아무것도 없다는 생각에 의식이 머무는 상태인데, 이것이 제7식주(第七識住)입니다.

비유상비무상처정(非有想非無想處定)은 유무를 사유하는 상(想)은 존재하는 것도 아니고, 존재하지 않는 것도 아니라는 생각에 의식이 머무는 상태인데, 이것이 제2처(第二處)입니다.

멸진정(滅盡定)은 7식주2처가 허망한 생각의 집(集)이라는 것을 알고, 그것을 집착하지 않음으로써 3계를 벗어난 경지입니다.

이와 같이 생사의 세계인 3계와 7식주2처, 그리고 생사를 벗어난 열반의 세계는 9차제정을 통해 드러난 것입니다. 부처님께서는 9차제정을 수행하여 중생 세계의 실상과 그 원인이 되는 집(集)을 깨닫고, 열반을 성취하신 것입니다. 그리고 이러한 깨달음의 내용을 중생들에게 열어 보인 것이 12연기의 유전문과 환멸문입니다.

3

욕계(欲界)에서의 해탈

9차제정(九次第定)을 수행하는 과정에서 성취하게 되는 해탈에는 8가지가 있습니다. 이것을 8해탈(八解脫)이라고 부르는데, 8해탈은 『디가니까야』 15. 「마하니다나 쑷따(Mahā-Nidāna-sutta)」와 『중아함경』의 「대인경(大因經)」에서 7식주2처에 이어서 이야기되고 있습니다. 우선 그 내용을 소개하겠습니다.

"아난다여, 비구가 저 7식주(七識住)와 2처(二處)를 참되게 알아서, 그것에 마음이 물들거나 집착하지 않으면 해탈을 얻는다. 이것을 비구가 혜해탈(慧解脫)을 얻었다고 한다.

아난다여, 여덟 가지 해탈[八解脫]이 있다.

형상이 있는 것을 색(色)이라고 본다. 이것이 첫째 해탈[初解脫]이다.

마음속으로는 색이라고 생각하지 않으면서, 외부의 색을 본다. 이것이 둘째 해탈[第二解脫]이다.

청정(淸淨)함을 확신한다. 이것이 셋째 해탈[第三解脫]이다.

일체의 색이라는 생각[一切色想]을 초월하여, 대상에 대한 생각이 소멸한, 서로 다른 생각을 하지 않고[滅有對想 不念若干想], '끝이 없는 공간이 있다'고 생각하는 무량공처(無量空處)에 도달하여 머문다. 이것이 넷째 해탈[第四解脫]이다.

일체의 무량공처상을 초월하여[度無量空處想], '끝이 없는 의식이 있다'고 생각하는 무량식처(無量識處)에 도달하여 머문다. 이것이 다섯째 해탈[第五解脫]이다.

일체의 무량식처상을 초월하여, '존재하는 것은 없다'고 생각하는 무소유처(無所有處)에 도달하여 머문다. 이것이 여섯째 해탈[第六解脫]이다.

일체의 무소유처를 초월하여, 비유상비무상처(非有想非無想處)에 도달하여 머문다. 이것이 일곱째 해탈[第七解脫]이다.

일체의 비유상비무상처를 초월하여, 사유와 느껴진 것의 멸[想知滅]에 이르러 머문다. 이것이 여덟째 해탈[第八解脫]이다.

아난다여, 이것이 여덟 가지 해탈이다.

아난다여, 만약 비구가 이 8해탈(八解脫)에 순관(順觀)으로 들어가고, 역관(逆觀)으로 들어가고, 순관과 역관으로 들어가면, 원하면 원하는 대로 원하는 선정에 들어갈 수 있고, 선정에서 나올 수 있다. 유루(有漏)의 번뇌가 그친 무루(無漏)와 심해탈(心解脫)과 혜해탈(慧解脫)을 현세에 스스로 체험하고, 작증(作證)한 경지에 도달하여 머물게 된다. 아난다여, 이것을 비구가 두 가지 방법으로 해탈했다[俱解脫]고 한다.

아난다여, 이러한 구해탈(俱解脫)의 완전한 지혜[究竟智]보다 더 훌륭하고 뛰어난 구해탈(俱解脫)은 존재하지 않는다.”

이상이 8해탈의 내용인데, 이것을 9차제정을 통해 깨달은 7식주2처와 비교해 보면 7식주2처와 멸진정이 8해탈의 내용이라는 것을 알 수 있습니다.

제1식주(第一識住)는 서로 다른 몸을 가지고 서로 다른 생각을 하면서 살아가는 욕계의 중생이 사는 세계를 의미합니다. 서로 다른 몸을 가지고 서로 다른 생각을 한다는 것은 욕계의 중생들이 각기 다른 모습의 몸을 가지고 외부의 대상을 각기 다르게 인식하며 살아간다는 의미입니다. 예를 들면, 같은 사람이라고 해도 모습이 각기 다릅니다. 그리고 사람들은 같은 사물을 각기 다르게 인식합니다. 부시맨이라는 영화를 보면 부시맨은 콜라병을 절굿공이로 인식합니다. 이렇게 같은 사물을 각기 달리 인식하는 것은 욕구가 다르기 때문입니다. 우리는 콜라를 넣어 두려는 욕구를 가지고 보기 때문에 콜라병으로 인식하지만, 부시맨은 감자를 으깨려는 욕구를 가지고 보기 때문에 절굿공이로 인식하는 것입니다. 이와 같이 욕계에서는 모든 사물이 중생의 욕구에 의해 서로 다른 존재로 인식됩니다. 이와 같이 중생들의 욕구에 따라 같은 사물이 각기 다르게 인식되는 세계가 욕계입니다.

욕계의 중생들은 외부의 사물이 자신의 욕구에 의해 존재로 인식된 것인 줄을 모르기 때문에, 욕구를 충족시켜주는 사물은 좋은 것이라고 생각하여 그것을 좋아하고 집착합니다. 그래서 항상 마음이 외부의 존재로 향해 있습니다. 외부의 존재 가운데 어떤 것이 좋고 어떤 것이 나쁜지를 분별하여, 좋은 것을 소유하면 즐거워하고, 나쁜 것을 만나면 괴로워합니다. 욕계의 중생인 우리 인간은 눈으로 색을 보고, 귀로 소리를 듣고, 몸으로 접촉하면서, 마음으로 법을 인식할 때, 분별심인 식(識)이 사물의 겉모습을 쫓아다니면서 겉모습의 즐거움을 집착하고, 겉모습이 주는 즐거움에 묶이고, 그 즐거움에 속박되어 있습니다. 이것을 식이 밖으로 산란하게 흩어진다고 하는 것입니다.

9차제정은 이러한 욕계의 자각에서 시작됩니다. "우리의 마음이 외부의 사물을 쫓아다니면서 그것에 묶여있기 때문에 괴로움이 있다. 그 괴로움에서 벗어나기 위해서는 식이 밖으로 산란하게 흩어지지 않도록 해야 하겠다." 이렇게 생각함으로써 눈으로 색을 보고, 귀로 소리를 듣고, 마음으로 법을 인식할 때, 식이 사물의 겉모습을 쫓지 않게 함으로써, 겉모습의 즐거움을 집착하지 않고, 즐거움에 묶이지 않고, 속박되지 않게 하려고 노력하게 됩니다. 이렇게 마음이 외부로 흩어지지 않게 하고, 마음을 안으로 묶어 둠으로써 마음의 안정을 얻은 세계가 색계(色界)입니다. 색계는 욕계의 욕탐으로부터 해탈한 세계인 것입니다.

욕계를 자각하고 욕계에서 벗어나기 위해서 수행하는 선정이 초선(初禪)입니다. 초선은 마음이 외부로 흩어져 외부의 사물에 속박되는 원인이 욕탐에 있다는 것을 알고, 욕탐을 멀리하여 마음이 욕탐에서 벗어나도록 하는 수행입니다. 이것을 「분별관법경」에서는 "욕탐을 멀리하고, 착하지 않는 법을 멀리하면, 추론(推論)이 있고 사찰(伺察)이 있는, 욕탐과 불선법에서 멀어짐으로써 생기는 기쁨과 즐거움이 있는 첫 번째 선정[初禪]에 도달하여 머물게 된다"고 하고 있습니다.

추론이 있고, 사찰이 있다는 것은 외부의 사물에 대하여 나의 마음이 집착하고 있는 것이 어떤 것이고, 무엇이 나의 마음을 속박하는 것인가를 사유하고, 주의 깊게 살피는 것을 의미합니다. 그러니까 욕탐에서 벗어나기 위하여 무엇이 선법(善法)이고 무엇이 불선법(不善法)인지를 사유하면서, 내가 욕탐과 불선법에서 벗어나 있는가를 항상 주의 깊게 살핀다는 것입니다. 이렇게 사유하고 주의 깊게 살핌으로써 마음이 외부의 사물에 대한 욕탐에서 벗어나게 되면 마음에 즐거움과 기쁨이 생기는데, 분별심인 식은 이 기쁨과 즐거움을 추구합니다. 그래서 그 기쁨과 즐거움을 집착하고, 그 기쁨과 즐거움에 묶이고, 속박됩니다. 이것을 초선에 도달하여 머문다고 합니다.

이러한 초선에 머무는 중생의 의식 상태를 제2식주(第二識住)라고 합니다. 「대인경」에서는 제2식주를 "서로 다른 몸[若干身]을 가지고 같은 생각[一想]을 한다"고 설명하고 있습니다. 그러니까 색계 초선의 경지에 있는 중생들은 서로 다른 모습의 몸을 가지고 있지만, 외부의 사물에 대하여 욕탐을 없앴기 때문에, 외부의 대상에 대하여 서로 다른 인식을 하지 않고, 동일하게 인식한다는 말입니다.

이러한 초선의 경지가 8해탈(八解脫) 가운데 초해탈(初解脫)입니다. 「대인경」에서 초해탈을 "형상이 있는 것을 색으로 본다[色觀色]"고 설명하고 있습니다. 보고 들으면서 사물을 지각하되, 그것의 겉모습을 욕구로 취하여 책상이나 의자 등으로 다르게 인식하는 것이 아니라, 다 같은 색(色)이라고 인식한다는 것입니다. 제2식주(第二識住)에서 "서로 다른 몸을 가지고 같은 생각(一想)을 한다"는 것은 이것을 의미합니다.

초해탈(初解脫)을 얻어 도달한 초선(初禪)의 경지는 욕탐에서 멀어진 마음에서 생긴 기쁨과 즐거움에 마음이 속박된 상태입니다. 초선의 이러한 속박을 자각하고 그 속박에서 벗어나기 위해 수행하는 선정이 제2선(第二禪)입니다. 이것을 「분별관법경」에서는 "충분히 탐구하여 마음이 적정해지면, 안으로 조용히 가라앉아 마음이 하나로 집중된, 추론(推論)이 없고 사찰(伺察)이 없는, 삼매에서 생긴 기쁨과 즐거움이 있는 두 번째 선정[第二禪]에 도달하여 머물게 된다"고 설명하고 있습니다. 마음을 외부의 대상에 빼앗기지 않는 수행을 충분히 함으로써 마음이 고요하게 집중되면, 선법(善法)과 불선법(不善法)을 분별하는 추론이나 사찰이 사라져 삼매에 들어간다는 것입니다. 이렇게 하면 삼매에서 새롭게 기쁨과 즐거움이 생기는데, 분별심인 식(識)은 이제 이 기쁨과 즐거움을 추구합니다. 그래서 그 기쁨과 즐거움을 집착하고, 그 기쁨과 즐거움에 묶이고 속박됩니다. 이것을 제2선(第二禪)에 도달하여 머문다고 합니다.

이러한 제2선에 마음이 머물고 있는 중생의 의식 상태를 제3식주(第三識住)라고 합니다. 「대인경」에서는 제3식주를 "서로 같은 몸(一身)을 가지고 서로 다른 생각[若干想]을 한다"고 설명하고 있습니다. 서로 같은 몸을 가지고 있다는 것은 몸에 대한 차별심이 사라졌다는 것을 의미합니다. 몸에 대한 분별은 눈, 코, 귀, 혀, 몸, 마음에 의한 지각에 의해 나타난 것입니다. 그런데 제2선은 이러한 외부에 대한 지각이 사라져 마음이 삼매에 들어있는 상태입니다. 따라서 삼매 속에서는 몸에 대한 차별이 인식될 수 없습니다. "서로 같은 몸을 가지고 있다"는 것은 이것을 의미합니다.

우리가 삼매에 들어가서 느끼는 기쁨과 즐거움은 서로 동일할 수가 없습니다. "서로 다른 생각을 한다"는 것은 이와 같이 삼매에서 나타나는 기쁨과 즐거움이 각기 다르다는 것을 의미합니다.

이러한 제2선의 경지가 8해탈 가운데 제2해탈(第二解脫)입니다. 「대인경」에서는 제2해탈을 "자신의 마음속으로는 색이라고 생각하지 않으면서, 외부의 색을 본다"고 설명하고 있습니다. 삼매에 든 마음에는 색이라는 생각이 없으므로 외부의 색을 보더라도 그것에 대한 분별심이 나타나지 않는다는 것입니다.

제2해탈을 얻어 도달한 제2선(第二禪)의 경지는 삼매에 들어간 마음에서 생긴 기쁨과 즐거움에 마음이 속박된 상태입니다. 제2선의 이러한 속박을 자각하고 그 속박에서 벗어나기 위해 수행하는 선정이 제3선(第三禪)입니다. 이것을 「분별관법경」에서는 "기쁨과 탐욕에서 벗어난 평정심에 머물면서, 즐거움에 마음을 모아 사려 깊게 주의함으로써, 그것이 평온한 평정심에 주의 깊은 사람은 즐겁게 지낸다고 성자(聖者)가 이야기한 바로 그 즐거움이라는 것을 스스로 체험하고 제3선에 도달하여 머물게 된다"고 설명하고 있습니다. 초선과 제2선은 마음에 생긴 즐거움에 마음이 속박된 상태입니다. 이 속박을 벗어나기 위해서 즐거움을 추구하는 마음을 버리면, 마음이 고락(苦樂)에 흔들리지 않는 평정심의 상태가 됩니다. 이렇게 평정심의 상태가 되면, 이전보다 더욱 순수한 새로운 즐거움이 생깁니다. 제3선에서는 이 순수한 즐거움에 마음을 집중하여 평정심을 유지함으로써 "부처님께서 우리에게 즐기라고 한 즐거움은 바로 이런 것이로구나"라는 자각이 생깁니다. 부처님께서 우리에게 말씀하신 즐거움이라는 말의 의미를 스스로 체험하게 되는 것입니다. 이때 분별심인 식(識)은 평정심을 추구하게 됩니다. 평정심의 즐거움을 집착하고, 평정심의 즐거움에 묶이고, 평정심의 즐거움에 속박되는 것입니다. 이것을 제3선에 도달하여 머문다고 합니다.

이러한 제3선에 마음이 머물고 있는 중생의 의식 상태를 제4식주(第四識住)라고 합니다. 「대인경」에서는 제4식주를 "서로 같은 몸[一身]을 가지고 같은 생각[一想]을 한다"고 설명하고 있습니다. 서로 같은 몸을 가지고 있다는 것은 제3선이 제2선에서 들어갔던 삼매의 연장이라는 것을 의미합니다. 그리고 같은 생각을 한다는 것은 삼매에서 나타나는 갖가지 즐거움에 대하여 평정한 마음을 유지함으로써 고락을 분별하는 마음이 사라졌다는 것을 의미합니다. 그러니까 삼매에서 나타나는 즐거움에 대한 집착이 사라짐으로써 마음이 항상 평정심의 상태를 유지한다는 것입니다.

이러한 제3선의 경지가 8해탈 가운데 제3해탈(第三解脫)입니다. 「대인경」에서 제3해탈을 "청정(淸淨)함을 확신한다"고 설명하고 있습니다. 제3선을 성취함으로써 부처님께서 청정한 즐거움이라고 말씀하신 것이 평정심에서 나오는 즐거움이라는 것을 스스로 체험하게 된다는 것입니다.

이와 같이 색계의 선정을 통해 마음이 욕계를 벗어나 외부의 대상에 의해 흔들리지 않고 항상 평정한 상태를 유지하는 색계(色界)에 도달하게 됩니다.

4

색계(色界)와 무색계(無色界)에서의 해탈

마음이 욕탐에 묶여 외부의 사물로 흩어져 있는 욕계에서 초선을 수행하여 마음을 안으로 모은 다음, 제2선에서 삼매에 들어 삼매의 즐거움을 체험하고, 즐거움을 추구하는 마음까지 버림으로써 고락의 감정에 동요되지 않는 청정한 평정심에 도달하여 머무는 것이 제3선입니다.

제4선(第四禪)은 제3선에서 성취한 평정심에 마음을 집중하여 마음이 모든 감각과 분별에서 벗어난 청정한 상태입니다. 이것을 「분별관법경」에서는 "즐거움을 버리고, 괴로움을 버리고, 전에 있던 정신적인 안정과 근심을 소멸하면, 괴로움도 없고 즐거움도 없는 평정심에 집중된 청정한 마음인 네 번째 선정에 도달하여 머물게 된다"라고 이야기합니다. 우리의 마음이 평정심으로 통일되어 평정심에서 나타나는 즐거움에도 마음이 흔들리지 않는, 그야말로 명경지수(明鏡止水)처럼

된 상태가 제4선의 경지입니다. 이때 분별심인 식(識)은 이러한 청정하고 고요한 마음을 추구하게 되고, 그것에 속박됩니다. 이것을 제4선에 도달하여 머문다고 합니다.

이러한 제4선에 마음이 머물고 있는 중생의 세계를 제1처(第一處)라고 합니다. 제4선을 식주(識住)라 하지 않고 처(處; āyatana)라고 하는 것은 식의 대상이 없기 때문입니다. 제1식주(第一識住)인 욕계(欲界)에서는 식이 외부의 사물을 대상으로 분별작용을 하면서 증장합니다. 따라서 외부의 사물이 식주(識住)가 됩니다. 제2식주(第二識住)인 초선(初禪)에서는 식(識)이 욕탐을 떠난 마음에서 생긴 기쁨과 즐거움을 대상으로 분별작용을 하면서 증장합니다. 따라서 초선에서는 욕탐을 떠난 마음에서 생긴 기쁨과 즐거움이 식주가 됩니다. 제2선에서는 삼매에서 생긴 기쁨과 즐거움이 식주가 되고, 제3선에서는 평정심에서 생긴 즐거움이 식주가 됩니다. 그러나 제4선에 들어가게 되면, 오직 청정한 평정심 한마음일 뿐이므로, 이곳에서는 식이 증장하지 않고 머물게 됩니다. 따라서 이곳을 식주라 하지 않고 처(處)라고 하는 것입니다. 그리고 맨 처음에 도달한 처이기 때문에 제1처(第一處)라고 부릅니다. 12입처에서 살펴보았듯이, 처(處; āyatana)는 법이 성립하는 바탕이 되는 의식을 의미하는데, 제1처도 새로운 법이 나타나는 바탕이 되는 의식입니다.

「대인경」에서는 제1처를 "생각도 없고[無想] 지각도 없다[無覺]"고 설명하고 있습니다. 마음이 청정하여 사유와 지각이 없는 상태가 제1처입니다.

이러한 제4선의 경지는 8해탈(八解脫)에 들어있지 않습니다. 그 까닭은 제4선이 제3선에서 얻은 평정심이 심화된 것일 뿐 새로운 경지가 아니기 때문입니다. 「분별6계경」에서, 4무색정(四無色定)에 들어가기 전에 우리가 성취해야 할 마음을 이야기하면서, "세 가지 느낌[苦·樂·不苦不樂]에 물들지 않고 해탈하면, 청정하고 순수한, 부드럽고, 적당하고, 밝은 평정심[捨; upekha]이 남는다"고 한 것은 바로 이러한 제4선의 성취를 의미하는 것입니다.

제4선을 성취하여 마음이 명경지수(明鏡止水)와 같이 고요해지면, 맑고 밝은 거울이 사물의 본 모습을 비추어 내듯이, 우리는 나와 세계의 참모습, 즉 모든 존재의 실상을 비추어볼 수 있을 것입니다. 제1처(第一處)인 제4선(第四禪)을 성취한 후에는 이와 같이 명경지수와 같은 밝고 고요한 마음으로 존재의 실상을 관하게 됩니다. 촉(觸)을 통해 존재로 느껴진 것에 대하여 그 참모습을 살펴보는 것입니다.

전에 말씀드린 바와 같이, 촉을 통해 존재로 느껴진 것은 6계(六界)입니다. 이 가운데 지(地)·수(水)·화(火)·풍(風) 4계(四界)는 색(色)을 이루는 것이고, 공계(空界)는 4계(四界)가 존재하는 공간입니다. 그리고 식(識)은 공간 속에서 색(色)을 인식하는 의식입니다. 중생의 세계는 식(識)이 공간 속에서 색(色)을 접촉하여 그것을 인식하며 살고 있는 곳입니다. 중생들은 식을 통해 인식되는 색을 외부의 존재라고 생각하고, 인식하는 식(識)을 몸 안에 있는 자기 존재라고 생각하며, 보는 눈, 듣는 귀 등을 자기라고 생각합니다. 제1처(第一處)는 이런 생각이 사라진 마음입니다.

「분별관법경」과 『맛지마 니까야』 138에서는 이것을 다음과 같이 이야기합니다.

"벗들이여, 많이 배운 거룩한 제자들은 육체[色]를 '자아(attan; ātman)'라고 생각하지 않고, '자아'가 육체를 가지고 있다고 생각하지도 않고, '자아' 속에 육체가 있다고 생각하지도 않고, 육체 속에 '자아'가 있다고 생각하지도 않는다. 그때 육체[色]는 다른 모습으로 변한다는 것을 알게 된다. 그때 육체가 다른 모습으로 변하기 때문에 다른 모습으로 변하는 육체를 좇는 식(識)이 존재하지 않게 된다. 그때 다른 모습으로 변하는 육체를 좇는 걱정이 생기지 않고, 법(法)의 집(集)이 없으므로, 마음이 (그 법을) 붙잡아 머물지 않는다. 마음이 붙잡지 않으므로 두려움도 없고, 고뇌도 없고, 평정심[捨]을 집착하지도 않고, 걱정하지도 않는다."

이 경에서 이야기하듯이 '자아'나 '세계'가 존재한다는 생각이 없이 고요한 마음으로 '나'와 '세계'를 관조해 보면, 우리가 존재한다고 생각하고 있던 공간 속의 물질은 잠시도 머물지 않고 무상하게 변해간다는 것을 알게 됩니다. 예를 들면 촛불이 존재한다고 생각할 때는 한 시간이나 두 시간 동안 존재하고 있다고 인식되지만, 그러한 선입견이 없이 관찰하면, 한순간도 멈추지 않고 새로운 기름이 타면서 무상하게 불빛을 내고 있을 뿐 촛불은 존재하지 않는다는 것을 알게 됩니다.

이와 같이 제1처(第一處)에서 색(色)의 실상(實相)을 관함으로써, 그것이 존재하는 것이 아니라는 것을 깨닫게 되는 것이 공처(空處)입니다. 이러한 공처(空處)를 「분별관법경」에서는 "일체의 색(色)에 대한 생각을 초월하면[度一切色想], 지각의 대상에 대한 생각이 소멸하여, 서로 다른 생각을 하지 않고[滅有對想 不念若干想], 끝없는 공간이 있다는 생각을 하게 된다"고 설명하고 있습니다. 나는 여기에서 '유대상(有對想)'을 '지각의 대상에 대한 생각'이라고 번역했습니다. '유대상'의 원어는 'paṭigha-saññā'인데 'paṭigha'는 '충돌, 장애'의 의미이고, 'saññā'는 '표상, 지각, 지식, 표시'의 의미입니다. 우리는 이전에 색(色)이 거리낄 때 사용되는 말이라는 것을 살펴본 바 있습니다. 눈으로 사물을 본다는 것은 눈에 사물이 거리낀다는 것을 의미합니다. 바꾸어 말하면 사물이 눈을 가로막고 있어서 장애가 되면 그 사물이 인식되는 것입니다. 귀와 소리, 코와 향기, 혀와 맛, 몸과 촉감도 마찬가지입니다. 따라서『아함경』에서는 안(眼)·이(耳)·비(鼻)·설(舌)·신(身)과 색(色)·성(聲)·향(香)·미(味)·촉(觸)을 유대(有對, paṭigha)라고 합니다. 이와 같이 유대(有對)는 우리가 자신의 몸으로 생각하고 있는 감관을 지닌 육체와 지각의 대상이 되는 외부의 존재를 의미합니다. 상(想, saññā)은 이러한 유대(有對)에 대하여 우리의 마음에 형성된 표상을 의미합니다. 그런데 유대(有對)는 색(色)이므로, 색에 대한 표상이 사라진다는 것은 유대(有對)에 대한 표상이 사라지는 것을 의미합니다.

이와 같이 공처(空處)는 색(色)이 무상하고 실체가 없다는 것을 깨달음으로써 물질(色)이 존재한다는 생각에서 벗어난 경지입니다. 바꾸어 말하면, 색계에서 해탈한 경지가 공처(空處)입니다. 8해탈 가운데 제4해탈(第四解脫)은 이와 같이 색계(色界)에서 벗어나 공처(空處)에 도달한 것을 의미합니다.

제4해탈(第四解脫)을 통해 공처(空處)에 도달하면, 외부에는 아무것도 존재하지 않고 오직 끝없는 공간만이 존재한다고 생각하게 될 것입니다. 이와 같이 식(識)이 공간만을 대상으로 인식하는 것을 제5식주(第五識住)라고 합니다.

공간에 대한 인식은 물질이 존재하지 않을 때 생깁니다. 공간은 인식되던 물질이 사라진 곳에 대한 인식입니다. 공간은 물질이 없는 장소인 것입니다. 그런데 물질이 본래 존재하지 않는 것이라면, 그것이 사라진 곳이 있다고 할 수가 없을 것입니다. 따라서 공간도 외부에 실재하는 존재라고 할 수 없습니다. 공간은 '물질의 없음(無)'이 마음에 의해 존재로 인식된 것, 즉 표상일 뿐입니다. 공간을 인식하는 식(識)에 이러한 표상이 없으면, 공간은 존재로 인식되지 않습니다.

식처(識處)는 이러한 자각을 통해 공간에 대한 표상을 버린 경지입니다. 이것을 「분별관법경」에서는 "일체의 무량공처(無量空處)를 초월하면, 무량(無量)한 식(識)이 있다는 생각을 하게 된다"고 이야기합니다. 외부에는 물질이 없을 뿐만 아니라 공간도 없다고 인식함으로써, 오직 한계를 정할 수 없는 식만이 존재한다고 생각하게 된다는 것입니다.

이와 같이 공처(空處)에서 벗어나는 것을 제5해탈(第五解脫)이라고 합니다. 그리고 외부에는 아무것도 존재하지 않지만, 내부의 의식만은 무한하게 존재한다는 생각에 빠져서 식처를 대상으로 식이 머무는 것을 제6식주(第六識住)라고 합니다.

식은 인식의 대상이 있을 때 나타나고, 대상이 없으면 사라집니다. 그런데 인식의 대상이 되는 물질과 공간이 실재하는 것이 아니라면, 이것을 대상으로 나타난 식도 실재하는 것이라고 할 수 없을 것입니다. 이와 같이 식도 실재하는 것이 아니라는 자각을 통해 '식이 존재한다는 생각'에서 벗어나 우리의 외부뿐만 아니라 내부에도 존재하는 것은 아무것도 없다는 것을 깨닫는 것이 무소유처(無所有處)입니다. 「분별관법경」에서 "일체의 무량식처(無量識處)를 초월하면, 존재하는 것은 아무것도 없다는 생각을 하게 된다"고 이야기한 것은 이것을 의미합니다. 그리고 무소유처에 도달하면 식이 존재한다는 생각에서 벗어나게 된다는 의미에서 무소유처에 도달하는 것을 제6해탈(第六解脫)이라고 부릅니다. 무소유처에 도달하면 식은 이제 무소유처를 대상으로 머물게 됩니다. 이것을 제7식주(第七識住)라고 합니다.

무소유처는 '존재하는 것은 아무것도 없다'는 생각에 의식이 머무는 상태입니다. 아무것도 존재하지 않는데 이런 생각을 하는 것은 무엇일까요? 그것은 생각하는 존재인 상(想)이 있기 때문이 아닐까요? 그런데 무소유처에서 이미 우리의 내부에도 존재하는 것은 아무것도 없다는 것이 드러났습니다. 따라서 상을 존재라고 할 수는 없을 것입니다. 그렇지만 아무것도 존재하지 않는다는 생각을 할 수 있다는 것은 생각하는 존재인 상이 있기 때문일 것입니다. 그렇다면 이제 상은 존재라고 할 수도 없고, 그렇다고 존재가 아니라고 할 수도 없을 것입니다.

이렇게 생각함으로써 '아무것도 존재하지 않는다'는 생각에서 벗어나, 상은 존재하는 것도 아니고 존재하지 않는 것도 아니라는 생각에 도달하게 됩니다. 「분별관법경」에서 "일체의 무소유처를 초월하면, 상은 있는 것도 아니고 없는 것도 아니다(非有想非無想)라는 생각을 하게 된다"고 설명하고 있는 비유상비무상처(非有想非無想處)는 바로 이것을 의미합니다. 그리고 비유상비무상처는 "아무것도 존재하지 않는다"는 생각에서 벗어난 경지이기 때문에 제7해탈(第七解脫)이라고 부르며, 비유상비무상처의 상태에 있는 우리의 마음을 제2처(第二處)라고 합니다. 상은 유(有)도 아니고 무(無)도 아니기 때문에 식이 머물 수가 없습니다. 그래서 비유상비무상처를 식주(識住)라고 부르지 않고 처(處)라고 부르며, 두 번째 도달한 처이기 때문에 제2처(第二處)라고 부릅니다.

멸진정(滅盡定)은 7식주(七識住)와 2처(二處)가 모두 행(行)에 의해 조작된 유위(有爲)라는 것을 깨닫는 경지입니다. 「분별6계경」에서는 다음과 같이 이야기합니다.

"만약 내가 이 청정하고 순수한 평정심을 공무변처(空無邊處)·식무변처(識無邊處)·무소유처(無所有處)·비유상비무상처(非有想非無想處)에 집중하여, 이들에 알맞은 법과 마음을 닦아 익힌다면, 이것은 조작된 것[有爲]이다."

그는 이제 유(有; bhāva)나 무(無; vibhāva)를 만들지 않고, 생각해 내지 않게 된다. 그는 유(有)나 무(無)를 만들지 않고, 생각해 내지 않기 때문에 세간의 어떤 것도 취착하지 않고, 취착하지 않기 때문에 근심하지 않고, 근심하지 않기 때문에 스스로 열반에 들어간다.

멸진정은 이렇게 중생들의 모든 세계가 조작된 유위(有爲), 즉 집(集)이라는 것을 깨닫고, 이것을 멸진한 경지입니다. 이러한 멸진정을 최후의 해탈인 제8해탈(第八解脫)이라고 합니다.

9차제정과 12연기

(九次第定 十二緣起)

1

—

왜 태어나서 죽는가

부처님께서는 태어나서 죽어가는 인생의 실상을 알아, 생사의 괴로움에서 벗어나기 위하여 출가하셨습니다. 생사의 근원을 알아 생사로부터 해탈하고자 출가하신 것입니다. 이러한 생사의 문제를 해결하기 위해서는 자신의 존재를 규명해야 할 것입니다. 왜냐하면 생사는 자신의 존재가 있으므로 나타난 것이기 때문입니다.

내가 없다면 태어나 죽는 일도 없을 것입니다

————

우리가 나라고 생각하고 있는 자신의 존재는 물질적 존재이거나 정신적 존재입니다. 물질적 존재인 육신(肉身)을 자기라고 생각하는 사람도 있고, 정신이나 영혼을 자기라고 생각하는 사람도 있습니다. 우리가 생각하고 있는 존재는 물질적인 것과 정신적인 것 두가지입니다. 우리가 알고 있는 인간도 이 두 가지 존재로 되어 있습니다. 따라서 인간 존재의 본질을 탐구하는 것은 모든 존재의 본질을 탐구하는 것과 같다고 할 수 있습니다. 생사의 괴로움에서 벗어나기 위해 인간 존재의 근본을 탐구하는 것은, 단순히 인간 존재의 문제에 국한되는 것이 아니라, 그 속에 모든 존재의 문제가 포함되어 있습니다. 이 점에 유의하면서 12연기의 사유와 9차제정을 살펴보겠습니다.

12연기의 사유는 역관(逆觀)으로 시작됩니다. "우리는 왜 늙어 죽는 것일까?" 이렇게 우리가 직면하고 있는 현실에서 사유를 시작하여 그 근원에 도달하는 사유법이 역관입니다. 부처님의 사유는 우리는 왜 늙어 죽는가라는 문제에서 시작되고 있는 것입니다.

우리는 왜 늙어 죽는 것일까요? 그것은 우리가 태어났기 때문입니다. 이 세상에 태어나지 않았다면 늙고 병들어 죽는 일도 없을 것입니다. 그렇다면 우리는 왜 태어나게 되었을까요? 물론 부모가 있기 때문에 태어났습니다. 그러나 부처님께서 알고자 한 생(生)의 원인은 부모가 아닙니다. 부모도 태어나서 죽는 존재입니다. 부모도 태어난 존재이기 때문에 부모는 문제의 해답이 아닙니다.

이제 부처님의 방법으로 '생사'의 근원을 찾아가 봅시다. 부처님께서는 생사의 근원을 알아보기 위하여 여러 스승을 찾아가 배우기도 하고, 그 당시에 수행자들이 행하던 수행을 따라서 해보기도 했지만 만족할 만한 답을 얻지 못했습니다. 그래서 부처님께서는 지금까지의 모든 방법을 버리고 자신의 힘으로 찾아보기로 마음먹었습니다. 모든 선입견이나 편견을 버리고 있는 것을 있는 그대로 보는 것, 이것이 부처님께서 최후로 선택하신 길이며 중도(中道)입니다.

　부처님께서는 죽음에 대해서 사유했습니다. 맹목적으로 죽음에서 벗어나려고 할 것이 아니라, 무엇이 죽음인지, 왜 죽음이 있는지를 분명히 알아야 죽음에서 벗어날 수 있다고 생각한 것입니다. 부처님께서는 죽음은 태어남이 있기 때문에 있다는 것을 알았습니다. 이러한 사실은 누구나 알 수 있는 하찮은 일입니다.

불교 공부는 심오하고 불가사의한 일을 하는 것이 아니라, 우리의 일상을 주의 깊게 살피는 데서 출발합니다

———

　부처님께서는 태어남은 왜 있는가를 사유했습니다. 우리는 여기에서 서로 다른 견해를 가질 수 있습니다. 부모가 있기 때문에 태어남이 있다고 생각하는 사람도 있을 것이고, 난자와 정자가 결합하여 태어남이 있다고 생각하는 사람도 있을 것입니다. 부모가 태어남의 원인이라고 생각하는 사람은 부모는 왜 있는가를 생각할 것이고, 이렇게 계속 생각하다 보면 최초의 부모, 즉 조물주에 도달하게 될 것입니다. 이 세상을 조물주가 창조했다고 주장하는 기독교의 창조론은 태어남의 원인을 부모라고 생각한 결과입니다.

　한편 정자와 난자가 결합하여 태어남이 있다고 생각한 사람은 정자와 난자는 어떻게 있게 되었는지를 생각하게 될 것입니다. 이런 생각을 하는 사람은 정자와 난자를 구성하는 유전자나 정자와 난자의 구성 요소를 원인이라고 생각하기도 할 것이고, 사람의 정자와 난자가 형성되기까지의 진화(進化) 과정을 추구하기도 할 것입니다. 인간을 진화의 결과라고 주장하는 자연과학의 진화론은 태어남의 원인을 난자와 정자의 결합으로 보는 사고방식에 토대를 두고 있다고 할 수 있습니다.

요즈음 심심치 않게 창조론과 진화론의 논쟁이 벌어집니다. 여러분은 어떻게 생각하십니까? 창조론과 진화론의 문제는 새로운 형태의 무기(無記)의 문제입니다. 창조론의 입장은, 인간의 본성은 신의 창조에 의해 결정되며, 우리는 신이 창조한 불멸의 영혼을 가진 존재라는 상견(常見)입니다. 진화론의 입장은, 모든 것은 물질의 작용에 의해 나타난 것이므로, 인간도 물질의 진화된 모습일 뿐 정해진 인간의 본성이나 불멸의 자아는 존재하지 않는다는 단견(斷見)입니다. 불교는 단견과 상견을 취하지 않고 모두 버리는 중도입니다. 따라서 불자들은 이러한 논쟁이 진리에 대한 무지에서 비롯된 것임을 알아야 합니다.

화두(話頭) 가운데 "부모가 나를 낳기 전에 나의 본래 모습은 무엇인가?"라는 화두가 있습니다. 이 화두는 생(生)이 있게 된 원인, 즉 자신의 존재 원인이 무엇인가를 묻는 것입니다.

이 화두와 관련된 재미있는 이야기가 하나 있습니다. 옛날 어느 절에 참선 수행을 하는 스님이 한 분 찾아와 절 뒷산의 토굴에 들어가 열심히 정진을 했다고 합니다. 겨울이 되자 주지 스님이 시자를 시켜 토굴에서 수행하는 스님에게 겨울옷을 한 벌 지어 보냈습니다. 토굴에 올라가 주지 스님께서 보낸 옷을 전하자, 그 스님은 "부모가 준 옷도 아직 쓸 만하니 다른 옷은 필요가 없다"면서 옷을 받지 않았습니다. 시자가 옷을 그대로 들고 내려오자, 주지 스님이 그 까닭을 물었습니다. 시자가 토굴에서 있었던 일을 이야기하자, 주지 스님은 시자에게 다시 토굴에 올라가 "부모가 옷을 주기 전에는 어떤 옷을 입고 있었는가?"라고 물어 그 대답을 들어오도록 했습니다. 시자가 토굴에 다시 올라가 주지 스님의 이야기를 전하고 그 답을 요구했으나 그 스님은 대답하지 못했습니다. 얼마 후에 그 스님은 토굴에서 수행하다가 죽었습니다. 큰 절의 스님들이 올라가 다비를 하니 사리가 나왔습니다. 이것을 보고 대중들이 감탄하며 그 스님을 칭찬하자, 주지 스님은 "살아서 나의 질문에 대답도 하지 못한 사람이 죽어서 사리가 나온들 어디에 쓰랴." 하면서 대중을 꾸짖었다고 합니다. 그 수행자는 생사의 문제를 해결하지 못하고 죽은 것입니다.

이 화두를 시간적인 의미로 이해한다면 기독교의 창조론이나 자연과학의 진화론이 됩니다. 부모가 나를 낳기 전에 신이 인간을 창조했으므로 신의 창조가 자신의 존재 원인이라고 주장하는 것이 창조론이고, 인간의 모습으로 진화하기 이전에 물질이 있었기 때문에 물질이 자신의 존재 원인이라고 주장하는 것이 진화론입니다. 즉 창조론은 태초에 신이 있었다는 주장이고, 진화론은 태초에 물질이 있었다는 주장입니다.

그러나 부처님께서는 그런 식으로 생각하지 않았습니다. 부처님께서는 태어남이 무엇을 의미하는가를 생각했습니다. 태어남은 무엇인가 태어나는 것이 있어야 의미가 있습니다. 반드시 무엇인가의 태어남이지 아무것도 없을 때 우리는 태어났다는 말을 할 수가 없는 것입니다. 아이가 태어나고, 송아지가 태어납니다. 아이가 없고 송아지가 없으면, 아이의 태어남이나 송아지의 태어남은 있을 수 없습니다. 그래서 부처님께서는 생(生)의 원인이 태어나는 존재, 즉 유(有)라는 것을 알았습니다.

그런데 태어남의 문제는 매우 큰 모순을 갖고 있습니다. 태어나기 전에 아이가 있다는 것은 태어나지 않은 아이가 있다는 것이므로 이치에 맞지 않고, 태어나기 전에 아이가 없다는 것은 없는 아이가 태어났다는 말이 되어 이것 또한 이치에 맞지 않습니다. 태어남이라는 말은 이렇게 간단하게 이해될 수 있는 것이 아닙니다.

왜 이러한 문제가 발생할까요? 아무 의심 없이 태어나는 존재가 있다고 생각하기 때문에 이런 문제가 발생합니다. 촛불을 예로 들어봅시다. 초의 심지에 불이 붙으면 우리는 촛불이 생겼다고 말합니다. 그 불이 꺼지지 않고 있으면 촛불이 존재하고 있다고 말합니다. 그러다가 바람이 불거나 심지가 닳거나 초가 닳아서 불이 꺼지면 촛불이 꺼졌다고 말합니다. 이렇게 촛불은 생겨서 얼마 동안 존재하다가 꺼집니다. 우리는 촛불이 생겨서 얼마 동안 존재하다가 꺼졌다는 사실에 대해서 조금도 의심하지 않습니다.

그러나 자세히 살펴보면 생기는 촛불도, 얼마 동안 존재하는 촛불도, 꺼지는 촛불도 존재하지 않습니다. 촛불은 심지가 타는 현상에 대하여 우리가 붙인 이름입니다. 기름이 심지를 타고 올라와서, 높은 열을 만나면 산소와 결합하여 탄산가스가 됩니다. 이때 열과 빛이 나옵니다. 먼저 올라온 기름이 타고 나면, 다른 기름이 그 열로 인해 열과 빛을 내면서 산소와 결합하여 탄산가스가 되고, 이렇게 계속하여 다른 기름이 열과 빛을 내면서 탄산가스로 변화합니다. 이것이 우리가 심지 위에 존재한다고 믿고 있는 촛불의 참모습입니다. 심지 위에 생겨서 존재하다가 꺼지는 촛불은 사실은 존재하지 않습니다. 기름이 쉴 사이 없이 산소와 결합하여 탄산가스로 되는 과정에서 열과 빛이 나오고 있을 뿐인데, 이것에 촛불이라는 이름을 붙여서 존재로 인식하고 있는 것입니다. 그리고 촛불을 존재로 인식함으로써, 촛불이 생겨서 존재하다가 꺼진다고 생각하게 된 것입니다. 이와 같이 어떤 것이 생겨서 없어진다는 생각은 우리가 존재가 아닌 것을 존재로 인식하기 때문에 나타난 착각입니다.

부처님께서는 우리가 존재로 생각하고 있는 것에는 어떤 종류가 있는지를 살펴보았습니다. 모든 존재가 촛불과 같이 실체가 없는 것인지, 아니면 존재 가운데 실체가 있는 것이 있는지를 살펴보신 것입니다. 그 결과 유(有)에는 세 가지의 유, 즉 욕유(欲有), 색유(色有) 무색유(無色有)가 있다는 것을 알았습니다. 부처님께서는 이 세 가지 존재의 실상을 알아보기 위하여 선정(禪定) 속에서 사유했습니다. 9차제정이 바로 이러한 세 가지 존재의 실상을 밝히기 위해 행한 선정(禪定)입니다.

9차제정은 세 단계로 이루어져 있습니다. 첫째 단계는 색계(色界) 4선(四禪)을 닦아 제1처(第一處)를 성취하는 것이고, 둘째 단계는 4무색정(四無色定)을 닦아 제2처(第二處)를 성취하는 것입니다 그리고 마지막 단계는 멸진정(滅盡定)을 성취하는 것입니다. 이러한 세 단계는 12연기를 이해하는 데 매우 중요한 의미가 있습니다.

먼저 부처님께서는 무상하게 변화하는 외부의 사물에 대하여 이름을 붙여서 존재로 인식하는 것은 외부의 사물에 대한 욕탐이 있기 때문이라는 것을 깨닫고, 욕탐을 없애면 외부의 사물은 이름을 가진 존재일 수 없음을 알았습니다. 촛불은 기름이 타는 것이지 촛불이 존재하면서 타고 있는 것이 아닙니다. 그런데 우리가 촛불이 타고 있다고 생각하는 것은 우리가 어둠을 밝히는 존재를 원하여 어둠을 밝히는 현상에 대하여 촛불이라는 이름을 붙여 놓고, 그것을 존재로 인식하기 때문입니다. 부처님께서는 이러한 사실을 깨닫고 욕탐을 버리는 수행을 하여 욕계(欲界)에서 해탈하셨습니다.

이렇게 해서 9차제정은 시작됩니다. 초선(初禪)을 통해 욕유(欲有)

의 실상은 욕탐(欲貪)이라는 것이 드러납니다. 그러나 여전히 지각되는 사물은 존재합니다. 이것이 색유(色有)입니다. 부처님께서는 색계(色界) 4선(四禪)을 차례로 수행하여 최후에 도달한 제4선(第四禪), 즉 제1처에서 색유의 실상이 지각된 것임을 깨닫고 색계에서 벗어나게 됩니다. 그리고 무색계(無色界)의 4무색정(四無色定)을 차례로 닦아 최후에 도달한 비유상비무상처(非有想非無想處), 즉 제2처에서 무색유(無色有)의 실상이 사유된 것임을 깨닫게 됩니다. 이렇게 색유는 지각된 것[受]이고, 무색유는 사유된 것[想]이라는 것을 깨닫고, 분별된 사유와 지각을 그침[想受滅]으로써 멸진정을 성취하여, 모든 존재가 공(空)이라는 것을 깨닫게 됩니다. 그 결과 존재로 인해 나타난 생사(生死)가 꿈과 같이 허망한 착각임을 깨달은 것입니다.

이와 같이 부처님께서는 9차제정을 통해 존재의 실상을 사유함으로써 12연기를 깨달았습니다. 앞으로 나는 이 관계를 세 단계로 나누어 살펴보겠습니다. 먼저 4선과 12연기의 관계를 살펴보고, 다음에 4무색정과 12연기의 관계를 살펴본 후에, 마지막으로 멸진정과 12연기의 관계를 살펴볼 것입니다.

2

자신의 존재에 대한 사유
-4선(四禪)과 12연기의 촉(觸)

9차제정에는 세 단계가 있습니다. 이것은 부처님의 사유 과정에 세 단계의 질적인 변화가 있었다는 것을 의미합니다. 색계 4선을 통해 도달한 제1처(第一處)에서 색계의 허구성을 깨닫고, 그 깨달음을 바탕으로 색계를 벗어나 무색계에 들어갑니다. 무색계에서 사유의 내용은 새로운 차원으로 변화하게 되며, 거기에서 4무색정을 닦음으로써 제2처(第二處)에 도달합니다. 그리고 멸진정(滅盡定)을 성취함으로써 구경의 깨달음에 이르게 됩니다.

먼저 부처님의 사유가 제1처에 도달하기까지의 과정, 즉 색계 4선의 내용과 12연기설을 비교해 보겠습니다.

부처님의 사유는 욕계(欲界)에서 시작됩니다. 이것은 부처님의 사유가 인간의 현실에 토대를 두고 있다는 것을 의미합니다. 우리의 현실 세계에는 수많은 존재가 있습니다. 그리고 모든 존재에는 이름이 있습니다. 우리의 현실 세계에서는 존재에 대한 인식이 언어, 즉 개념을 통해 이루어지고 있습니다. 따라서 우리의 현실 세계는 언어의 세계라고 할 수 있습니다. 부처님께서는 이러한 언어의 세계를 욕계라고 부릅니다.

왜 부처님께서는 언어로 존재를 인식하는 세계를 욕계라고 부른 것일까요

———

현대의 언어철학자들은 언어는 실재 세계를 반영하는 그림과 같은 것이라고 주장합니다. 언어는 외부에 실재하는 존재를 기호로 그려놓은 그림과 같다는 것입니다. 만약 언어가 실재하는 존재를 표시하는 기호와 같은 것이라면 존재의 본질을 규명하기 위해서는 언어를 버릴 수가 없을 것입니다. 그러나 부처님의 생각은 다릅니다. 부처님께서는 『잡아함경』 474에서 "초선(初禪)에 바르게 들어가면 언어가 적멸(寂滅)한다[初禪正受時 言語寂滅]"고 말씀하십니다. 초선은 욕탐을 떠남으로써 욕계에서 벗어난 경지입니다. 그런데 욕계를 벗어나면 언어가 사라진다는 것입니다. 부처님께서 이렇게 말씀하신 것은 언어의 본질은 외부에 실재하는 사물이 아니라 욕구라는 것을 보여준 것입니다. 모든 언어는 욕구가 있을 때 인간이 조작해 낸 관념이라는 것입니다. 부처님께서 언어로 존재를 인식하는 인간의 세계를 욕계라고 부르는 까닭이 여기에 있습니다.

욕계는 곧 언어의 세계입니다. 욕계에서의 존재는 언어인 것입니다. 그렇다면 언어는 어떻게 존재하게 되었을까요? 그것은 우리가 욕구를 가지고 있기 때문입니다. 우리는 끊임없이 새로운 언어를 만듭니다. 새로운 언어가 생기는 것을 보면 그 발단은 우리의 욕구라는 것을 알 수 있습니다. 우리는 욕구가 있으면 그 욕구를 충족시킬 대상을 찾습니다. 그 대상이 이미 언어를 통해 존재로 인식되는 것일 경우에는 그 이름을 가진 존재를 소유함으로써 욕구가 충족됩니다. 그러나 기존의 존재로는 충족시킬 수 없는 욕구일 경우에는 그 욕구를 충족시킬 수 있는 것을 만들거나 새로 발견하여 이름을 붙입니다. 이렇게 하여 새로운 언어가 만들어지고, 이와 함께 새로운 존재가 탄생합니다. 따라서 욕계의 모든 존재는 우리의 욕구에 의해 취해진 것이라고 할 수 있으며, 부처님께서는 이러한 존재를 욕유(欲有)라고 불렀습니다.

초선(初禪)을 성취하면 추론과 사찰(伺察)이 있는 가운데, 탐욕에서 벗어남으로써 생긴 기쁨과 즐거움이 있다고 합니다. 초선에서는 욕탐을 떠난 사유와 성찰을 한다는 것입니다. 욕탐을 가지고 사유할 때는 언어에 의한 피상적인 사유를 하게 됩니다. 그러나 언어의 본질이 욕탐으로 드러난 상태에서 언어로 사유할 수는 없을 것입니다. 따라서 초선에서의 사유는 개념적 사유가 아니라 내적 성찰일 것입니다. 부처님께서는 이러한 내적 성찰을 통해, 언어로 파악되는 존재는 우리의 욕탐에 의해 취해진 것임을 자각하셨을 것입니다. 12연기에서 유(有)의 원인을 취(取)라고 하는 까닭이 여기에 있습니다. 부처님께서는 초선을 성취함으로써 12연기의 취(取)를 발견하신 것입니다.

반성적인 내적 성찰은 여기에서 그치지 않았을 것입니다. 유(有)의 원인이 취(取)라는 것이 밝혀졌으므로 취의 원인을 생각하였고, 그 결과 취는 애(愛)를 인연으로 나타난다는 것을 발견했습니다. 애(愛)는 'taṅhā'를 번역한 것입니다. 'taṅhā'는 '목마름'의 뜻을 지닌 말로서 '강렬한 욕망'을 의미합니다. 우리의 욕구는 강렬한 욕망에 의해 취해져 언어적 존재로 됩니다.

그렇다면 이러한 강렬한 욕망은 왜 나타나는 것일까요? 그것은 외부의 사물로부터 좋은 느낌을 받았기 때문일 것입니다. 우리는 어떤 사물에서 즐거움을 느끼면 다시 그 즐거움을 느끼고 싶어 합니다. 이런 느낌이 우리에게 강렬한 욕망을 일으킵니다. 12연기에서 애(愛)의 연을 수(受)라고 하는 것은 이것을 의미합니다.

그렇다면 느낌은 왜 생기는 것일까요? 그것은 외부의 사물과 우리의 인식활동이 접촉함으로써 생긴 것입니다. 눈으로 색을 보지 않으면 색에 대한 느낌이 생기지 않고, 소리를 듣지 않으면 소리에 대한 느낌이 생기지 않을 것입니다. 12연기에서 수(受)의 연을 촉(觸)이라고 하는 것은 이것을 의미합니다.

그렇다면 촉은 왜 있게 되는 것일까요? 그것은 우리가 존재하기 때문입니다. 즉 나의 눈이 있고, 귀, 코, 혀, 몸, 마음이 있기 때문에 외부의 사물과 접촉하게 되는 것입니다. 외부에는 6근(六根)에 의해 인식되는 사물이 있고, 내부에는 6근을 통해 외부의 사물을 인식하는 식(識)이 있기 때문에 촉이 있고, 촉이 있기 때문에 수가 있고, 수가 있기 때문에 애(愛)가 있고, 애가 있기 때문에 취(取)가 있고, 취가 있기 때문에 유(有)가 있게 됩니다. 이와 같이 초선(初禪)에서의 반성적 사유와 성찰을 통해 외부에는 색(色)이 있고, 내부에는 식(識)이 있으며, 공간 속에서 식이 6근을 통해 이들이 접촉하고 있다는 사실이 자각됩니다.

이렇게 초선을 통해 욕계의 존재는 실재하는 것이 아니라 외부의 사물을 접촉함으로써 생긴 수(受)의 내용을 욕구로 취한 것임을 자각함으로써 욕계를 벗어나 색계에 들어가게 됩니다. 초선의 경지부터 색계라고 부르는 까닭이 여기에 있습니다. 만약 색계가 참된 존재의 세계라면 우리는 결코 생사에서 벗어날 수 없을 것입니다. 왜냐하면 욕유(欲有)는 존재하지 않지만, 색유(色有)가 존재하여 그 색유가 태어나서 죽을 것이기 때문입니다. 따라서 부처님의 사유는 초선에서 그칠 수 없게 됩니다.

여기에서 부처님께서는 사유와 성찰을 그치고 내면의 세계로 방향을 전환한 것으로 생각됩니다. 욕탐에 의해 존재로 인식된 외부의 사물은 이제 그 본질이 지각된 것, 즉 색(色)이라는 것이 밝혀졌으므로, 색의 실상을 찾기 위해서는 자신의 마음을 아무런 욕구가 없는 청정한 상태로 만들 필요가 있다고 생각한 것이겠지요. 부처님께서 초선을 버리고 제2선(第二禪)에 들어간 까닭이 여기에 있다고 생각됩니다.

전에 살펴본 바와 같이 제2선은 사유와 성찰을 그치고 삼매에 들어간 상태입니다. 제2선은 삼매에서 나타나는 기쁨과 즐거움을 마음이 애착한 상태입니다. 즉 욕탐이 있습니다. 따라서 그 욕탐을 끊기 위해서 고락의 감정에 흔들리지 않는 평정심을 유지하기 위해 수행합니다. 그리고 평정심을 성취하여 제3선(第三禪)에 도달합니다. 그러나 제3선에서도 평정심에서 생기는 기쁨에 대한 애착이 생깁니다. 마음속에 이러한 애(愛)가 있는 것은 여전히 존재의 실상을 비추어 볼 수 있는 마음의 상태가 아닙니다. 그래서 평정심에 더욱 마음을 집중하여 다른 생각이 나타나지 않게 함으로써 마음은 명경지수와 같이 고요하고 맑아집니다. 이것이 제4선(第四禪)이며, 이것을 제1처(第一處)라고 합니다.

우리는 왜 색계(色界) 4선(四禪)을 성취한 마음의 상태를 제1처라고 하는지에 주목할 필요가 있습니다. 처(處)란 어떤 의식이 발생하는 바탕이 되는 마음의 상태입니다. 그렇다면 제1처란 구체적으로 무엇을 의미하는 것일까요? 그것은 촉(觸)을 의미한다고 생각됩니다. 색유의 본질을 찾기 위해 선정을 수행하던 부처님께서는 마음에서 일어나는 모든 고락의 감정을 없애고 고요하게 함으로써 색유는 촉을 통해 존재로 느껴지고 있음을 깨달았던 것입니다. 그러니까 12연기의 촉은 제1처의 의식 상태를 의미한다고 할 수 있습니다. 바꾸어 말하면, 내외의 모든 욕구를 멸진하고 순수한 마음으로 대상을 보면, 지각되는 대상은 단지 촉을 통해 마음에 나타나고 있는 의식일 뿐이라는 것입니다.

이러한 자각은 존재의 문제를 해결하는 데 매우 중요한 계기가 됩니다. 우리는 이미 촉이, 우리의 인식기관이 외부의 존재와 접촉하는 것을 의미하는 것이 아니라, 우리의 의식 속에 있는 18계라는 의식내용이 화합한 의식현상이라는 것을 살펴본 바 있습니다. 그리고 촉을 통해 외부의 대상과 그것을 인식하는 자기 존재가 공간 속에 대립하고 있는 것으로 느껴진다는 것을 살펴본 바 있습니다. 그러니까 공간 속에 우리의 욕탐과는 관계없이 존재한다고 생각했던 색유의 본질은 촉인 것입니다. 이와 같이 촉은 색유가 발생하는 바탕이 되기 때문에 입처(入處)라고 부릅니다.

색유(色有)의 바탕이 촉(觸)이라는 것은 색유도 실재하는 존재가 아니라는 것을 의미합니다

———

촉입처(觸入處)의 깨달음, 즉 제1처(第一處)에 도달함으로써 존재의 본질을 찾는 사유는 새로운 차원으로 전환됩니다. 『쌍윳따 니까야』22. 47에서는 제1처, 즉 촉입처에서의 사유가 어떤 것인지를 다음과 같이 보여주고 있습니다.

"의계(意界), 법계(法界), 무명계(無明界)가 있다. 무명촉(無明觸)에서 생긴 수(受)에 의해 길러진 무지한 범부는 '나는 존재한다'라고 생각한다. … 그리고 그때 그들은 다섯 가지 지각활동[五根]에 머문다. 그러나 배움이 많은 훌륭한 제자에게는 무명(無明)이 사라지고, 명(明)이 생긴다. 그에게 무명의 탐욕에서 벗어난 명이 나타나서 '나는 존재한다'라는 생각이 없다."

이 경에서 이야기하는 무명촉(無明觸)은 다섯 가지 지각활동으로 대상을 인식하면서 인식하는 감각기관 속에 자신이 들어있다고 생각하여, 내가 공간 속에서 사물과 접촉하고 있다고 생각하는 것을 의미합니다. 전에 살펴본 바와 같이 이렇게 촉(觸)의 실상을 알지 못하는 상태에서 무명촉에 의해 수(受)·상(想)·사(思)가 발생하면 이것을 애착하고 취하여 자기 존재로 만드는 것이 중생들입니다. 이것을 수(受)에 의해 길러진 무지한 범부라고 하고 있습니다. 그러나 촉(觸)의 실상을 아는 사람은 무명이 사라지고 지혜가 생겨서 무아(無我)를 깨닫게 된다는 것이 이 경의 내용입니다. 바꾸어 말하면, 촉에서 촉의 실상을 알지 못하는 사람은 범부가 되고, 그 실상을 알면 무아의 깨달음을 성취한다는 것입니다. 앞에서 살펴본 바와 같이 촉의 실상은 제4선(第四禪)을 성취하여 깨닫게 됩니다. 그리고 이것을 제1처라고 합니다. 이 제1처인 촉에서 무명의 탐욕을 벗어날 때 무아의 지혜가 생긴다는 것은 제1처가 무아를 자각하는 사유의 바탕이 되고 있음을 의미합니다.

이와 같이 생각해 볼 때, 12연기의 노사(老死)에서 촉까지의 내용은 색계 4선(四禪)을 수행한 결과 깨달은 것이라고 할 수 있습니다. 그러나 제1처에서 존재의 실상이 드러난 것은 아닙니다. 다만 존재의 실상을 사유할 수 있는 마음의 상태가 된 것일 뿐입니다. 그래서 전에 살펴본 『잡아함경』65에서 부처님께서는 다음과 같이 말씀하십니다.

세존께서 비구들에게 말씀하셨다.
"항상 방편을 닦아 익혀 선정(禪定)에서 사유하되, 안으로 그 마음을 고요하게 해야 한다. 왜냐하면 비구가 항상 방편을 닦아 익혀 선정에서 사유하되, 안으로 그 마음을 고요하게 하면 여실하게 관찰할 수 있기 때문이다. 어떻게 하는 것이 여실하게 관찰하는 것인가? '이것은 색(色)이다. 이것은 색집(色集)이다. 이것을 색멸(色滅)이다. 이것은 수(受)·상(想)·행(行)·식(識)이다. 이것은 식집(識集)이다. 이것은 식멸(識滅)이다'라고 관찰하는 것을 말한다. … 어리석은 범부는 고(苦)·락(樂)·불고불락(不苦不樂)의 수(受)를 여실하게 관찰하지 못하기 때문에, 수(受)를 즐겨 집착함으로써 취(取)가 생긴다. 취를 연하여 유(有)가 있고, 유를 연하여 생(生)이 있고, 생을 연하여 노(老)·병(病)·사(死)·우비(憂悲)·고뇌(苦惱)가 있다."

이와 같이 제1처에서 모든 존재, 즉 5온의 실상에 대한 사유가 시작되며, 이러한 사유를 하는 것이 4무색정(四無色定)입니다.

3

4무색정(四無色定)과 무명(無明)의 자각

욕탐(欲貪)을 버리면 욕유(欲有)는 존재할 수 없습니다. 그러나 욕탐을 버린다고 해서 눈앞의 사물이 사라지는 것은 아닙니다. 단지 이름만 사라질 뿐 보이는 색, 들리는 소리, 즉 색유(色有)는 변함없이 존재합니다. 그런데 제1처(第一處)에서 색유의 바탕은 촉(觸)이라는 것이 드러납니다. 따라서 색유도 실재하는 존재는 아니라는 것을 알게 됩니다. 그러나 존재는 색유만 있는 것은 아닙니다. 우리가 이미 살펴보았듯이 촉은 18계라고 하는 의식의 내용을 존재로 느끼는 마음입니다. 따라서 18계라고 하는 의식의 존재와 그러한 의식을 형성시키는 외부의 존재는 여전히 없다고 할 수 없을 것입니다. 따라서 제1처는 색계에 속하는 세계로 이야기됩니다.

　제1처에서 부처님께서는 촉을 면밀히 관찰했을 것입니다. 촉은 외부에 사물이 존재한다는 느낌입니다. 이러한 느낌은 보고, 듣고, 만지고 생각할 때 나타납니다. 그러니까 6근(六根)이 있을 때 촉은 나타난다고 할 수 있습니다.

6근은 우리의 지각활동입니다. 6근은 외부의 대상을 상대로 인식합니다. 그리고 이러한 인식활동은 내부에 식(識)이 있고 외부에 사물이 있을 때 나타납니다. 그런데 외부의 사물은 인식하는 의식이 있을 때 나타납니다. 인식의 대상은 의식에 의해서 인식된 것입니다. 그렇다면 의식은 어떤 것일까요? 의식은 항상 인식되는 대상이 있을 때만 나타납니다. 이렇게 촉(觸)을 관찰하면 6근의 활동은 대상과 식이 있을 때 나타나고, 인식대상은 인식하는 의식이 있을 때 나타나며, 의식은 인식되는 대상이 있을 때 나타난다는 것을 발견하게 됩니다. 부처님께서는 인식되는 대상을 명색(名色)이라고 하십니다. 따라서 제1처에서의 사유는 식과 명색의 순환적인 의존관계에 의해 벽에 부딪힌다고 할 수 있습니다. 부처님께서 전에 살펴본 『잡아함경』287에서 노사(老死)의 원인을 찾아가다가 식에 이르러 "식이 명색으로 돌아가 명색을 벗어날 수 없었다"라고 술회한 것은 이러한 제1처에서의 사유를 의미한다고 생각됩니다.

『중아함경』의 「라마경(羅摩經)」에 의하면 부처님께서는 알라라 깔라마(Alāra Kālāma)를 찾아가 무소유처(無所有處)를 성취했다고 합니다.

몸의 생활을 청정하게 하고, 입과 마음의 생활을 청정히 하여 나는 이 계신(戒身)을 이루고서, 병이 없는 무상(無上)의 안온한 열반을 구했다. 늙어 죽음이 없고, 근심이나 걱정이 없고, 더러움이 없는 무상(無上)의 안온한 열반을 구하여 알라라 깔라마를 찾아갔다.

부처님께서 계신(戒身)을 성취하여 청정한 생활을 했다는 것은 색계 4선(四禪)을 성취했다는 것을 의미합니다. 알라라 깔라마는 일체의 식처(識處)를 초월하여 무소유처(無所有處)에 도달했다고 주장합니다[我度一切識處 得無所有處遊]. 부처님께서는 그의 가르침에 따라 수행한 결과 무소유처를 성취합니다. 그러나 무소유처에서는 결코 지혜와 깨달음과 열반을 얻을 수 없다고 판단하고 그를 떠나 일체의 무소유처를 초월하여 비유상비무상처(非有想非無想處)에 도달했다고 주장하는 웃다까 라마뿟따(Uddaka Rāmaputta)를 찾아갑니다. 부처님께서는 그의 가르침에 따라 비유상비무상처를 성취했지만, 역시 지혜와 깨달음과 열반이 아니라고 판단하고, 그를 떠나 보리수 아래에서 생사가 없는 무상(無上)의 안온한 열반을 추구한 결과 마침내 정각을 성취했다고 합니다.

여기에서 주목되는 점은 무소유처와 비유상비무상처가 구체적으로 어떤 경지이며, 부처님께서는 왜 이것에 만족하지 못했을까 하는 점입니다. 앞에서 살펴본 바와 같이 무소유처는 식(識)이 존재한다는 생각을 버리고, 아무것도 존재하지 않는다고 생각하는 의식 상태입니다. 그러나 이러한 의식 상태는 그 생각에 의식이 집중해 있을 때, 즉 무소유처정(無所有處定)에 들어있을 때는 유지되지만, 선정에서 나오면 다시 식(識)이 나타나게 됩니다. 우리는 항상 무소유처정 속에 있을 수는 없습니다. 따라서 무소유처는 일시적인 피난처이지 생사에서 벗어난 진정한 열반은 되지 못합니다. 비유상비무상처도 마찬가지입니다.

무소유처와 비유상비무상처의 체험을 통해 부처님의 사유는 새로운 차원으로 발전합니다. 4무색정(四無色定)이 시작되는 것입니다. 아마 부처님께서는 그동안 자신이 수행하고 체험했던 경험을 토대로 보리수 아래에서 노사(老死)의 원인을 사유하셨을 것입니다. 그리고 식

(識)의 문제에 이르러 새로운 반성이 있었을 것입니다. 식의 문제를 해결하지 못한 것은 색계를 벗어나지 못했기 때문입니다. 촉(觸)을 6근과 6경의 접촉이라고 생각했기 때문에 내부의 식이 접촉을 통해서 외부의 사물은 인식한다는 생각을 버릴 수 없었던 것입니다. 바꾸어 말하면 공간 속에서 인식의 주체인 식과 인식의 대상인 색계가 별개의 존재로 실재하고 있다는 생각에서 벗어나지 못하고 있었던 것입니다.

색계는 물질의 세계입니다. 물질은 공간 속에 존재합니다. 공간이 없다면 물질은 존재할 수 없습니다. 따라서 공간은 색계가 존재하는 바탕이 된다고 할 수 있습니다. 부처님께서는 이렇게 존재의 본질을 추구하던 사유의 태도를 전환하여 존재가 성립할 수 있는 근거나 바탕, 즉 처(處; āyatana)를 추구하게 된 것입니다. 제4선(第四禪)의 경지를 제1처라고 부르는 것도 제1처가 욕계(欲界)의 바탕이 되기 때문입니다. 그런데 이제 색계의 바탕을 추구해 보니 그것은 공간, 즉 허공으로 드러났습니다. 그래서 부처님께서는 공간을 공처(空處)라고 부릅니다.

공간이 있다면 공간 속에 색계가 존재하지 않는다고 할 수 없을 것입니다. 그래서 부처님께서는 색이 존재한다는 생각을 버리고 공간에 대하여 사유하게 됩니다. 이것이 4무색정의 출발이 되는 공무변처정(空無邊處定)입니다. 공무변처정에서는 공간에 대해 사유가 이루어집니다. 공간이란 무엇일까요? 공간이란 물질이 없을 때 우리에게 인식됩니다. 만약 물질이 있으면 공간은 사라집니다. 그러니까 공간이란 외부에 아무것도 인식되지 않을 때 인식된 것일 뿐 실재하는 것은 아니라고 할 수 있습니다. 그렇다면 공간을 바탕으로 존재하는 물질도 실재한다고 할 수가 없을 것입니다.

이와 같은 공무변처정에서의 사유를 통해 물질과 공간은 식을 바탕으로 존재한다는 것이 드러납니다. 따라서 부처님께서는 식을 식처(識處)라고 부릅니다. 이제 모든 것은 식을 바탕으로 존재한다는 것이 드러났습니다. 일체의 공처(空處)를 초월하여 식처에 머문다고 하는 것은 이것을 의미합니다. 그렇다면 식(識)은 무엇일까요? 식은 대상을 분별하는 의식입니다. 대상을 분별하는 것이 식이므로 대상이 없으면 식은 있을 수 없습니다. 그런데 공처에서 외부의 대상인 색이 실재하지 않는다는 것이 드러났고, 또 식처에서 공간도 존재가 아니라는 것이 드러났습니다.

이렇게 인식의 대상이 실재하지 않는다면, 그것을 분별하는 식도 존재라고 할 수 없을 것입니다. 이러한 생각에서 식이 존재한다는 생각을 버리고 존재하는 것은 아무것도 없다는 생각을 하게 되는 것이 무소유처(無所有處)입니다. 식의 바탕은 아무것도 존재하지 않는 무(無)라고 생각하게 되는 것입니다.

그런데 우리가 아무것도 인식하지 않을 때는 마음이 무소유처에 머물 수 있지만, 인식하지 않고 산다는 것은 불가능합니다. 이러한 생각에서 부처님께서 무소유처를 가르치는 알라라 깔라마를 떠나 웃다까 라마뿟따에게 가서 비유상비무상처(非有想非無想處)를 수행하셨다는 것은 이미 말씀드린 바 있습니다. 비유상비무상처란 모든 존재의 근본은 존재하는 것도 아니고 그렇다고 존재하지 않는 것도 아닌 상(想)이라는 생각을 하는 것입니다. 그러니까 비유비무(非有非無)인 상에서 무(無)도 나오고 유(有)도 나온다는 생각인 것입니다.

사실 존재의 문제는 상(想)의 유무(有無)의 문제입니다. 물질은 지각이 있을 때 우리가 있다고 생각한 것입니다. 그러니까 물질은 '지각(知覺)의 유상(有想)'입니다. 공간은 지각이 없을 때 우리가 존재한다고 생각한 것입니다. 따라서 공간은 '지각의 무상(無想)'입니다. 식(識)은 인식활동이 있을 때 있다고 생각한 것입니다. 따라서 식은 '인식의 유상(有想)'입니다. 무(無)는 인식되지 않는다는 것을 의미합니다. 따라서 무는 '인식의 무상(無想)'입니다. 이렇게 물질, 공간, 식, 무의 존재는 모두 상(想)의 유무(有無)에 의해서 존재로 나타난 것입니다. 따라서 이들의 근본이 되는, 유무를 초월하여 이들의 바탕이 되는, 유도 아니고 무도 아닌 미묘한 상(想)이 있다고 생각하는 것이 웃다까 라마뿟따가 주장하는 비유상비무상처입니다.

부처님께서는 이러한 웃다카 라마뿟따의 주장을 『장아함경』의 「청정경」에서 다음과 같이 비판하십니다.

> "웃다까 라마뿟따는 '볼 수 있는 것과 볼 수 없는 것이 있다'라고 주장한다. 무엇을 볼 수 있는 것과 볼 수 없는 것이라고 하는가? '칼은 볼 수 있지만, 칼날은 볼 수 없는 것과 같다.' 비구들이여, 그는 범부의 무식한 말을 비유로 삼고 있다."

鬱頭藍子 在大衆中 而作是說 有見不見 云何名見不見 如刀可見 刃不可見 諸比丘 彼子乃引凡夫無識之言 以爲比喩

이것은 비유상비무상처에 대한 비판입니다. 칼날은 칼의 본질입니다. 우리는 칼은 볼 수 있으나 칼날은 볼 수 없습니다. 마찬가지로 우리가 인식할 수 있는 모든 존재는 유상(有想)과 무상(無想)이고, 존재의 본질인 비유상비무상(非有想非無想)은 인식되지는 않지만 존재한다는 것입니다. 유상과 무상은 칼의 양면인 셈이고, 비유상비무상은 칼의 양면이 모인 칼날과 같다는 것입니다. 이러한 웃다까 라마뿟따의 생각은 변증법과 유사합니다. 유무의 대립을 지양한 어떤 실체가 구체적인 현상으로 나타난 것이 유(有)와 무(無)라는 것이 변증법적인 생각입니다.

부처님께서는 이러한 변증법적인 생각에 대하여 만족할 수 없었습니다. 부처님께서는 비유상비무상에서 유상과 무상이 나온다는 것은 칼날에서 칼의 양면이 나온다는 것과 같이 어리석은 생각이라고 보고 있습니다. 칼날에서 칼의 양면이 나온 것이 아니라 칼의 양면이 모인 것이 칼날입니다. 즉 비유상비무상은 유상과 무상의 근원이 아니라 유상과 무상에서 추론된 개념일 뿐이라는 것을 깨달으신 것입니다.

부처님께서는 여기에서 모든 존재는 우리의 모순된 생각에서 비롯되고 있다는 것을 깨닫게 됩니다. 색유(色有)는 촉에서 느껴진 것들을 모아서 존재로 생각한 것입니다. 그러니까 색유는 지각의 유(有)에서 추론된 존재입니다. 공간은 지각의 무(無)에서 추론된 존재입니다. 의식은 의식내용의 유에서 추론된 존재이고, 무소유는 의식내용의 무에서 추론된 것입니다. 그리고 비유상비무상은 유상과 무상에서 추론된 존재입니다. 이렇게 생각할 때, 모든 존재의 본질은 이러한 추론, 즉 상(想)이라고 할 수 있고, 모든 추론이나 사유는 유무의 모순관계를 토대로 이루어지고 있음을 알 수 있습니다.

부처님께서는 비유상비무상처에 이러한 모순이 있음을 발견합니다. 지금까지 문제 삼았던 존재의 문제는 그것이 모순된 생각에서 비롯된 허망한 생각 즉 무명(無明)에서 비롯된 것임을 깨달은 것입니다.

4
—

멸진정(滅盡定)에서 깨달은 12연기

『장아함경』의 「포타바루경(布吒婆樓經)」에는 비유상비무상처(非有想非無想處)에서 벗어나 멸진정(滅盡定)에 드는 과정을 다음과 같이 이야기합니다.

"그가 비유상비무상처(非有想非無想處)를 버리고 멸진정(滅盡定)에 들어가면, 범지여, 그는 비유상비무상처의 상(想)이 멸하여 멸진정에 들어가는 것이다. 그러므로 인연이 있어서 상이 생기고 인연이 있어서 상이 멸한다는 것을 알 수 있다. 그는 이 상을 얻고서 이렇게 생각한다. '생각하는 것[有念]은 나쁘고, 생각하지 않는 것[不念]이 좋다.' 그가 이렇게 생각할 때, 그 미묘상(微妙想)이 멸하지 않아 다시 거친 상이 생긴다. 그는 다시 생각하여 말하기를 '나는 이제 차라리 생각하는 행[念行]을 하지 않고, 사유를 일으키지 않으리라'고 한다. 그가 생각하는 행을 하지 않고, 사유를 일으키지 않으면, 미묘상이 멸하여 거친 상이 생기지 않는다. 그가 생각하는 행을 하지 않고 사유를 일으키지 않아 미묘상이 멸하여 거친 상이 생기지 않을 때 곧 멸진정에 들어가게 된다."

彼捨有想無想處 入想知滅定 梵志 彼有想無想處想滅 入想知滅定 以是故知有因緣想生 有因緣想滅 彼得此想已 作是念 有念爲惡 不念爲善 彼作是念時 彼微妙想不滅 更麤想生 彼復念言 我今寧可不爲念行 不起思惟 彼不爲念行 不起思惟已 微妙想滅 麤想不生 彼不爲念行 不起思惟 微妙想滅 麤想不生時 卽入想知滅定

유무의 모순관계에 의한 사유가 모든 허망한 생각의 근본임을 깨닫고 그러한 사유를 중지함으로써 멸진정에 들어간다는 것이 이 경의 내용입니다. 그렇다면 모순율에 의지하는 사유를 멈추고 아무런 생각도 없이 목석처럼 되는 것이 멸진정일까요? 그렇지 않습니다. 멸진정에 드는 것은 다름 아닌 중도(中道)에 서는 것을 의미합니다. 모순된 생각을 떠난다는 것은 중도를 의미하는 것입니다.

중도는 사유가 아니라 체험을 지혜로 관(觀)하는 것입니다. 멸진정에서는 사유를 떠나 모든 법을 여실하게 관하게 됩니다. 그렇다면 멸진정에서는 무엇을 관하는 것일까요? 『쌍윳따 니까야』 12. 65에서는 다음과 같이 이야기합니다.

"비구들이여, 과거에 내가 정각을 성취하지 못한 보살이었을 때 이렇게 생각했다.

'실로 이 세간은 고난에 빠져있다. (이 세간은) 태어나고, 늙어지고, 죽고, 쇠락하고, 다시 태어나고 있지만, 늙고 죽는 괴로움에서 벗어나는 길을 모르고 있다. 실로 언제쯤이나 늙고 죽는 괴로움에서 벗어나는 길을 알게 될까?'

비구들이여, 그때 나에게 이런 생각이 들었다.

'그러면, 무엇이 있기에 늙어 죽음[老死]이 있는 것일까? 늙어 죽음은 무엇에 의존하는 것일까?'

비구들이여, 그때 나에게 반야에 의해 이치에 합당한 분명한 이해가 생겼다.

'태어남[生]이 있는 곳에 늙어 죽음이 있다. 늙어 죽음은 태어남에 의존한다.'

비구들이여, 그때 나에게 이런 생각이 들었다.

'그러면, 무엇이 있기에 태어남이 있는 것일까? … 유(有)가 있는 것일까? … 취(取)가 있는 것일까? … 애(愛)가 있는 것일까? … 수(受)가 있는 것일까? … 촉(觸)이 있는 것일까? … 6입(六入)이 있는 것일까? … 무엇이 있기에 명색(名色)이 있는 것일까? 명색은 무엇에 의존하는 것일까?'

비구들이여, 그때 나에게 반야에 의해 이치에 합당한 분명한 이해가 생겼다.

'식(識)이 있는 곳에 명색이 있다. 명색은 식에 의존한다.'

비구들이여, 그때 나에게 이런 생각이 들었다.

'그러면, 무엇이 있기에 식이 있는 것일까? 식은 무엇에 의존하는 것일까?'

비구들이여, 그때 나에게 반야에 의해 이치에 합당한 분명한 이해가 생겼다.

'명색이 있는 곳에 식이 있다. 식은 명색에 의존한다.'

비구들이여, 그때 나에게 이런 생각이 들었다.

'그런데 이 식은 명색으로 되돌아가 그 이상 가지 못한다. … 이제까지 늙게 되거나, 태어나게 되거나, 죽게 되거나, 쇠락하게 되거나, 다시 태어나게 된 것이 있다면, 그것은 명색에 의존하고 있는 이 식이다. 식을 의지하여 명색이 있고, 명색을 의지하여 6입(六入)이 있으며, 6입을 의지하여 촉(觸)이 있고 … 이와 같이 오로지 괴로움인 온(蘊)의 집(集)이 있다. … 집이다! 집이다!'

비구들이여 나에게 이와 같이 이전에 들어본 적이 없는 법(法)에 대한 안목이 생기고, 지식이 생기고, 지혜가 생기고, 광명이 생기고, 통찰이 생겼다.

비구들이여, 그때 나에게 이런 생각이 들었다.

'무엇이 없으면 늙어 죽음이 없을까? 무엇이 소멸하면 늙어 죽음이 소멸할까?'

비구들이여, 그때 나에게 반야에 의해 이치에 합당한 분명한 이해가 생겼다.

'태어남이 없으면 늙어 죽음이 없다. 태어남이 소멸하면 늙어 죽음이 소멸한다.'

비구들이여, 그때 나에게 이런 생각이 들었다.

'무엇이 없으면 태어남이 없을까? … 유(有)가 없을까? … 취(取)가 없을까? … 애(愛)가 없을까? … 수(受)가 없을까? … 촉(觸)이 없을까? … 6입(六入)이 없을까? … 명색(名色)이 없을까? 무엇이 소멸하면 명색이 소멸할까?'

비구들이여, 그때 나에게 반야에 의해 이치에 합당한 분명한 이해가 생겼다.

'식이 없으면 명색이 없다. 식이 소멸하면 명색이 소멸한다.'

비구들이여, 그때 나에게 이런 생각이 들었다.

'무엇이 없으면 식이 없을까? 무엇이 소멸하면 식이 소멸할까?'

비구들이여, 그때 나에게 반야에 의해 이치에 합당한 분명한 이해가 생겼다.

'명색이 없으면 식이 없다. 명색이 소멸하면 식이 소멸한다.'

비구들이여, 그때 나에게 이런 생각이 들었다.

'참으로 나는 깨달음의 길을 성취했다. 그것은 명색이 소멸하면 식이 소멸하고, 식이 소멸하면 명색이 소멸하며, 명색이 소멸하면 6입이 소멸하고, 6입이 소멸하면 촉이 소멸하며 … 이와 같이 오로지 괴로움인 온의 멸(滅)이 있다는 것이다. … 멸이다! 멸이다!'

비구들이여 나에게 이와 같이 이전에 들어본 적이 없는 법(法)에 대한 안목이 생기고, 지식이 생기고, 지혜가 생기고, 광명이 생기고, 통찰이 생겼다."

부처님께서 정각을 얻기 전에 들어간 선정은 멸진정입니다. 부처님께서는 멸진정에서 집(集)과 멸(滅)을 체험하고 이를 지혜로 관함으로써 유무의 모순된 생각에서 벗어날 수 있었습니다. 이러한 체험을 통해 부처님께서는 유무의 모순대립이 집과 멸을 여실하게 알지 못한 사견(邪見)에서 비롯된 것임을 알게 되었습니다. 집은 삶을 통해 연기한 법이 마음에 욕탐이 있을 때 기억되어 모인 것입니다. 이렇게 기억되어 모인 법에 대하여 중생들은 존재라는 생각을 일으켜 생사의 괴로움을 느끼고 있는 것입니다.

이와 같이 존재는 연기하는 법의 실상을 알지 못하는 무명의 상태에서 욕탐을 가지고 살아감으로써 조작된 유위(有爲)입니다. 12연기의 행(行)은 이러한 유위를 조작하는 우리의 삶을 의미합니다. 그리고 식(識)은 행에 의해 조작된 유위를 분별하는 의식입니다. 만약 유위를 조작하는 삶이 없다면, 유위를 분별하는 식은 나타나지 않을 것입니다. 식의 한계를 벗어나지 못했던 부처님께서는 이렇게 무명을 자각함으로써 행의 멸을 통해 식이 멸할 수 있다는 것을 깨닫게 됩니다. 12연기는 이렇게 멸진정에서 무명을 자각함으로써 깨닫게 된 진리입니다.

무명의 자각은 무명의 멸진을 요구합니다. 생사가 무명에서 연기한 것임을 알았다고 해서, 그리고 무명을 멸하면 생사가 멸한다는 것을 알았다고 해서, 우리가 생사에서 벗어나는 것은 아닙니다. 그렇다면 우리는 어떻게 무명을 멸하고 생사의 괴로움에서 벗어날 수 있을까요? 생사는 무명에서 비롯된 행으로 유위를 조작하기 때문에 생긴 것입니다. 따라서 행을 멸하면 생사의 괴로움에서 벗어나게 될 것입니다.

『잡아함경』474에서는 이러한 행의 멸을 다음과 같이 이야기합니다.

초선(初禪)에 바르게 들어가면 언어(言語)가 적멸(寂滅)하고, 제2선(第二禪)에 바르게 들어가면 사유와 성찰이 적멸한다. 제3선(第三禪)에 바르게 들어가면 기쁜 마음이 적멸하고, 제4선(第四禪)에 바르게 들어가면 출입식(出入息)이 적멸한다. 공입처(空入處)에 바르게 들어가면 색상(色想)이 적멸하고, 식입처(識入處)에 바르게 들어가면 공입처상(空入處想)이 적멸한다. 무소유처(無所有處)에 바르게 들어가면 식입처상(識入處想)이 적멸하고, (非有想非無想處)에 바르게 들어가면 무소유처상(無所有處想)이 적멸한다. 상수멸(想受滅, 滅盡定)에 바르게 들어가면 상(想)과 수(受)가 적멸한다. 이것을 점차로 모든 행이 적멸한다고 한다.

이 경에서 이야기하듯이 행을 멸하는 방법은 9차제정입니다. 9차제정은 12연기를 깨닫는 수행법임과 동시에 행을 멸하여 생사의 괴로움에서 벗어나는 수행법이기도 합니다. 9차제정이 이와 같이 12연기를 깨닫는 수행임과 동시에 무명에서 비롯된 행을 멸하는 수행법이라는 것이 좀 이상하게 생각될지도 모르겠습니다. 부처님께서 정각을 이루는 과정을 설명하고 있는 『잡아함 경』 379를 보면 그러한 의심은 사라질 것입니다.

세존께서 다섯 비구들에게 말씀하셨다.
"이 고성제(苦聖諦·苦集·苦滅·苦滅道迹聖諦)는 일찍이 들어본 적이 없는 법(法)이라고 바르게 사유했을 때 안목과 지혜와 명(明)과 깨달음이 생겼다.

고성제(苦聖諦)에 대한 지혜가 일찍이 들어본 적이 없는 법임을 알고 바르게 사유했을 때 안목과 지혜와 명과 깨달음이 생겼고, 고집성제(苦集聖諦)를 알고서 이를 끊으리라고 바르게 사유했을 때 안목과 지혜와 명과 깨달음이 생겼으며, 고(苦)의 집(集)이 멸하면 이것이 고멸성제(苦滅聖諦)라는 것을 알고 이를 체험[作證]하리라고 바르게 사유했을 때 안목과 지혜와 명과 깨달음이 생겼다. 그리고 고멸도적성제(苦滅道迹聖諦)를 알았으니 이를 수행하리라고 바르게 사유했을 때 안목과 지혜와 명과 깨달음이 생겼다.

이 고성제를 알고 이미 벗어났음을 알아 바르게 사유했을 때, 고집성제를 알아 끊고 벗어나서 바르게 사유했을 때, 고멸성제를 알아 체험하고 나서 바르게 사유했을 때, 고멸도적성제를 알아 수행했을 때, 안목과 지혜와 명과 깨달음이 생겼다.

비구들이여, 내가 이 4성제를 세 차례로 12행을 하여(三轉十二行) 안목과 지혜와 명(明)과 깨달음이 생기지 않았다면 … 아뇩다라삼약삼보리를 이루었음을 스스로 확인하지 못했을 것이다."

부처님께서는 이 경에서 4성제를 세 차례로 수행했다고 합니다. 4성제가 12연기의 유전문과 환멸문을 의미한다는 것은 이미 살펴본 바 있습니다. 따라서 부처님께서 수행하셨다는 4성제의 3전12행(三轉十二行)은 9차제정과 다름이 없다고 할 수 있습니다. 그러니까 부처님께서는 9차제정을 한 차례 수행하여 깨달음을 이루신 것이 아니라 세 차례로 수행하여 깨달음을 얻으신 것입니다. 첫 번째는 12연기라는 진리를 발견했고, 두 번째는 그 진리에 따라 수행했으며, 세 번째는 그 진리를 성취한 것입니다.

이와 같은 세 단계의 수행을 견도(見道)·수도(修道)·무학도(無學道)라고 합니다. 부처님께서는 견도의 차원에서 9차제정을 수행하여 무명(無明)을 자각하고, 수도의 차원에서 다시 9차제정을 수행했으며, 무학도의 차원에서 9차제정을 수행함으로써 열반을 성취하신 것입니다. 견도는 진리의 인식이고, 수도는 진리의 실천이며, 무학도는 진리의 성취입니다.

부처님께서는 이러한 세 단계의 수행을 우리에게 가르쳤습니다. 이것을 시전(示轉)·권전(勸轉)·증전(證轉), 즉 3전법륜(三轉法輪)이라고 합니다. 3전법륜은 부처님께서 진리의 수레바퀴를 세 번 돌렸다는 것으로서, 불교의 교리가 세 가지 측면에서 설해지고 있다는 것을 의미합니다.

시전법륜(示轉法輪)은 진리를 이해시키는 교리를 의미합니다. 우리가 지금까지 살펴본 12입처, 18계, 5온, 12연기, 4성제 등의 교리가 시전법륜입니다.

권전법륜(勸轉法輪)은 진리를 실천하도록 설해진 교리를 의미합니다. 4념처(四念處), 8정도(八正道) 등 소위 37조도품(三十七助道品)이 권전법륜입니다.

증전법륜(證轉法輪)은 깨달음의 내용을 설하신 교리입니다. 9차제정, 8해탈, 열반, 무아 등이 증전법륜입니다. 이러한 3전법륜은 4성제와 9차제정을 세 단계로 수행할 것을 가르친 것이라고 할 수 있습니다.

우리는 지금까지 3전법륜 가운데 시전법륜을 살펴보았습니다. 지금까지 우리는 시전법륜에 의지해서 견도의 수행을 한 셈입니다. 이제 남은 것은 권전법륜에 의지한 수도와 증전법륜에 의지한 무학도입니다.

수도와 무학도는 여러분 스스로 실천하여 체험해야 할 내용입니다. 따라서 제가 말로 설명하는 데는 한계가 있습니다. 제가 4념처, 8정도, 9차제정, 8해탈 등을 이야기했지만, 그것은 견도의 차원일 뿐입니다. 8정도를 실천하고 9차제정을 수행하여 연기의 도리를 깨닫고 열반을 성취하는 수도와 무학도는 여러분이 스스로 실천하여 체험할 수밖에 없습니다. 따라서 제 이야기는 여기에서 끝을 맺겠습니다.

이 글을 읽는 모든 분이 부처님의 가르침을 바르게 이해하고 실천하여 깨달음과 열반을 성취하시길 바랍니다.

색인

이중표

전남대학교 철학과를 졸업한 뒤 동국대학교 대학원에서 불교학 석·박사 학위를 취득했다.
이후 전남대학교 철학과 교수로 재직했으며, 정년 후 동 대학교 철학과 명예교수로 위촉됐다.
호남불교문화연구소 소장, 범한철학회 회장, 불교학연구회 회장을 역임했으며, 현재 불교 신행
단체인 붓다나라를 설립하여 포교와 교육에 힘쓰고 있다.
저서로는『정선 디가 니까야』,『정선 맛지마 니까야』,『정선 쌍윳따 니까야』,『불교란 무엇인가』,
『붓다의 철학』,『니까야로 읽는 반야심경』,『니까야로 읽는 금강경』,『근본불교』외 여러 책이 있
으며, 역서로『붓다의 연기법과 인공지능』,『불교와 양자역학』등이 있다.

붓다가 깨달은 연기법

ⓒ이중표, 2020

2020년 5월 18일 초판 1쇄 발행
2024년 9월 10일 초판 5쇄 발행

지은이 이중표
발행인 박상근(至弘) • 편집인 류지호 • 편집이사 양동민
편집 김재호, 양민호, 김소영, 최호승, 하다해, 정유리 • 디자인 쿠담디자인
제작 김명환 • 마케팅 김대현, 이선호 • 관리 윤정안
콘텐츠국 유권준, 김희준
펴낸 곳 불광출판사 (03169) 서울시 종로구 사직로10길 17 인왕빌딩 301호
　　　 대표전화 02) 420-3200 편집부 02) 420-3300 팩시밀리 02) 420-3400
　　　 출판등록 제300-2009-130호(1979. 10. 10.)

ISBN 978-89-7479-800-0 (03220)

값 20,000원